VIKTOR SCHEMFIL

DIE KÄMPFE IM DREI ZINNEN-GEBIET UND
AM KREUZBERG IN SEXTEN 1915—1917

Viktor Schemfil

Generalmajor d. R.

Die Kämpfe im Drei Zinnen-Gebiet und am Kreuzberg in Sexten 1915—1917

Verfaßt auf Grund österreichischer Kriegsakten, Schilderungen von Mitkämpfern und italienischer kriegsgeschichtlicher Werke

Mit 23 Skizzen und 23 Bildtafeln

Zweite Auflage

Schlern-Schriften 274

Universitätsverlag Wagner · Innsbruck 1986

Die Schlern-Schriften wurden 1923 von Raimund v. Klebelsberg gegründet
Herausgegeben von em. Univ.-Prof. Dr. Dr. h. c. Franz Huter
Für den Inhalt ist der Verfasser verantwortlich

In erster Auflage ist der Teil „Die Kämpfe im Drei Zinnen-Gebiet" 1955 als Band 129 der Schlern-Schriften, der Teil „Die Kämpfe am Kreuzberg in Sexten" 1957 als Band 177 der Schlern-Schriften erschienen. In der zweiten Auflage wurden diese Bände weitgehend unverändert übernommen. Die Bildtafeln im 1. Teil „Drei Zinnen-Gebiet" wurden um die Bilder 10 bis 30 ergänzt. Die Fotos dazu stammen aus dem Dolomitenkriegsarchiv, Dr. Hugo Reider, Tramin.

CIP-Kurztitelaufnahme der Deutschen Bibliothek

Schemfil, Viktor:
Die Kämpfe im Drei Zinnen-Gebiet und am Kreuzberg in Sexten
1915—1917: verf. auf Grund österr. Kriegsakten, Schilderungen von
Mitkämpfern u. ital. kriegsgeschichtl. Werken / Viktor Schemfil
— 2. Aufl. — Innsbruck: Universitätsverlag Wagner, 1986.
  (Schlern-Schriften; 274)
  1. Aufl. u. d. T.: Schemfil, Viktor: Die Kämpfe im Drei Zinnen-Gebiet
  u. Schemfil, Viktor: Die Kämpfe am Kreuzberg in Sexten
  1915—1917 als: Schlern-Schriften; Bd. 129 u. 177
  ISBN 3-7030-0170-4
N. E.: GT

Herstellung: Druckerei G. Grasl, A-2540 Bad Vöslau

ZUM GELEIT

Die erste Auflage des Buches von Viktor Schemfil, Die Kämpfe im Drei Zinnen-Gebiet (1955), hat der Herausgeber der Reihe, Raimund v. Klebelsberg, u. a. mit folgendem Satz eingeleitet: In immer weitere Jahre rücken die Kämpfer von einst vor, immer lichter werden ihre Reihen, immer vordringlicher wird die Pflicht, die Erinnerungen zu sammeln und sie der Nachwelt zu überliefern, zur Ehre derer, die damals Großes getan haben, und zum Ruhme Tirols!

Seither sind dreißig Jahre vergangen, die Zahl der Überlebenden des großen Kampfes um Österreich und Tirol ist weiter zusammengeschrumpft und die Frist nicht mehr fern, da der letzte, der noch dabei war, heimgegangen sein wird, eingerückt zur großen, zur ewigen Armee. Die heute noch übrig sind, verzeichnen schmerzlich, daß die inneren Werte, denen sie gedient, vielfach gerade so wenig geachtet werden wie die Landschaft, daß Konsumdenken und Egoismus unsere Seele zerstören und das erniedrigen, was jenen Kämpfern heilig war und ist.

So sind die Darstellungen von Haltung und Leistung unserer Väter, insbesondere an der Südtiroler Front, eine Mahnung, nicht zu vergessen und nicht ganz von dem zu lassen, was der große Inhalt unserer Vergangenheit genannt werden darf. Zu diesen Darstellungen zählen in vorderster Reihe die Bücher des Kaiserjägeroffiziers und späteren Generalmajors des Bundesheeres Viktor Schemfil[1]. Seit Jahren vergriffen, feiern sie, auch dank der Initiativen der

---

[1] Viktor Schemfil, Col di Lana. Geschichte der Kämpfe um den Dolomitengipfel 1915—1917. Verlag J. N. Teutsch, Bregenz 1935. — Nachdruck in: Schriftenreihe zur Zeitgeschichte Tirols, Bd. 3, Verlag Buchdienst Südtirol, Nürnberg, o. J. (1983).
Derselbe, Die Pasubiokämpfe. Das Ringen um den Eckpfeiler der Tiroler Front 1916—1918. Verlag J. N. Teutsch, Bregenz 1937. Nachdruck in: Schriftenreihe zur Zeitgeschichte Tirols, Bd. 4, Verlag Buchdienst Südtirol, Nürnberg, o. J. (1984).
Derselbe, Monte Piano. Geschichte der Kämpfe (1915—1917) um einen der wichtigsten Stützpunkte der Dolomitenfront, verfaßt auf Grund der Kriegsakten, Schilderungen von Mitkämpfern und italienischer kriegsgeschichtlicher Werke. Schlern-Schriften Bd. 61, Universitätsverlag Wagner, Innsbruck 1949. — Derselbe, Die Kämpfe im Cristallo-Gebiet (Südtiroler Dolomiten) 1915—1917, Schlern-Schriften Bd. 161, Universitätsverlag Wagner, Innsbruck 1957. — Diese beiden Veröffentlichungen in einem Band zusammen in 2. Auflage herausgegeben in Schlern-Schriften Bd. 273, Universitätsverlag Wagner, Innsbruck 1984.
Derselbe, Die Kämpfe im Drei Zinnen-Gebiet 1915—1917. Schlern-Schriften Bd. 129, Universitätsverlag Wagner, Innsbruck 1955. — Derselbe, Die Kämpfe am Kreuzberg in Sexten. Schlern-Schriften Bd. 177. — Diese beiden Veröffentlichungen erscheinen hier in 2. Auflage zusammen als Schlern-Schriften Bd. 274, Universitätsverlag Wagner, Innsbruck 1986.

Tochter des 1960 verewigten Verfassers, fröhliche Urständ. Auf die Bände Col
di Lana, Monte Pasubio und Monte Piano - Monte Cristallo folgt nun —
gemeinsam als Schlußstein des stolzen Gebäudes — der Band, der die Schilderung und Beurteilung der Kämpfe um den Kreuzberg in Sexten und im Drei
Zinnen-Gebiet 1915—1917 und damit der östlichsten Abschnitte der Dolomitenfront vereinigt.

Für das Verbindungsglied dieser Grenzabschnitte, die Sextener Rotwand,
lag bereits die begeisternde Schilderung eines Mitkämpfers in Oswald Ebners
Buch „Der Kampf um die Sextener Rotwand" vor sowie für das Verbindungsglied zwischen Col di Lana und Monte Piano die Monographie Georg Burt-
schers von den Kämpfen in den Felsen der Tofana, so daß diese Frontstücke
von Schemfil ausgespart werden konnten[2].

Die kämpferische Leistung empfängt hier noch insoferne eine besondere
Wertung, als es nicht nur um jeden Gipfel, sondern um jeden Felskopf, um
jedes Gratstück und jede Felsscharte ging und so das Gelände neben dem tapferen Soldaten auch einen das Leben wagenden Bergsteiger verlangte.

Aus den zahlreichen heldischen Episoden ragt das Paternkofel-Unternehmen im Drei Zinnen-Gebiet, bei dem einer der Tapfersten der Tapferen, der
Sextener Bergführer Sepp Innerkofler, den Heldentod fand, hervor. Schemfil
hat mit der ihm eigenen Sorgfalt gerade auch in diesem Fall neben dem
schriftlichen Niederschlag der militärischen Dienststellen die erreichbaren
lebenden Quellen befragt, um eine möglichst wahrheitsgetreue Darstellung zu
geben, und ist zum Schluß gekommen, daß Innerkofler durch eine feindliche
Kugel den Tod gefunden hat[3].

Aus Anlaß des 60. Todestages (4. Juli 1975) hat der gleichnamige Sohn des
Gefallenen, Wirt am Dolomitenhof im Fischleintal (Sexten), der 1915 als
17jähriger mit einem Feldstecher vom Zinnenplateau aus den Todesgang des
Vaters verfolgte, die Darstellung Schemfils kritisiert und die Aussage des

---

[2] Diese beiden Werke erschienen im Verlag J. N. Teutsch, Bregenz 1933 bzw. 1937. Vom Buch
Ebners wurde 1974 im Selbstverlag ein Neudruck als zweite Auflage veranstaltet. Eine dritte Auflage hat 1976 die Verlagsanstalt Athesia Bozen herausgebracht. Sie enthält zu dem schon in der
ersten Auflage beigegebenen Anhang eines Auszuges aus dem Tagebuch Innerkoflers von Otto
Langl einen zweiten Anhang aus der Feder von J. Rampold, Der Weg einer Hochgebirgskompagnie. Die heutigen touristisch begehbaren Steiganlagen an der Sextener Rotwand.

[3] Schemfil hat, schon lange bevor er das Buch über die Kämpfe im Drei Zinnen-Gebiet veröf-
fentlichte, in einer eigenen Untersuchung über das Paternkofel-Unternehmen, das er im übrigen
vom militärischen Blickpunkt her sehr kritisch beurteilt, und den Tod Sepp Innerkoflers
geschrieben (Beitrag zur Klebelsberg-Festschrift, Veröffentlichungen des Museums Ferdinandeum Bd. 26/29, 1946/1949) und dazu u. a. Tagebuchaufzeichnungen, Berichte und Briefe von
Mitkämpfern, die er befragt hatte (vgl. die Anschriften von 14 Briefschreibern am Schluß der
Abhandlung), verwendet. So muß seinem Urteil, auch wenn Irrtümer in der Wahrnehmung von
Zeugen nie auszuschließen sind, zumindest ein hoher Wahrscheinlichkeitswert zuerkannt werden. Das Manuskript zum Aufsatz lag schon 1938 vor.

Standschützen Franz v. Rapp, der mit Vater Innerkofler damals am Paternkofel war, und auf die sich daher Schemfil nicht zuletzt stützte, in Zweifel gezogen. Nach seinen eigenen Wahrnehmungen sei der Vater durch eine Kugel
der Maschinengewehrgarbe gefallen, die österreichischerseits zur Unterstützung des Angriffs zur Unzeit auf den Gipfel des Paternkofels abgegeben worden sei[4].

Dies rief alsbald einen der Mitkämpfer aus den benachbarten Sextener
Abschnitt, den späteren Landeshauptmann-Stellvertreter von Tirol, Josef
Anton Mayer, auf den Plan. Er wollte, zumal andere Äußerungen die Version
des Sohnes Innerkofler zu bestätigen schienen, Klarheit gewinnen. Dazu hat
er weitere Zeugen gesucht und verwertet, aber die erhoffte Klarheit brachten
sie nicht. Mayer stellt bereits für die erste Zeit uneinheitliche Berichte fest
und am Schluß mit Recht die Frage: „Wie immer es gewesen sein mag, wer
vermöchte dies mit gutem Gewissen zu sagen?"[5]

Über all diesem Zwiespalt und Zweifel steht himmelweit das Beispiel und
Opfer dessen, der sein Leben für Vaterland und Heimat gab. Darum schließen
wir mit den Versen eines Sprechers dieser großen Zeit, wenn er auch heute,
wie sie, nicht mehr die Hochschätzung erfährt, die er verdienen mag:

> Kein Grat und keine Klippe,
> Die nicht sein Fuß bezwang,
> Bis ihn des Todes Hippe,
> Dort grausam niederrang.
> Auf heimatlichen Schroffen
> Schrieb er mit Herzblut rot
> Die alten Heldenstrophen
> Der Treue bis zum Tod.
>
> Der Führer uns und Ferge
> Ins Reich der Schönheit war,
> Sein Denkmal sind die Berge
> Und bleibens's immerdar!
>
> Br. Willram

Franz Huter

---

[4] Josef Innerkofler, Zum Tode meines Vaters Sepp Innerkofler, in: Der Schlern, Bd. 49, 1975,
S. 544—546.

[5] Josef Anton Mayer, Unternehmen Paternkofel, in: Alpenvereinszeitschrift, 101. Bd., 1976,
S. 104—112.

INHALTSVERZEICHNIS

Zum Geleit. Von Franz Huter   5

1. Teil
Die Kämpfe im Drei Zinnen-Gebiet

Einleitung   13

1. Österreichische Grenzschutzvorbereitungen bis zum Beginn des Krieges mit
   Italien   16

2. Lage auf italienischer Seite. Angriffspläne   18

3. Lage auf österreichischer Seite   21

4. Die Zinnen-Hochfläche und das Bacherntal   22
   a) Allgemeine Lage   22
   b) Besetzung der Zinnen-Hochfläche am 12. Mai 1915   23
   c) Patrouillentätigkeit des Standschützen-Bergführers Sepp Innerkofler
      21. Mai 1915   27

5. Österreichischer Angriff auf den Paternsattel am 26. Mai 1915   32

6. Besetzung des oberen Bacherntales durch die Italiener in der ersten Juni-
   hälfte 1915. Patrouillengänge Sepp Innerkoflers 7. bis 14. Juni 1915   41

7. Aufklärung und Unternehmungen im Gebiete des Elfers   45
   a) Beobachtungspatrouille Sepp Innerkoflers auf den Elfer am 19. Juni 1915   45
   b) Patrouillenunternehmung des Leutnants von Schullern und Sepp Inner-
      koflers am 25. Juni 1915   46

8. Österreichische Unternehmungen auf der Zinnen-Hochfläche und im Gebiete
   des Elfers am 4. und 6. Juli 1915   49
   a) Allgemeine Lage   49
   b) Paternkofel-Unternehmung am 4. Juli. Tod Sepp Innerkoflers. Seine
      Enterdigung und Überführung nach Sexten im Jahre 1918. Angriff auf die
      Gamsscharte   50
   c) Unternehmung gegen die italienischen Stellungen in der Linie Croda
      d'Arghena—Zinnen-Kuppe 2324 am 5. bis 10. Juli 1915   64
   d) Besetzung des Sentinellapasses, der Elferscharte und der Rotwand am
      4. Juli 1915   68
   e) Brand der Zsigmondy-Hütte am 7. Juli 1915   72

9. Besetzung der Hochbrunner Schneid, des Zsigmondy-Grates und der Zeltscharte durch die Italiener am 4. August 1915   74

10. Italienische Angriffe im August 1915 75
   a) Allgemeine Lage 75
   b) Italienischer Angriff im oberen Bacherntal auf die Zsigmondy-Stellung
      am 4., 14. und 17. August 1915 77
   c) Angriff der Italiener auf der Zinnen Hochfläche am 14., 18. und
      19. August 1915 82
   d) Erster Angriff der Italiener auf den Sentinellapaß am 7. August 1915 . . . 87
   e) Zweiter italienischer Angriff auf den Sentinellapaß vom 13. bis 15. August
      1915 91
   f) Aufklärungspatrouille des Feldkuraten Hops auf den Elfergipfel vom 22.
      bis 24. August 1915 92

11. Italienische Angriffe Ende August und im September 1915 94
   a) Allgemeine Lage 94
   b) Italienischer Angriff im Bacherntal vom 26. bis 30. August 1915 96
   c) Italienischer Angriff im Altsteinsattel vom 27. bis 31. August 1915 . . . 97
   d) Dritter italienischer Angriff auf den Sentinellapaß am 3. September 1915 . 98
   e) Italienischer Angriff auf die Elferscharte vom 7. und 10. September 1915 . 99

12. Abmarsch des bayerischen Infanterie-Leibregimentes und der deutschen
    Artillerie-Formationen. Einsatz des k. u.k. 2. Regimentes der Tiroler Kaiser-
    jäger im Grenzunterabschnitt 10 b 100

13. Unternehmungen des X. Marschbataillons des Infanterie-Regimentes Nr. 59
    gegen den Sextenstein am 30. Oktober und 1. November 1915 103
   a) Unternehmung am 30. Oktober 1915 103
   b) Unternehmung am 1. November 1915 108

14. Der Toblinger Knoten und sein Ausbau als Beobachtungsstation 110

15. Das Kriegsjahr 1916/17 113
   a) Der Winter 1916 113
   b) Vierter Angriff und Eroberung des Sentinellapasses durch die Italiener
      am 16. April 1916 116
   c) Unternehmungen gegen den Sextenstein am 11. September 1916 117
   d) Unternehmung am 12. April 1917 118

16. Auswirkungen der großen österreichischen Herbstoffensive im Jahre 1917
    am Isonzo auf die Dolomitenfront 120

Anhang

1. Besatzungstruppen der beiden Kampfabschnitte Zinnen-Hochfläche und
   Fischleintal 122
2. Quellen 123
3. Abkürzungen 123
4. Italienische Orts- und Geländebezeichnungen 124

2. Teil
Die Kämpfe am Kreuzberg in Sexten

Einleitung 125

1. Österreichische Grenzschutzvorbereitungen bis zum Beginn des Krieges mit Italien 129

2. Lage auf österreichischer Seite zur Zeit der Kriegserklärung Italiens 133

3. Österreichische Teilangriffe nach der Kriegserklärung im Grenzunterabschnitt 10 b auf den Frugnoni und die Pfannspitze (Monte Vanscuro) von Ende Mai bis 3. Juni 1915 135

4. Italienischer Angriff auf das Wildkarleck (Cima Valone), auf die Porze (Cima Palombino) und das Tilliacher Joch vom 9. bis 18. Juni 1915 141

5. Vorlegen von Sicherungsabteilungen in das Gebiet von Burgstall—Kreuzbergstraße—Seikofel und Roteck und Einsatz des Bayerischen Infanterie-Leibregimentes 149

6. Italienischer Angriff auf die Höhen östlich des Kreuzbergsattels (Frugnoni–Pfannspitze und Königswand bzw. Filmoorhöhe) vom 9. bis 12. und am 18. Juli 1915 153

7. Italienischer Angriff auf die Stellung Burgstall—Seikofel—Roteck am 4. August 1915 165

8. Italienischer Angriff auf die Stellung Burgstall—Pfannspitze am 6. September 1915 175

9. Abmarsch des Bayerischen Infanterie-Leibregimentes und der deutschen Artillerieformationen im Herbst 1915. Einsatz des 2. Regimentes der Tiroler Kaiserjäger im Grenzunterabschnitt 10 b 187

10. Italienischer Angriff im Kreuzbergabschnitt am 24. Oktober 1915 190

11. Der weiße Tod 192

12. Die Jahre 1916/17 193

Schlußbetrachtung 195

Anhang

1. Abkürzungen 197

2. Quellen 197

1. Teil

Die Kämpfe im Drei Zinnen-Gebiet
(1915—1917)

Einleitung

Die Abwehr der Invasion des Landes Tirol im Jahre 1915 gegen einen zahlenmäßig weit überlegenen Gegner mit dem folgenden zweijährigen, harten und opferreichen Ringen an den Landesgrenzen gehört zu den ruhmvollsten Blättern der Tiroler Geschichte. Sie würde es verdienen, in einem zusammengefaßten, erschöpfenden Werke dargestellt zu werden. Der Verlust der meisten Feldakten der höheren Verbände aber in diesem weiten Kriegsgebiet und der Mangel an Truppengeschichten ließen eine solche Darstellung nicht zu. So bildete sich im Laufe der Jahrzehnte durch das Erscheinen von nicht zusammenhängenden Einzelgeschichten und einiger Truppengeschichten eine nur sehr lückenhafte Literatur der Tiroler Landesverteidigung dieser Zeit heraus. Sie konzentrierte sich auf die am meisten umstrittenen Frontabschnitte, die Dolomitenfront und die Front vom Pasubio bis zum Grappa-Massiv, wobei die Dolomitenfront die größere Beachtung erfuhr. Hier tobten zu Beginn des Krieges mit Italien in der ersten Hälfte des Jahres 1915 die heftigsten und opferreichsten Kämpfe. Mit der geschichtlichen Darstellung derselben befaßten sich neben den sehr übersichtlichen Schilderungen von Cletus Pichler „Der Krieg in Tirol 1915/16"[1] und von Val. Feuerstein „Dolomitenkämpfe"[2] hauptsächlich Truppengeschichten wie die des „k. u. k. 3. Regiments der Tiroler Kaiserjäger im Weltkriege 1914—1918" von V. Schemfil[3], „Die Tiroler Kaiserjäger im Weltkriege 1914—1918", Altkaiserjägerklub A. F. Götz[4], ferner jene des „Festungsartilleriebataillons Nr. 1" und A. v. Mörls Buch[5] „Die Standschützen im Weltkrieg". Sie behandeln die Tätigkeit dieser Truppen im Gebiete Col di Lana, Lagazuoi, Valparola, Monte Piano und Sexten, aber nur

---

[1] Wien 1924.
[2] Mil. wiss. und techn. Mitteilungen, Wien 1925.
[3] J. N. Teutsch, Bregenz 1926.
[4] Wien 1936.
[5] Tyrolia, Innsbruck 1932.

eben jene Zeitabschnitte, in denen die betreffenden Truppen dort eingesetzt waren. Eine Geschichte des Landesschützen- (später Kaiserschützen-)regimentes III, das die Hauptlast der Kämpfe im Rufreddo-, Piano- und Zinnen-Gebiet zu tragen hatte, ist leider nicht erschienen.

Die erste zusammenhängende und eingehende Darstellung der kriegerischen Ereignisse im engeren Bereiche eines Kampfabschnittes brachte die Monographie „Die Kämpfe in den Felsen der Tofana" von Guido Burtscher[6]. Sie behandelte in ausgezeichneter Schilderung das kriegerische Geschehen im Travenanzes- und Lagazuoi-Gebiet in den Jahren 1915 bis 1917. Ihr folgte als weitere Einzeldarstellung das im Jahre 1935 erschienene Buch[7] von V. Schemfil „Col di Lana", das die Kämpfe um diesen so heiß umstrittenen Berg und seine Gipfelsprengung im Zeitabschnitt 1915 bis 1917 eingehend schildert.

Damit war 17 Jahre nach Ende des Ersten Weltkrieges der Verlauf der Ereignisse im westlichen Teil der Dolomitenfront, der sich mit dem Grenzunterabschnitt 9 fast deckte, in übersichtlicher und genauer Darstellung geschildert. Der östliche Teil aber, der Grenzabschnitt 10 mit dem Rufreddo-, Piano-Drei-Zinnen-, Rotwand- und Kreuzberg-Gebiet und dem Karnischen Kamm, war bis dahin nur in großen Zügen behandelt worden. Das 1937 erschienene vorzügliche Buch „Der Kampf um die Sextner Rotwand" von O. Ebner[8] griff dann nur einen beschränkten Teilabschnitt heraus.

Um die im übrigen verbliebene Lücke im Osten zu schließen, begann der Verfasser im Jahre 1937 mit einer zusammenhängenden Gesamtbearbeitung des Abschnittes vom Cristallo bis zu Kärntner Grenze.

Den hiebei sehr fühlbaren Mangel an archivalischem Material mußten lebende Quellen ersetzen, die trotz mancher unvermeidbarer Einseitigkeit und Ungenauigkeit der Angaben doch sehr wertvolle Anhaltspunkte für die Rekonstruktion der Kämpfe ergaben. Die sehr eingehende und erschöpfende italienische Kriegsliteratur[9] wurde ausgiebig herangezogen. Denn eine wissenschaftlich fundierte Kriegsdarstellung hat erst dann Wert, wenn man den entsprechenden Einblick in das hat, was beim Gegner geschah. Die Benützung der italienischen Literatur brachte viel Licht in den Verlauf der Kämpfe durch die Gegenüberstellung der Ereignisse und ermöglichte durch eine chronologische Übereinstimmung vielfach erst eine Rekonstruktion in historischer Treue.

Das auf diese Weise vom Verfasser im Jahre 1943 beendete umfangreiche

---

[6] Teutsch, Bregenz 1937.

[7] Teutsch, Bregenz 1935.

[8] Teutsch, Bregenz 1937.

[9] Guerra in Cadore, Antonio Berti, Edito 10. Regg. Alpini, Roma 1936.

Guerra per Croda, Giovanni Sala und Antonio Berti, Cedam Casa, Editrici Dott. Antonio Milani, Padova 1933.

Manuskript „Die Kämpfe in den Ampezzaner und Sextner Dolomiten im Weltkriege" kam jedoch damals für eine Drucklegung nicht in Betracht, weil alles, was mit dem Ersten Weltkriege zusammenhing, vor den wichtigeren Geschehnissen des Zweiten Weltkrieges in den Hintergrund treten mußte. Nach dem Zweiten Weltkriege schwand begreiflicherweise das Interesse an einer militärischen Vergangenheit.

In dieser Zeit hat sich Universitätsprofessor Dr. von Klebelsberg, der im Ersten Weltkriege in eigener Kriegsdienstleistung die ganze Südtiroler Front kennengelernt hatte und dessen besonderes Interesse der Dolomitenfront galt, ein hohes Verdienst um die Tiroler Geschichte dadurch erworben, daß er kriegerische Ereignisse dieser Front der Vergessenheit entriß, indem er trotz vieler zeitbedingter Hindernisse und Hemmnisse im Jahre 1949 die Monographie „Monte Piano" des Verfassers in den Schlern-Schriften (61. Band) herausgab und nun auch die Geschichte der Kämpfe im Drei-Zinnen-Gebiet erscheinen läßt.

Zu diesem Zwecke mußte der Verfasser das Manuskript über die Kämpfe in den Ampezzaner und Sextner Dolomiten in mehrere Einzeldarstellungen zerlegen, und zwar Rufreddo-Cristallo, Monte Piano, Drei-Zinnen-Hochfläche, Sexten und Karnischer Kamm, von denen nun Monte Piano und die Zinnenfläche veröffentlicht sind.

Professor Dr. von Klebelsberg sei für alle seine bisherigen Bemühungen wärmster Dank gesagt.

1. Österreichische Grenzschutzvorbereitungen bis zum Beginn des Krieges mit Italien

Schon vor der Kriegserklärung Italiens an die österreichisch-ungarische Monarchie war die Tiroler Verteidigungsfront in fünf Subrayone eingeteilt[10]. Der Dolomitenabschnitt[11] bildete den Subrayon V mit den Grenzabschnitten 9 und 10. Er reichte vom Pordoijoch bis zur Kärntner Grenze und hatte eine Ausdehnung von fast 90 Kilometern. Jeder Grenzabschnitt zerfiel in Grenzunterabschnitte, diese wieder in Kampfabschnitte.

Die Tiroler Grenze war zu Kriegsbeginn meist offen und an der Dolomitenfront nur durch gänzlich veraltete, aus den achtziger Jahren des vergangenen Jahrhunderts stammende und mit alten Geschützen armierte Befestigungen gesperrt. Auch das mobile Artilleriematerial war im allgemeinen alt, bereits ausgemustert und nur in verhältnismäßig geringer Zahl vorhanden.

Mit den Befestigungsarbeiten war man sehr im Rückstande, weil man, um die schon seit längerer Zeit dauernden diplomatischen Verhandlungen mit Italien nicht zu stören, alle auffallenden militärischen Vorbereitungen zurückgestellt hatte. Dadurch wurde viel kostbare Zeit für die Arbeiten an der Verteidigungsfront versäumt.

Vor der italienischen Kriegserklärung verfügte das Landesverteidigungskommando von Tirol über nur wenige Kräfte zur Sicherung der Grenze. Es waren dies einige in Südtirol in Ausbildung begriffene Marschbataillone[12], die zudem noch in kurzer Zeit ihre Abberufung zu ihren Feldtruppenkörpern zu erwarten hatten, ferner acht aus Eisenbahnsicherungsabteilungen zusammengestellte Landsturmbataillone (Nr. 160 bis 167) mit notdürftiger Ausbildung, sieben aus Militärarbeiterabteilungen der Infanterieregimenter 29 (serbisch) und 37 (ungarisch) gebildete Reservebataillone und Gendarmerie- und Finanzwachabteilungen.

Als der Krieg gegen Italien begann, ließen es die außerordentlich schweren Verluste auf dem russischen und serbischen Kriegsschauplatz, die die Blüte des k. u. k. Heeres und eine große Menge von Kriegsmaterial verschlungen

---

[10] Die Einteilung der Tiroler Front in die Subrayone I bis V ist der Übersichtskarte zu entnehmen.

[11] Als solcher wird hier der Bereich zwischen dem Pordoijoch und der Kärntner Grenze verstanden.

[12] Marschbataillone waren Ergänzungseinheiten, die aus den ausgebildeten Mannschaften der Ersatzkader im Hinterland zusammengestellt und zur Vervollständigung ihrer Ausbildung im Felddienst in das Kriegsgebiet hinter der Front verlegt wurden. Sie wurden im Bedarfsfalle ihren Truppenkörpern zugewiesen und dort meist auf die Feldkompagnien aufgeteilt. Oft wurden sie auch, wenn die Gefechtslage es verlangte, als selbständige Bataillone in die Front eingesetzt. Ihre Bezeichnung erfolgte mit römischen Ziffern z. B. X./1. TJR. = X. Marschbataillon des 1. Tiroler Kaiserjägerregimentes. Die Feldbataillone wurden mit arabischen Ziffern bezeichnet.

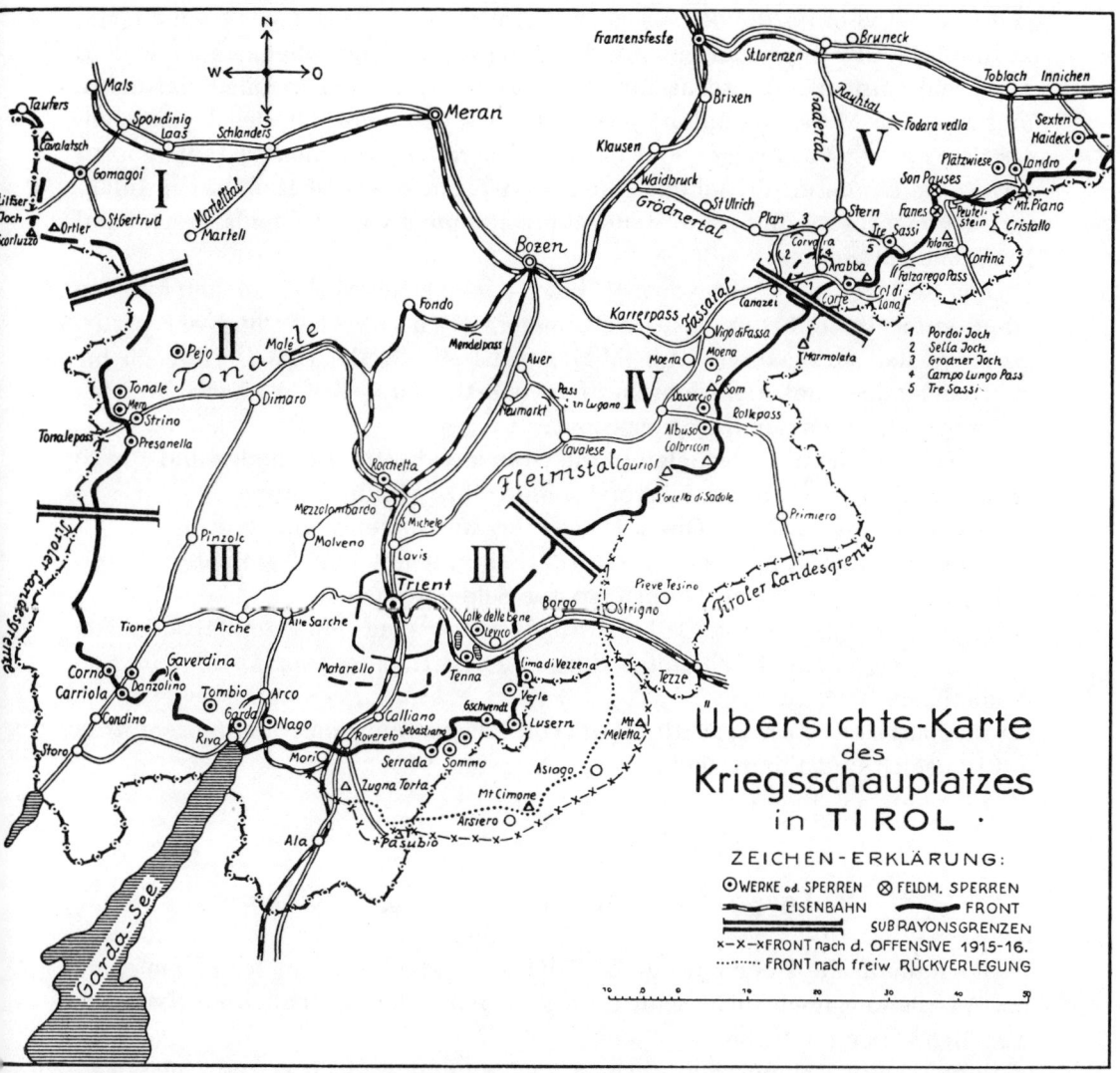

Übersichts-Karte
des
Kriegsschauplatzes
in **TIROL** ·

ZEICHEN-ERKLÄRUNG:

⊙ WERKE od. SPERREN   ⊗ FELDM. SPERREN

══════ EISENBAHN   ▬▬▬▬ FRONT

▬▬▬▬ SUBRAYONSGRENZEN

×—×—× FRONT nach d. OFFENSIVE 1915-16.

·········· FRONT nach freiw RÜCKVERLEGUNG

1 Pordoi Joch
2 Sella Joch
3 Grödner Joch
4 Campo Lungo Pass
5 Tre Sassi

hatten, nicht zu, die Tiroler Grenze mit Feldtruppen zu dotieren, zumal der noch verfügbare Teil derselben an den wichtigsten Abschnitt der neuen Kriegsfront, an den Isonzo, abgestellt werden mußte.

Es blieben daher für die Verteidigung Tirols nur die bereits erwähnten Marsch-, Landsturm- und Reservebataillone übrig, zu denen sich bei der Kriegserklärung noch die Standschützenformationen gesellten, die sich, wie seinerzeit ihre Vorfahren, zur Sicherung ihrer Heimat zur Verfügung gestellt hatten und sich hervorragende Verdienste erwarben.

In der Verteidigungslinie des Subrayons V, dem Bereich der 56. Gebirgsbri-

gade, das ist vom Pordoijoch bis zur Kärntner Grenze, standen, als am 23. Mai
1915 um 19 Uhr die Nachricht von der Kriegserklärung Italiens an die k. u. k.
Monarchie eintraf, nur sechseinhalb Bataillone mit zwei mobilen Batterien,
und zwar die Marschbataillone des Infanterieregimentes 59, des 1. Regimentes der Tiroler Kaiserjäger und des Landesschützenregimentes Innichen III,
ferner die Landsturmbataillone 165 und 167, ein Reservebataillon des Infanterieregimentes 29 und zehn Standschützenkompagnien[13], Gendarmerie- und
Finanzwachassistenzen.

Der Bereich des Subrayons V bzw. des 56. Gebirgsbrigadekommandos
stand unter der Führung des Generalmajors Bankowsky[14] und war gegliedert[15] in den Grenzabschnitt 9 (Mjr. Busch, Lsch. III) vom Pordoijoch bis
zum Seelandbachtal, Grenzabschnitt 10 (Obstl. Haslehner, Lsch. III) vom
Seelandbachtal bis zur Kärntner Grenze.

Die Grenzabschnitte zerfielen in die Grenzabschnitte 9a und 9b und 10a, b
und c, und diese wieder in Kampfabschnitte bzw. Kampfgruppen.

Der Grenzabschnitt 10 (Obstl. Haslehner) war folgend eingeteilt:
Grenzunterabschnitt 10a (Hptm. Schmid) mit den Kampfabschnitten
    Rufreddo, Gemärk und Landro (später Schluderbach),
Grenzunterabschnitt 10b (Obstl. Haslehner) mit den Kampfabschnitten
    Zinnenhochfläche, Fischleintal, Burgstall und Hornischeck (ab 23. Juni Sei-
    kofel),
Grenzunterabschnitt 10c (Mjr. von Pasetti) mit den Kampfabschnitten
    Eisenreich und Filmoorhöhe.

2. Lage auf italienischer Seite. Angriffspläne

Das italienische Heer war zur Zeit der Kriegserklärung in seiner materiel-
len Ausrüstung noch nicht schlagfertig. Es fehlte hauptsächlich an Artillerie
und Maschinengewehren.

Von den vier italienischen Armeen umspannten zwei Tirol, und zwar[16]
I. Armee vom Stilfser Joch bis Croda Grande (südwestlich Agordo) mit dem
    III. Korps vom Stilfser Joch bis zum Gardasee (5., 6. und 35. Division),
    V. Korps vom Gardasee bis Croda Grande (9., 34. und 15. Division),

---

[13] Trafen erst nach der Kriegserklärung ein.
[14] Seit 15. März 1915.
[15] Die Einzelheiten der Besetzung siehe in Schemfil, Die Kämpfe am Monte Piano und im Cristallo-Gebiet 1915—1917, 2. Aufl. 1984, Schlern-Schriften 273, S. 14 f.
[16] Die Einzelheiten der Besetzung siehe in Schemfil, Die Kämpfe am Monte Piano und im Cristallo-Gebiet 1915—1917, 2. Aufl. 1984, Schlern-Schriften 273, S. 15 ff.

IV. Armee (Generalleutnant Nava) von Croda Grande bis zum oberen Piave (Monte Paralba im Karnischen Kamm),

IX. Korps (Generalleutnant Ragni) von Croda Grande bis Rocchetta (17. und 18. Division),

I. Korps (Generalleutnant Marini) von Roccetta (südlich Cortina) bis Monte Paralba (2. und 10. Division).

Das dem österreichischen Subrayon V (56. Gebirgsbrigade) gegenüberliegende italienische I. Korps, dem die Täler Boite, Ansiei und Padola[17] zugewiesen worden waren, stand in folgenden Räumen:

2. Division (Generalleutnant Nasali Rocca) im Raume Venas-Borca im Val Boite mit der Brigade Como (Generalmajor Ussani) und der Brigade Umbria (Generalmajor Fiorelli).

10. Division (Generalleutnant Scrivante) teils im Raume Auronzo, teils im Raume San Nicolo im Val Padola mit der Brigade Marche (Generalmajor Fabri) und Ancona (Generalmajor Neomartini).

1. Division (Generalleutnant Petitti Roreto) zwischen Sedico Bribano und Longarone im Val Piave mit der Brigade Parma (Generalmajor Montuori) und Basilicata (Generalmajor Ferero).

Zwei Alpinibataillone (vier Kompagnien des Alpinibataillons Pieve di Cadore und zwei des Alpinibataillons Val Piave) mit einigen Gebirgsbatterien besorgten den Grenzschutz. Außerdem standen noch zur Verfügung das 16. Finanzwachbataillon in San Stefano di Cadore und das 8. Bersaglieriregiment. Das 20. Feldartillerieregiment lag mit einer Gruppe im Val Ansiei (Stabilizane) und mit einer in Padola.

Die italienische Führung glaubte, im Falle des Zusammenstoßes mit dem Heere der österreichisch-ungarischen Monarchie auf heftigen Widerstand zu stoßen und beabsichtigte, da die notwendige Schlagfertigkeit noch nicht erreicht war, gewagten Unternehmungen auszuweichen und mit den vorhandenen Kräften nur begrenzte Ziele zu erreichen.

Während demgemäß die I. italienische Armee in der strategischen Offensive zu verbleiben, mit kleinen Offensivstößen ihre Front zu sichern und feindliches Gebiet zu besetzen hatte, sollte die IV. Armee (Cadorefront) mit der Bekämpfung der Sperren Sexten, Landro und Valparola (Tresassi) beginnen. Als erstes Ziel war der IV. Armee die Erreichung von Toblach mit dem rechten Flügel und der Sellagruppe mit dem linken vorgeschrieben, wobei letztere Aufgabe dem IX. Korps zufiel. Die Bekämpfung der befestigten Stellung bei Son Pauses und der Sperren Landro und Sexten und der Stoß auf Toblach war dem I. Korps übertragen.

---

[17] Nach dem Gelände bezeichneten die Italiener den Bereich des IX. Korps als Abschnitt Cordevole, des I. Korps als Abschnitt Cadore, der 10. Division als Unterabschnitt Ansiei-Padola, der 2. Division als Unterabschnitt Boite.

Da aber die Belagerungsartillerie zu Kriegsbeginn noch lange nicht zur
Stelle war, hatte die Armee sofort nach der Kriegserklärung sich jener Räume
zu bemächtigen, aus denen der beabsichtigte Angriff vorzutragen war. In
Durchführung dieses Befehles besetzte sie kampflos das Becken von Cortina
d'Ampezzo, das zwar innerhalb der österreichischen Grenze, aber doch vor
der österreichischen Verteidigungslinie lag, und den Kreuzbergsattel.

Das Heranziehen des Belagerungsparkes und das Einrichten der Stellungen
der schweren Batterien zog sich immer mehr in die Länge. Das italienische
Höchstkommando wartete daher den Artillerieaufmarsch nicht ab, sondern
befahl für den 1. Juni den Beginn des Generalangriffes.

Im Sinne dieses Befehles hatte das italienische I. Korps durch das Val Padola
die Sperre Sexten, durch das Val Ansiei die Sperren Landro und Plätzwiese
und durch das Val Boite die befestigte Stellung von Son Pauses anzugreifen.
Das Alpinibataillon Fenestrelle (mit der 30. und 83. Kompagnie) sollte die
Verbindung mit dem rechten Flügel des links benachbarten IX. Korps, der
gegen Travenanzes und Val Parola angesetzt war, herstellen.

Während von den beiden Divisionen des I. Korps die 2. in den ersten Junitagen sogleich zum Angriff auf Son Pauses schritt, konnte die 10. mit der ihr
aufgetragenen Bekämpfung der Sperren Landro-Sexten nicht beginnen, weil
trotz überaus starker infanteristischer und artilleristischer Überlegenheit die
österreichischen Truppen in diesem Raume die Initiative ergriffen hatten.

Ihre geringen Kräfte zwangen zwar zur strikten Defensive in der Linie der
Sperren gegenüber dem auf drei Divisionen geschätzten Gegner, von dem
man zudem annahm, daß er rasch und mit großer Übermacht zum Angriff
übergehen werde. Doch wurde dieses Gebot der Defensive trotz zahlenmäßiger Unterlegenheit von einem starken Offensivgeist beherrscht, der sich in
mehreren kleineren Unternehmungen aussprach. Am 26. Mai unternahm das
IX./Lsch. III (Hauptmann Jaschke) aus eigener Initiative einen Angriff auf
den Paternsattel. Am 3. Juni wurde durch die Besetzung des Frugnoni und
der Pfannspitze (westlich des Kreuzbergsattels) eine Verbesserung der Verteidigungslinie erreicht. Am 7. Juni brachte ein kühn durchgeführter Handstreich den Nordteil des Monte Piano in den Besitz der Österreicher.

Schon diese mit minimalen Kräften durchgeführten kleinen Offensivstöße
hatten den Italienern einen stärkeren Gegner vorgetäuscht, der die Initiative
an sich gerissen hatte. Die einzige Offensivtätigkeit der Italiener war der
Angriff der 10. Division auf Wildkarleck-Porze und Tilliacher Joch, bei dem
nur die beiden ersten Höhen in ihre Hände fielen.

Auch den übrigen italienischen Divisionen blieb ein Erfolg versagt. Es sei
gleich vorweggenommen, daß das Resultat des Generalangriffes der italienischen IV. Armee gering war. Ihre Korps hatten sich nur näher an die österreichische Verteidigungslinie herangeschoben.

3. Lage auf österreichischer Seite

Der Subrayon V (56. Gebirgsbrigade) erstreckte sich über eine schwer zugängliche Gebirgszone mit hochaufragenden Bergen und tief eingeschnittenen Tälern, die den Verteidigern die Lebensbedingungen zwar erschwerten, ihnen dafür aber die Möglichkeit der Geländebehauptung erleichterten. Für den Angreifer bildete diese Hochgebirgsgegend ein schweres Hindernis. Die an den Südhängen operierenden italienischen Truppen hatten den Vorteil der sonnigen, bald schneefreien Gebirgsseite, während die österreichischen Truppen an den Nordhängen noch lange mit tiefer Schneelage zu rechnen hatten.

Dem Subrayon war die Sicherung der durch das Pustertal führenden Verkehrswege, insbesondere der Bahnlinie übertragen. Wenn man bedenkt, daß von der Reichsgrenze auf dem Monte Piano der Ort Toblach im Pustertal nur 14 Kilometer und von Kreuzbergsattel der Ort Innichen nur 13 Kilometer in der Luftlinie entfernt waren, kann man die Gefahr ermessen, in der das Pustertal schwebte. So war die Aufgabe der Truppen des Subrayons eine zwar sehr ehrenvolle, hinsichtlich der vorhandenen, ganz unzulänglichen Kräfte aber eine sehr schwierige. Es sei bemerkt, daß die Division unter der tatkräftigen Führung ihrer Kommandanten, des Generalmajors B a n k o w s k y , der Feldmarschalleutnante G o i g i n g e r und P i c h l e r und des Generalmajors v. S t e i n h a r d dank der Tapferkeit und Zähigkeit der eingesetzten Truppen der schweren Aufgabe vollauf gerecht wurde. Alle während des Krieges von den Italienern mit großen Opfern versuchten Durchbrüche in dieses Tal mißlangen.

Die österreichische Führung hatte die Hauptwiderstandslinie im allgemeinen in die Linie der Sperren gelegt. Sie verlief im Grenzabschnitt 10 über den Knollkopf – das Seelandbachtal – die Strudelalpe – die Sperre Landro – den Rautkopf – die Drei-Zinnen-Hochfläche – die Zsigmondyhütte – die Rotwand – über Burgstall, die Sperren Haideck und Mitterberg – den Hornischeck und längs des Karnischen Kammes bis zu Kärntner Grenze.

Die Besetzung war, so wie an der ganzen Dolomitenfront, auch im Grenzabschnitt 10 eine sehr schüttere und unzulängliche. Zudem waren die Sperren alter Bauart, die Stellungen notdürftig ausgebaut und nur stellenweise besetzt, so daß die Lage nach der Kriegserklärung Italiens recht kritisch war. Man verlebte Tage des Hangens und Bangens, da das zwar noch nicht ganz schlagfertige, aber frische und zahlenmäßig weit überlegene italienische Heer mit erdrückender Übermacht den dünnen Schleier der österreichischen Front zerreißen und ungehindert in das Land einfallen konnte. Und doch war angesichts des trefflichen Geistes und des zähen Willens zum Durchhalten nicht alle Zuversicht geschwunden. Die kommenden Ereignisse zeigten, was eine von herrlichem Soldatengeist beseelte Truppe, auch wenn sie stark in der Minderzahl ist, zu leisten imstande ist.

4. Die Zinnen-Hochfläche und das Bacherntal

a) Allgemeine Lage

Für den Grenzunterabschnitt 10 a (Landro) führte die Verbindung aus dem Pustertal an die Front von Toblach durch das Höhlensteiner Tal, für den Grenzunterabschnitt 10 b, in dem die Zinnen-Hochfläche lag, verlief sie von Innichen durch das Sextental einerseits auf den Kreuzberg zur Versorgung der Kampfabschnitte Burgstall-Seikofel, andererseits bei Bad Moos zu den Kampfabschnitten Zinnen-Hochfläche und Fischleintal. Der Grenzabschnitt 10 c mit den Kampfabschnitten Eisenreich und Filmoorhöhe stand durch mehrere Seitentäler mit dem Kartitscher Tal in Verbindung.

Vor und bei Beginn des Krieges wurde das Grenzgebiet der Drei Zinnen und das Giralbajoch kurz mit „Kampfgruppe Drei Zinnen" bezeichnet. Erst als bei den Einleitungskämpfen die Verteidigungsstellung von der Grenze abgesetzt und dabei auch das zum Giralbajoch führende obere Bacherntal aufgegeben werden mußte, wurden aus der einen Kampfgruppe zwei Kampfabschnitte mit der Bezeichnung Zinnen-Hochfläche und Fischleintal gebildet. Die Versorgung, die für den ersteren durch das Fischlein- und Altsteintal erfolgte, wurde von da an auf das weiter westlich von Sextental abzweigende Innerfeldtal umgelegt.

Die durch die geographischen und taktischen Verhältnisse bedingte Zusammengehörigkeit der beiden Kampfabschnitte läßt es bei der Darstellung der Kämpfe notwendig erscheinen, nicht nur die kriegerischen Ereignisse auf der Zinnen-Hochfläche, sondern auch die im Gebiete des oberen Fischleintales, des Elfers und des Sentinellapasses in die Schilderung miteinzubeziehen.

Die Kämpfe um die dem Sentinellapaß östlich benachbarte Rotwandspitze werden jedoch nicht aufgenommen, da diese Bergspitze als wichtiger rechter Eckpfeiler taktisch zur Sextner (Kreuzberg-)Stellung gehörte und außerdem die Ereignisse in Ebners Buch „Kämpfe um die Sextner Rotwand" bereits erschöpfend geschildert sind.

Das Kampfgebiet der Zinnen-Hochfläche und des Fischleintales lag zwischen zwei feindlichen Einbruchsrichtungen, die einerseits über Schluderbach-Landro durch das Höhlensteiner Tal nach Toblach und andererseits über den Kreuzbergsattel und durch das Sextental nach Innichen verliefen. Wegen des ausgesprochenen Hochgebirgscharakters des Geländes und der damit verbundenen Unmöglichkeit, stärkere Kräfte zur Entwicklung zu bringen und wegen des Mangels eines gut fahrbaren Verkehrs- und Versorgungsweges nördlich der Front in das Pustertal kam es für größere Angriffsoperationen nicht in Betracht, wohl aber bot es für die benachbarten eigenen Kampfabschnitte wegen der Überhöhung recht günstige flankierende Batteriestellungen und Beobachtungsmöglichkeiten. Die Kämpfe auf der Zinnen-Hochfläche waren daher meist Begleit- und Demonstrationsangriffe im Rahmen größerer feindlicher Offensiven und besonders im Jahre 1915 oft recht schwer und verlustreich.

b) Die Besetzung der Zinnen-Hochfläche am 12. Mai[18]

Schon zur Zeit der Versammlung des italienischen I. Korps im Cadore — also vor der Kriegserklärung — wurde von den Italienern das Alpinibataillon Pieve di Cadore in den Raum Monte Piano – Drei Zinnen als Deckungstruppe vorgeschoben. Seine 75. Kompagnie (Hauptmann Gatto) hatte am 11. Mai die Grenzlinie Paternsattel (Forcella di Lavaredo) und Oberbacher Joch (Passo Fiscalino), die 96. Kompagnie (Hauptmann Rossi) den Monte Piano mit dem Val Popena Bassa und dem Val Rimbianco besetzt. Der Kommandant des Alpinibataillons (Major Graf Buffa di Perero) mit seinem Stab und zwei Gebirgsbatterien befand sich in Misurina.

Auf österreichischer Seite sollte auf Befehl des Subrayonskommandanten Generalmajor Bankowsky einen Tag später (am 12. Mai) das IX. Marschbataillon des Landesschützenregimentes III (Hauptmann Jaschke) die Grenzsicherung auf der Drei-Zinnen-Hochfläche übernehmen. Vorerst ging nur der 1. Zug (Fähnrich Marsič) der 1. Kompagnie (Oberleutnant Trnozka)[19] zur Drei-Zinnen-Hochfläche ab mit dem Befehl, die Übergänge an der Grenze, den Paternsattel, das Büllelejoch und das Giralbajoch zu besetzen. Er erhielt gleichzeitig die Weisung, jede Herausforderung der Italiener, von denen man noch immer hoffte, daß sie dem Dreibunde treu bleiben würden, zu vermeiden. Fähnrich Marsič fand jedoch, da er einen Tag später als die Italiener ankam, die genannten Übergänge bereits in den Händen der Alpini und hätte nur mit Anwendung von Waffengewalt seinem Auftrag nachkommen können.

---

[18] Als Grundlagen für die Schilderung der Besetzung der Zinnen-Hochfläche und des Gefechtes am 26. Mai dienten die Kriegsakten der Division Pustertal, ferner Aufzeichnungen aus den Tagebüchern des Hauptmanns Jaschke, der Oberleutnante Trnozka, Striberny, des Leutnants von Tepser und des Fähnrichs Bradacs, für die Ereignisse auf italienischer Seite das Buch von Berti „Guerra in Cadore", Kapitel III, S. 14.

[19] Bei der 1. Kompagnie waren eingeteilt: Leutnant von Tepser, Fähnrich Marsič und Bradacs, Kadett Pühringer, Roser, Hayda, Klimt und Gruber und der Mediziner Rienzner. Der Kompagniekommandant Oberleutnant Trnozka fiel am 16. Dezember 1915 auf dem Col di Lana (siehe Schemfil „Col di Lana", S. 174).

Die 2. Kompagnie (Oberleutnant Brunner) des Bataillons war, um auf dem Hornischeck und auf Tonrast Stellungen auszuheben, in den Abschnitt Sexten befohlen worden. Sie blieb die folgende Zeit vom Bataillon getrennt. Die Landesschützenbataillone hatten damals nur drei Kompagnien und eine Maschinengewehrabteilung zu zwei Gewehren. Der Kommandant der 3. Kompagnie war Oberleutnant Voitl, der MGA. Leutnant Stribersky, Bataillonsadjutant Leutnant von Sersawy.

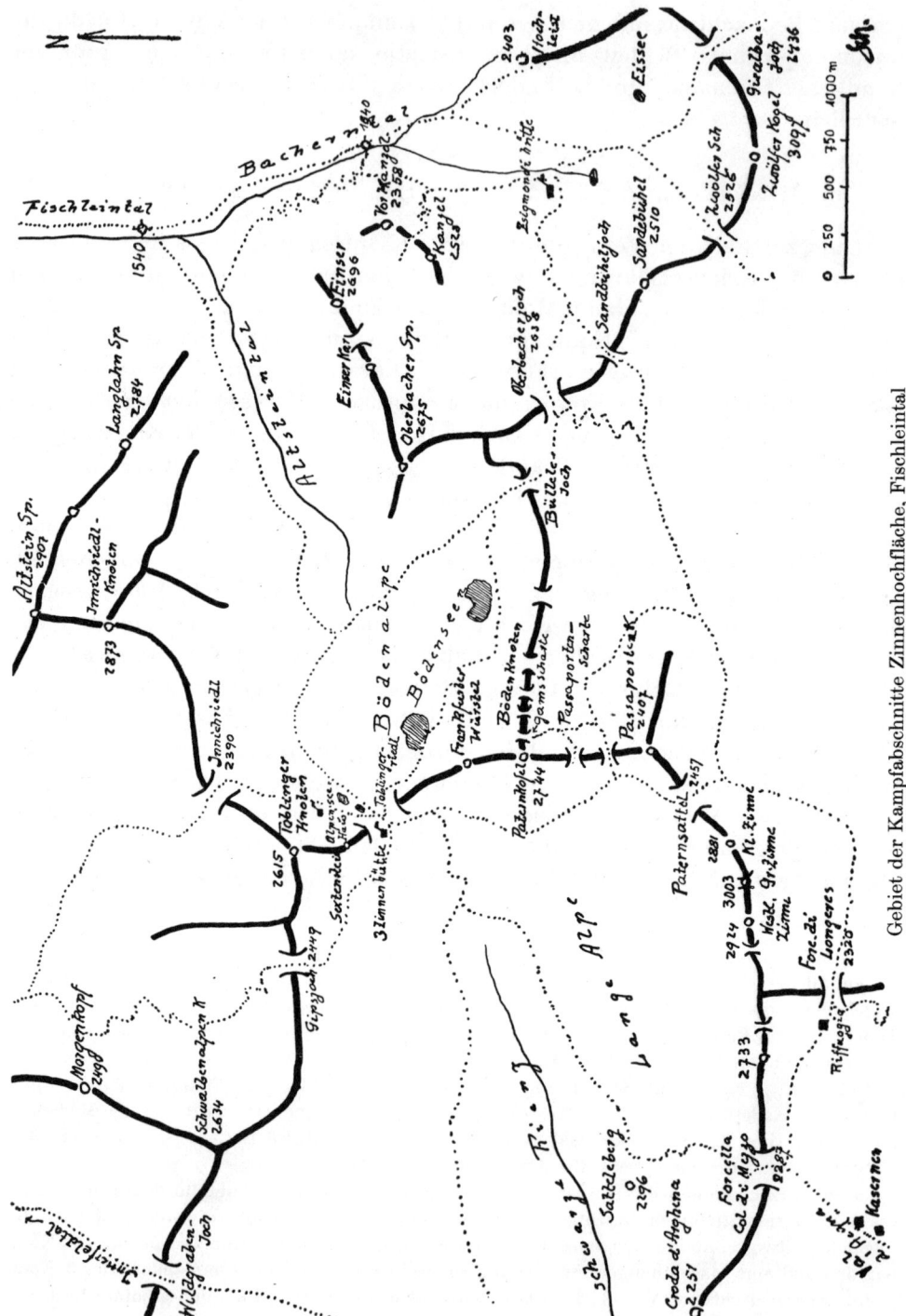

Gebiet der Kampfabschnitte Zinnenhochfläche, Fischleintal

Unter Abänderung des ursprünglichen Befehles wurde ihm nun befohlen, mit einem Schwarm bei der Bödenalpe das Altsteintal und mit einem das Rienztal am oberen Ausgang zu sperren. Der Rest des Zuges hatte bei der Drei-Zinnen-Hütte, Front gegen den Paternsattel und am Frankfurter Würstl, Front nach Osten und Westen, Aufstellung zu nehmen. Zur Sperrung des Bacherntales gegen das Giralbajoch wurde Kadett G r u b e r mit 14 Mann in das Gebiet der Zsigmondy-Hütte befohlen.

So mußte um den Preis der Vermeidung von unerwünschten Grenzzwischenfällen eine in einer Respektsentfernung von der Grenze liegende und für die Verteidigung ungeeignete Stellung bezogen werden. Damit hatte man sich jedes Vorteiles einer geeigneten Stellung auf den beherrschenden Höhen und Übergängen längs der Grenzlinie begeben und konnte diesen Nachteil während des Krieges nicht mehr gutmachen.

Nach einigen Tagen (am 19. Mai) war die 1. Kompagnie zur Gänze auf der Hochfläche versammelt. Die 3. Kompagnie (Oberleutnant Voitl) rückte an diesem Tag bis zur Drei-Schuster-Hütte im Innerfeldtal vor, um dort eine zweite Stellung auszuheben.

Die durch den Zug des Fähnrichs Marsič angedeutete Verteidigungslinie auf der Zinnen-Hochfläche wurde am 20. Mai von der ganzen 1. Kompagnie, wie folgt, besetzt:

4. Zug in einer Stellung gegen das Rienztal mit je einer Patrouille auf dem Wildgrabenjoch und dem Gipsjoch.

1. Zug in einer Stellung bei der Drei-Zinnen-Hütte, Front gegen den Paternsattel, und in einer Flankenanlage bei dem Frankfurter Würstl.

3. Zug in einer Stellung auf der Bödenalpe, Front gegen das Büllelejoch.

2. Zug in einer Stellung Front gegen das Altsteintal mit einer Flankenanlage.

Die Hochfläche war noch stark verschneit und stellenweise nur mit Schneereifen der Ski gangbar. In den Mulden lag der Schnee über drei Meter hoch. Der Zuschub für Munition, Verpflegung und für Material zum Stellungsbau war daher ungemein erschwert.

Zur Aushebung der Schützengräben war von jedem Zug die Hälfte bestimmt, die andere hatte das Stellungsmaterial herbeizuschaffen. In den ersten Tagen erfolgte der gesamte Zuschub durch das Fischlein- und Altsteintal, dann durch das Innerfeldtal bis zur Drei-Schuster-Hütte mit Tragtieren. Von da aus mußte ihn die Kampftruppe mit eigenen Kräften mühsam und zeitraubend selbst besorgen. Nur der Schwarm des Kadetten Gruber blieb weiter auf die Versorgungslinie durch das Fischleintal angewiesen.

So lange noch keine Unterkünfte errichtet waren, wurde unter Zurücklassung von Wachen in den Stellungen eine halbe Kompagnie in der Drei-Zinnen-Hütte und die andere im Alpenseehotel untergebracht.

Die weit auseinandergezogene und unzulänglich von einer Kompagnie besetzte Stellung konnte nur einer Absperrung der Übergänge auf die Hoch-

fläche und in die dort beginnenden Täler, aber keiner nachhaltigen Verteidigung der Hochfläche gerecht werden. Zur ständigen Besetzung der in Höhen
bis zu 3000 Meter verlaufenden Grenzlinie fehlten die Kräfte. Auch ließ der
Mangel an Trägerabteilungen für den Zuschub von Munition, Verpflegung
und Stellungsmaterial die Festsetzung in solcher Höhenlage nicht zu.

Diese Umstände seien besonders erwähnt, weil von mancher, über die
damaligen Verhältnisse nicht unterrichteten Seite in Veröffentlichungen der
Führung der ungerechte Vorwurf gemacht wurde, sie hätte es versäumt, die
weitaus günstigere Grenzstellung sofort in Besitz zu nehmen.

Am 20. Mai, dem Tage der Verlautbarung des Alarmbefehles, verlegte der
österreichische Bataillonskommandant mit seinem Stab seinen Standort auf
die Drei-Zinnen-Hochfläche. Der Abschnitt führte von da ab die Bezeichnung
„Kampfgruppe Drei Zinnen".

Es war ein merkwürdiger Zufall, daß am selben Tag auch das Kommando
des Alpinibataillons Cadore seinen Standort von Misurina zur Unterkunfts-
hütte im Val d'Aqua verlegte. Damit war gleichzeitig eine Änderung der bisherigen Besetzung auf italienischer Seite verbunden. Der Bataillonskommandant Major Buffa zog die 67. Alpinikompagnie (Hauptmann Busoli) heran
und übertrug ihr die Sicherung des Raumes Drei Zinnen – Forcella Col die
Mezzo – Croda d'Arghena. Die 75. Alpinikompagnie, die mit drei Zügen in der
Kaserne nächst dem Paternsattel untergebracht war, hatte die Sicherung des
Raumes östlich der Drei Zinnen, und zwar den Paternsattel, das Büllelejoch,
den Oberbacher Sattel zu übernehmen. Die Maschinengewehrsektion des
Oberleutnants Da Como stand auf dem Paternsattel, den die Italiener als
den wichtigsten Teil ihrer Verteidigung auf der Zinnen-Hochfläche betrachte-
ten.

Am gleichen Tage wurden dem Landesschützenbataillon eine Abteilung von
36 Sextner Standschützen und 35 Mann der Gendarmerie- und Finanzwachas-
sistenz zugeteilt.

Nur die Bergführer, unter denen sich der bekannte Sextner Bergführer
Sepp Innerkofler mit seinem 19jährigen Sohn Gottfried, ferner die Bergführer Piller, Forcher, Rogger usw. befanden, faßte man in eine Bergführerpatrouille unter dem Kommando Sepp Innerkofler zusammen. Die übrigen Standschützen, Gendarmerie- und Finanzwachleute hatten zum Teil
Dienst beim Train zu machen oder waren der Pionierabteilung des Leutnants
Müller zugewiesen.

Die Bergführerpatrouille trat alsbald in Verwendung und unternahm unter
Sepp Innerkofler viele schwierige und erfolgreiche Beobachtungspatrouillen-
gänge.

c) Patrouillentätigkeit des Standschützenbergführers Sepp Innerkofler ab 21. Mai bis 3. Juni 1915

Der Name Sepp Innerkofler ist mit der bergsteigerischen Erschließung der Sextner Dolomiten für alle Zeiten unauslöschlich verbunden. Als vor Beginn des Krieges mit Italien im Jahre 1915 die Sextner Standschützen aufgeboten wurden, meldete er sich freiwillig mit seinem Sohn Gottfried zum Waffendienste und rückte am 19. Mai ein. Damals war er ein 50jähriger Mann, Gottfried ein 19jähriger Jüngling. Beide waren bei der Standschützenkompagnie Sexten des Standschützenbataillons Sillian eingeteilt, zu der auch sein Bruder Christian, Hans Forcher und Vinzenz Goller gehörten.

Sepp Innerkofler war bisher nie zum Waffendienste geeignet befunden worden und daher soldatisch nicht ausgebildet. Sein durch die Jagd erworbener Spürsinn im Gelände aber, seine Schießfertigkeit, seine hervorragenden alpinistischen Kenntnisse im Kampfgebiet, sein zweifellos sehr gutes militärisches Urteil ersetzten den Mangel der soldatischen Ausbildung. Im Patrouillendienste leistete Innerkofler Hervorragendes. Während seiner fast siebenwöchentlichen Tätigkeit tauchte er bald da, bald dort auf den höchsten Gipfeln der ganzen Zinnenfront auf und täuschte so dem Gegner eine Besetzung vor[20]. Seine besonderen militärischen und alpinen Leistungen brachten ihm eine außergewöhnlich rasche Beförderung und die Verleihung mehrerer Tapferkeitsauszeichnungen ein. Schon bei seiner Einrückung am 19. Mai wurde er Standschützen-Patrouilleführer, am 21. Juni mit Übergehung der Unterjäger- und Zugsführercharge Standschützen-Oberjäger und erhielt die Kleine, kurz darauf die Große Silberne Tapferkeitsmedaille. Nach seinem Tode wurde ihm die höchste Tapferkeitsauszeichnung für Mannschaften, die Goldene Tapferkeitsmedaille, verliehen (vgl. Bild 24 auf Tafel 15).

In der Zeit vom 21. Mai bis 4. Juli 1915 unternahm Sepp Innerkofler folgende 17 Patrouillengänge:

21. Mai von der Zinnenhütte auf den Paternkofel
22. Mai vom Dolomitenhof auf Hochleist-Giralba
23. Mai Pfingstsonntag — italienische Kriegserklärung — vom Dolomitenhof auf den Ausläufer der Westlichen Zinne (2324 m)
24., 25., 26., 27. Mai täglich vom Sextenstein auf den Paternkofel
31. Mai vom Sextenstein auf den Morgenkopf
3. Juni von Bad Moos über das „Äußere Loch" auf den Elfer

---

[20] Pater Innerkofler, ein Verwandter des Sepp, beabsichtigte, eine Biographie unter dem Titel „Sepp Innerkofler, der Bergführer und Heldenstandschütze von Sexten", zu verfassen. Zu diesem Zweck erhielt er von der Familie des Sepp zwei kleine graue Notizbüchlein mit den tageweisen Aufzeichnungen vom 19. Mai bis 3. Juli, die in das Manuskript aufgenommen wurden. Dieses stellte Pater Innerkofler im Jahre 1937 dem Verfasser zu Verfügung. Die in der Folge zitierten Tagebuchstellen sind somit als wortgetreu mit den Originalen aufzufassen. Die in Klammern stehenden Wörter und Sätze sind vom Verfasser zur Erklärung beigesetzt.

 7. Juni vom Dolomitenhof auf die Hochbrunnerschneid
11. Juni vom Sextenstein auf den Toblinger Knoten
12. Juni vom Sextenstein auf die Morgenalpenspitze
14. Juni von Bad Moos auf den Einser
19. Juni vom Dolomitenhof auf den Elfer
25. Juni vom Dolomitenhof auf den Elfer und die Hochbrunner Schneid
30. Juni und 1. Juli von Sexten auf die Arzalpe
 4. Juli Paternkofel †

Seine Begleiter waren meist die Bergführer und Standschützen Andreas Piller, der Schwager Innerkoflers, Forcher und Rogger und sein Sohn Gottfried, ferner Landesschützen-Unterjäger Bacher und Landsturmkorporal Hofbauer.

Den ersten Patrouillengang machte Innerkofler im Auftrage des Bataillonskommandanten Hptm. Jaschke am 21. Mai auf den Paternkofel, auf den ihn, am 4. Juli, auch sein letzter führen sollte.

Über die am 21. und 22. Mai unternommenen Patrouillen schrieb Innerkofler in sein Tagebuch:

„21. Mai. 6 Uhr früh ab auf den Paternkofel. Schuhtief Schnee. Konnten die Italiener sehr gut beobachten hinter dem Paternsattel, wo dieselben Batteriestände machen und Wege ausschaufeln. Wir waren mittags wieder zuhause zur Menasch (Menage)."

„22. Mai. 3 Uhr früh ab zur Drei-Zinnen-Hütte. Sehr mühsam. Drei Stunden. Von dort aus ins untere Bacherntal und links vom Hochleist hinauf auf den Giralba, wo wir, Bacher und ich, nur 20 Minuten beobachtet haben. Mit Ski herrlich herunter bis zum Talschluß und in den Dolomitenhof, wo auch drei Tänze gemacht wurden.

Am 23. Mai erhielt Innerkofler den Auftrag, von der Kote 2324 (westlich der Drei Zinnen) aus zu beobachten. Darüber ist in seinem Tagebuch zu lesen:

„23. Mai. Pfingstsonntag. Zur Drei-Zinnen-Hütte und von dort zum Ausläufer der westlichen (Zinne). Bacher, Korporal Hofbauer, Gottfried und ich, wo wir eine italienische Patrol (Patrouille) getroffen und gleichzeitig einen Italiener aus Angst schreien gehört haben, welcher auch gleichzeitig auf mich angeschlagen hat, was ihm aber nichts genützt haben würde; fürs erste haben wir sie (die Patrouille) zuerst gesehen, fürs zweite hätte er mich nicht getroffen, da er viel zu aufgeregt war. Ich war ganz ruhig, während er im Anschlag war. Die Tur war sehr lawinengefährlich.

Abends die Nachricht von der Kriegserklärung und wurde die Drei-Zinnen-Hütte sofort geräumt. Forcher und ich erhielten Befehl, den Paternsattel zu beobachten und hatten wir die erste Kriegsnacht. Ich lag auf der bloßen Pritsche. Es war die ganze Nacht Tumult und konnte ich nicht schlafen."

Um 19 Uhr war tatsächlich auf telefonischem Wege die Nachricht eingetroffen, daß Italien sich „als mit der Österreich-ungarischen Monarchie im Kriegszustande befindlich" erklärte. Nun wich die Spannung, die in den letzten Tagen alle Gemüter gefangen hielt und man wußte endlich, woran man war. Hptm. Jaschke hielt an die versammelten Offiziere und Mannschaften eine Ansprache, die er mit dem Wahlspruch der Landesschützen „Sieg oder Tod im Alpenrot" schloß.

Nachher gab er Befehl zum sofortigen Beziehen der Stellung.

Der Schwarm des Fähnrichs Gruber bei der Zsigmondyhütte im Bacherntal und die als Reserve bestimmte 3. Kompagnie (Oberleutnant V o i t l) wurden telefonisch vom Kriegszustand verständigt und letzterer beauftragt, auf die Zinnen-Hochfläche abzurücken.

Die Zinnenhütte, die bisher das Bataillonskommando und den im Dienste stehenden Teil der 1. Kompagnie beherbergte, wurde geräumt, jedes brauchbare Einrichtungsstück aus ihr entfernt und in die Schützengräben gebracht. Das Bataillonskommando bezog, da die Unterkunftsbaracke am Sextenstein noch nicht fertig war, das nächst den Bödenseen gelegene Alpenseehotel.

In der Zinnenhütte richtete man einen Raum als Verbandsplatz ein und hißte, um dem Gegner die Verwendung der Hütte zu Sanitätszwecken erkenntlich zu machen, eine Fahne mit dem roten Genfer Kreuz.

In kurzer Zeit waren alle notwendigen Maßnahmen getroffen, um einem feindlichen Angriff, den man bestimmt und in kürzester Zeit erwartete, entgegentreten zu können. Trotzdem der zur Verteidigung zugewiesene, 7 Kilometer breite Raum mit nur 200 Feuergewehren und zwei Maschinengewehren besetzt war und die Stellung nur aus Schneeschützengräben bestand, war man guten Mutes und sah mit Zuversicht den kommenden Ereignissen entgegen. Doch wider Erwarten blieb alles ruhig. Kein Schuß, keine feindliche Patrouillentätigkeit störte die Stille der Nacht.

Auch der anbrechende Morgen des 24. Mai sah keine feindlichen Angriffskolonnen. Dagegen bemerkte die Besatzung zu ihrem Erstaunen die Alpini — wie an den Tagen vorher — ungedeckt schanzen und arbeiten. Die sorglose Tätigkeit und die allgemeine Ruhe in der Nacht fanden nach dem Kriege darin eine Erklärung, daß nach einem italienischen Bericht[21] den Alpini auf der Hochfläche die Kriegserklärung am 24. Mai früh noch nicht bekannt gewesen ist. Erst als um 8.45 Uhr zwei Schüsse der österreichischen Artillerie über die Hochfläche hinwegfegten, kamen sie zum Bewußtsein, daß der Krieg schon begonnen habe. Der zweite dieser Schüsse war gegen die Forcella Col di Mezzo gerichtet und tötete einen italienischen Unteroffizier und einen Soldaten der 67. Alpinikompagnie. Sie waren die ersten Gefallenen der Italiener im Cadore. Auch eine am Südosthang des Monte Piano aufsteigende Trägerkolonne wurde von der Batterie am Schwalbenkofel unter Schrapnellfeuer genommen und zersprengt.

Der ausgebliebene Angriff und der Anblick der ruhig schanzenden Italiener rief den Angriffsgeist der österreichischen Landesschützen wach. Sie nahmen den Gegner auf dem Paternsattel[22] und auf dem Büllelejoch unter kurzes

---

[21] Berti, „Guerra in Cadore", S. 17.

[22] Auf italienischer Seite befanden sich als Besatzung damals am Paternsattel drei Züge der 75. Alpinikompagnie mit einer Maschinengewehrsektion. Sie waren tags vorher durch die 58. Gebirgsbatterie (Hptm. M a z z i n i) verstärkt worden. Über ihre Anwesenheit hat Stsch.-Ptrlf. Sepp Innerkofler schon am 23. Mai Meldung erstattet.

Maschinengewehrfeuer und zwangen ihn zur Deckung. Aber nicht genug
damit, Hauptmann Jaschke wollte auch die italienische Gebirgsbatterie
nächst dem Paternsattel mit den beiden 9-cm-Feldkanonen[23] der Schwalbenkofelbatterie bekämpfen. Da aber das telefonische Leitungsnetz zu ihr noch
nicht vollständig ausgebaut war, ergaben sich auf der auch anderweitig sehr in
Anspruch genommenen Leitung Schwierigkeiten in der Übermittlung der
Schußbeobachtung. Als nach dem zehnten Schuß keine Wirkung beobachtet
werden konnte, stellt Hauptmann Jaschke das Feuer ein. Nach italienischen
Angaben überflogen die Granaten den Paternsattel und zertrümmerten[24] die
Eisdecke des Misurinasees. Die Beschießung sollte am nächsten Tag fortgesetzt und die Wirkung durch die Patrouille unter Standschützenpatrouillen-
führer Innerkofler vom Paternkofel aus beobachtet werden.

Am Abend ließ sich der Subrayonskommandant Generalmajor Bankowsky
die Lage auf der Zinnen-Hochfläche telefonisch melden und versprach, zur
Bekämpfung der feindlichen Batterie eine halbe 10-cm-Feldhaubitzbatterie im
Innerfeldtal in Stellung bringen zu lassen.

Sepp Innerkofler, der schon sehr zeitig früh des 24. Mai seinen Posten auf dem
Paternkofel bezogen hatte, schrieb über die Beobachtungen in sein Tagebuch:

„24. Mai um 3 Uhr in der Früh auf, um gedeckter zum Einstieg zu kommen, wo uns noch vier
Mann bis auf die erste Scharte[25] als Bedeckung begleiteten. Es war sehr kalt in den Felsen, da wir
keine Sonne hatten. Hauptsächlich der Gottfried (sein Sohn) klagte. Die Italiener machten fleißig
Schanzen auf dem Paternsattel. Um 8 Uhr fiel vom Pletz[26] der erste Schuß, worauf in kleineren
Pausen mehrere folgten. Es fielen auch von Sexten einige Schüsse. Aber ich habe mir das
Geschäft viel flotter gedacht, nicht nur einzelne Schüsse.

Der Forcher[27] hatte eine Konserve mit, welche wir mit einer Kerze aufwärmten, das war unser
ganzes Mittagmahl. Frühstück keines. Das ist so Kriegsbrauch! Werden auch dies noch mitma-
chen, ohne den Humor einzubüßen! Nur noch sehr kalt ist es auf diesem Grat. Mittag und noch
keine Sonne. Die Italiener stellen (am Paternsattel) drei Feldkanonen auf und das Schicksal der
Drei-Zinnen-Hütte ist besiegelt[28].

Abstieg abends 5 Uhr. Vom Herrn Hauptmann (Jaschke) eine Belobung. Ich erhielt den Befehl,
am 25. wieder auf Beobachtung zu gehen, aber wann ich wollte und auch zurückkehren, wann ich
will. Die Leute könne ich mir aussuchen.“

---

[23] Der Schwalbenkofel gehört zur Sextner Haunoldgruppe. Auf ihm standen zwei 9-cm-Feldka-
nonen, die den Italienern — wie aus verschiedenen Berichten hervorgeht — sehr viel zu schaffen
machten. Sie wirkten nicht nur auf das Drei-Zinnen-Plateau, sondern auch vorzüglich auf den
Monte Piano.

[24] Berti, „Guerra in Cadore“, S. 18.

[25] Damit dürfte die Gamsscharte gemeint sein.

[26] „Pletz“ ist die Bezeichnung Innerkoflers für „Plätzwiese“.

[27] Standschütze Bergführer Johann Forcher war ein Jugendfreund Innerkoflers, der ihn auf
allen seinen militärischen Patrouillengängen begleitete.

[28] Er sah die Beschießung seiner Hütte schon voraus. Sie war von der Sektion Pustertal des
Deutschen und Österreichischen Alpenvereins im Jahre 1882 erbaut worden. Seit 1898 wurde sie,
unter Innerkofler, beträchtlich vergrößert, schließlich stellte sie ein kleines Hotel dar.

Hauptmann J a s c h k e , der sich der außerordentlichen Wichtigkeit dieses Berggipfels nicht nur für die Beobachtung, sondern auch als Stützpunkt für eine zukünftige Besetzung der ganzen Zinnen-Hochfläche bewußt war, hatte wohl die Absicht, ihn ständig besetzt zu halten, mußte aber berücksichtigen, daß bei einer ständigen Besetzung wegen des schwierigen Auf- und Abstieges eine 24stündige Ablösung jedesmal eine beachtliche alpine Leistung war. Hiezu wäre eine doppelte Anzahl von Bergführern notwendig gewesen. Auch war zu bedenken, daß ein längerer Aufenthalt einer Besatzung auf dem Gipfel des Paternkofels in dieser Jahreszeit und in einer Höhe von über 2400 Meter ohne Unterkunft nicht möglich war. Außerdem fehlten klettergewandte Träger für den Zuschub von Munition, Verpflegung und sonstigem Bedarf.

Mit Rücksicht auf diese schwierigen Auf- und Abstiegs- und Nachschub-verhältnisse besprach Hauptmann Jaschke die Art der Besetzung mit Inner-kofler, der schließlich selbst bat, unter diesen Umständen täglich frühmor-gens den Paternkofel ersteigen und abends wieder zurückkehren zu dürfen. Dies war unter den damaligen Verhältnissen die einzig mögliche, allerdings sehr zeitraubende und mühsame Lösung.

Mit der Zeit besserten sich die Standes- und Verpflegsverhältnisse so weit, daß man an eine ständige Besetzung denken konnte. Da aber trat eine Regen-periode ein, die den schwierigen Aufstieg nicht zuließ. Die Italiener, die einen leichten günstigen Anstieg zu Verfügung hatten, nutzten diesen Vorteil aus und besetzten am 29. Mai kampflos den Paternkofel.

Am 25. Mai war die Schwalbenkofelbatterie schon um 7 Uhr früh zur Beschießung der italienischen Gebirgsbatterie am Paternsattel feuerbereit. Aber auch diesmal gewann Hauptmann Jaschke schon nach den ersten Schüs-sen den Eindruck einer nur geringen Wirkung und ließ daher das Feuer ein-stellen. Auch die Beobachtungspatrouille Innerkoflers konnte — wie aus sei-nem Tagebuch zu entnehmen ist —, keine Wirkung erkennen. Und doch hatte eine Granate die italienische Kaserne hinter dem Sattel zerstört. Dieser gelun-gene Treffer löste weitgehende Folgen[29] aus, da er die Italiener veranlaßte, durch eine sofortige Beschießung der Drei-Zinnen-Hütte Vergeltung zu üben. Ihr Bataillonskommandant Mjr. Graf Buffa, der überzeugt war, daß die Hütte als Unterkunft eines Kommandanten oder als Munitions- oder Lebensmittel-depot bestimmt sei und daß die Fahne des Roten Kreuzes nur die Verwunde-tenvorsorge vortäuschen sollte, erließ nach Einholung der Genehmigung beim Brigadier Gm. Fabbri den Befehl, das Zerstörungswerk zu beginnen. Der fünfte Schuß aus 1500 Meter Entfernung war ein Volltreffer, der die Hütte in Brand setzte.

Stsch.-Ptrlf. Sepp Innerkofler, der befehlsgemäß mit seiner Patrouille den Beobachtungsstand am Paternkofel bezogen hatte, konnte weder eine gute

---

[29] Berti, „Guerra in Cadore", S. 18.

Wirkung der Beschießung durch unsere Schwalbenkofelbatterie, noch den Volltreffer in der italienischen Kaserne beobachten. Wohl aber sah er die Beschießung und die Inbrandsetzung seiner Hütte durch die feindliche Batterie. Er schrieb darüber in sein Tagebuch:

„25. Mai um Mitternacht bekam ich den Befehl, daß ich schon um 7 Uhr auf dem Posten sein soll. Der Piller und ich gingen auf den Paternkofel. Holzer und Bacher gingen auf die Scharte[30]. Um 8 Uhr ging der Tanz los. Vom Schwalbenkopf sollten wird die Schuß dirigieren. Leider schossen sie so schlecht, daß mit bestem Willen kein Treffer zu erzielen war. Es galt nämlich der Batterie auf dem Paternsattel. Inzwischen fing auch bei uns ein Maschinengewehr an und es gab zwei Schuß (Salven) ab, aber es war zu weit, wir hatten die Italiener aber doch so weit gebracht, daß sie anfingen, mit den Kanonen vom Paternsattel die Zinnenhütte zu beschießen, was auch mit dem fünften Schuß gelang und dieselbe zu brennen anfing.

Während ich dies schreibe hier in der Wand[31] des Paternkofels, brennt die Hütte gerade nieder und macht einen imposanten Eindruck, die Feuersbrunst zwischen den Bergen. Unten das Feuer und wir oben zittern vor Kälte.

Die Italiener haben Schrapnells, müssen aber kleine Kaliber sein. Während die Hütte brennt, wird das Seehotel geräumt. Jetzt, Gott sein Dank, haben wir Sonne und kommt mir das Ganze mehr interessant wie gefährlich und schrecklich vor. Wir wurden abberufen zirka 2 Uhr. Ich wurde zum Herrn Hauptmann (Jaschke) berufen, welcher mit sagte, daß ich morgens den 26. nochmals auf den Paternkofel zu gehen habe."

5. Österreichischer Angriff auf den Paternsattel am 26. Mai 1915

Die italienische Batterie, die die Zinnenhütte in Brand schoß, wurde sofort von den Schwalbenkopfgeschützen unter Feuer genommen und zum Schweigen gebracht. Die Landesschützen aber wollten die Zerstörung der Hütte, die ihnen bei Friedensübungen so oft ein schützendes Dach bei argem Unwetter und sichere Unterkunft in den Tagen vor der Kriegserklärung bot, nicht so ohne weiters hinnehmen. Hptm. J a s c h k e erwog einen Angriff auf den Paternsattel und die Eroberung der Batterie. Der Gedanke wurde zum Entschlusse, als in den späten Nachmittagsstunden der Kommandant der 7/14 Feldhaubitzbatterie, Oblt. F a u l h a b e r, die Feuerbereitschaft von zwei 10-cm-Feldhaubitzen bei Kote 1700 im Innerfeldtal meldete, jener Geschütze, deren Heranziehung Gm. B a n k o w s k y zugesagt hatte. Ein nur kurzes Einschießen, um die Stellung nicht durch das Mündungsfeuer zu verraten, wurde angeordnet und der Angriffstag auf den 26. Mai festgesetzt.

---

[30] Mit dieser Scharte dürfte die Gansscharte gemeint sein.

[31] Innerkofler und Piller gaben damals aus der Wand des Paternkofels Fahnensignale zum Kommandostandpunkt Sextenstein.

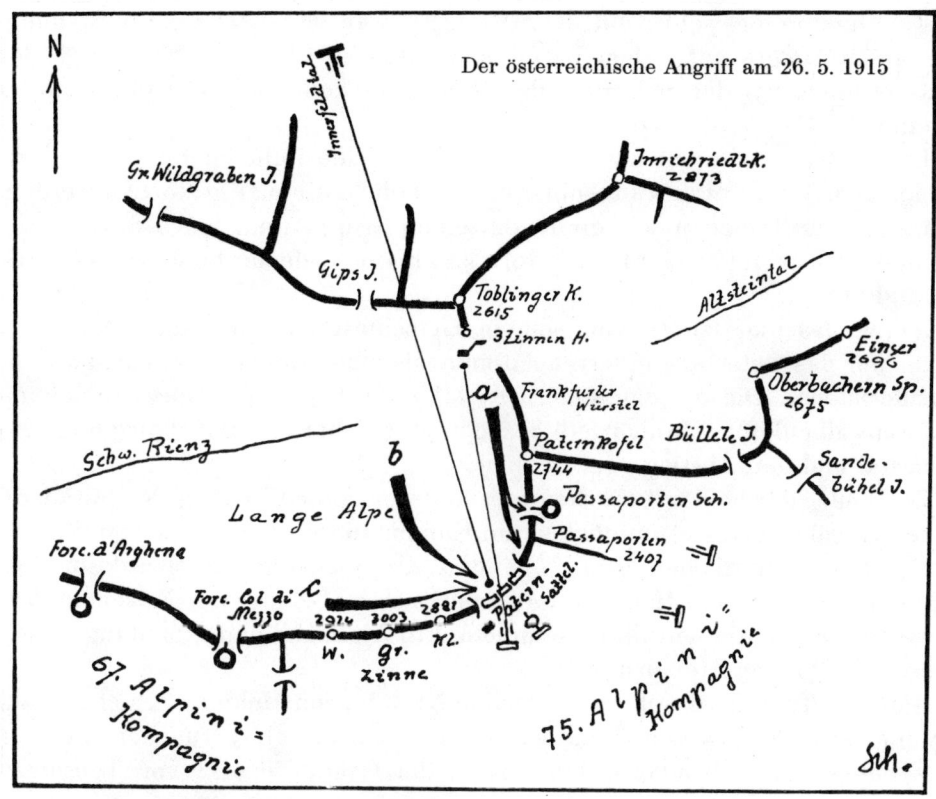

a linke Angriffsgruppe   Kadett Marsič
b mittlere Angriffsgruppe Kadett Bradacs   } der 1. Kompagnie Oblt. Trnozka
c rechte Angriffsgruppe   Leutn. von Tepser

⊔ ○   ital. Besetzung

Über den Angriffsbeginn schrieb Oblt. Trnozka in sein Tagebuch:

„Um 10 Uhr morgens begannen die Feldhaubitzen aus dem Innerfeldtal und die Feldkanonen vom Schwalbenkofel mit sichtlich gutem Erfolg das Vorbereitungsfeuer, unter dessen Schutz vorerst drei Patrouillen vorgingen.

Patrouille Nr. 1 über Lange Alpe, Richtung Scharte zwischen der Mittleren und Kleinen Zinne mit dem Auftrage, die rechte Flanke der Kompagnie zu decken und in den Rücken des Gegners zu wirken,

Patrouille Nr. 2 auf den Paternsattel,

Patrouille Nr. 3 Richtung Passaportenkofel, Deckung der linken Flanke der Kompagnie und Wirkung gegen die feindliche rechte Flanke.

Eine halbe Stunde später rückte die 1. Kompagnie in drei Gruppen nach.

2. Zug Lt. von Tepser (57 Mann) am Wege der Patrouille 1, sodann längs der Nordwand der Kleinen Zinne auf den Paternsattel,

1. Zug Fhr. Marsič (29 Mann) am Wege der Patrouille 3 mit einem Schwarm unter Kadett Pühringer auf den Passaportenkofel,

4. Zug Fhr. Bradacs (43 Mann) vorerst Reserve hinter der Mitte.“

Ein Maschinengewehr (Oblt. S t r i b e r s k y) war am Sextenstein in Stellung, das andere folgte unter dem Bataillonsadjutanten Oblt. von S e r s a w y der Mittelgruppe, bei der sich auch der Kompagniekommandant Oblt. Trnozka befand.

Das Maschinengewehr am Sextenstein zwang die Italiener hinter die Dek-kung, so daß die Vorrückung, ohne vom feindlichen Feuer gestört zu werden, vor sich ging. Trotzdem kamen die einzelnen Gruppen nur langsam vorwärts, da in den felsigen Partien das Klettern und in der Tiefe der hohe Schnee stark behinderte.

Hptm. Jaschke leitete von seinem Gefechtsstandpunkt am Sextenstein nicht nur das Gefecht, sondern auch mangels eines Artilleriebeobachters das Artilleriefeuer. Die 3. Kompagnie (Oblt. V o i t l) hatte eine Rückhaltstellung auf Schwalbenkopf – Innichriedl bezogen und sicherte den Aufstieg aus dem Rienztal und den Abstieg vom Büllelejoch.

Das Feuer der beiden Batterien war von sehr guter Wirkung. Nach italieni-schen Angaben „war es unmöglich am Kamme des Sattels zu bleiben"[32].

Die dort befindlichen drei Züge und die Maschinengewehrsektion der Alpini mußten ihn um 16 Uhr räumen und sich im Schutze der Felsen am öst-lichen Fuße der Kleinen Zinne sammeln. Ein Alpinizug nahm Stellung in den Felsen des Passaportenabsturzes.

Als Oblt. Trnozka durch die Patrouille Nr. 3 hievon Meldung erhielt, befahl er dem Zuge des Lt. von T e p s e r, bis auf den Sattel vorzugehen und der Reserve (Zug Fhr. Bradacs), den Angriff der Gruppe des Lt. von Tepser zu unterstützen.

Von diesem Zeitpunkte an gingen also drei Gruppen gegen den Sattel vor, von denen der Zug des Fhr. B r a d a c s nun die Mittelgruppe bildete. Ein Teil des Zuges Fhr. M a r s i č hatte den Befehl, aus einer Stellung etwa 400 Schritte vor dem linken Flügel, den Aufstieg der Gruppen auf den Sattel zu decken.

Italienische Beobachter am Monte Piano und eine Alpini-Gefechtspatrouille meldeten inzwischen die Vorrückung „einer starken österreichischen Abtei-lung unter den Nordwesthängen der Großen Zinne (Gruppe Lt. von Tepser, d. V.), gegen den Paß und von Patrouillen dicht am Fuße der Westwand des Paternkofels" (Gruppe Marsič).

Der Alpinizug in der Passaportenscharte kam bald in den Beschuß der Gruppe Fhr. Marsič, wurde auch von einem Teil der Bergführerpatrouille Innerkoflers unter Feuer genommen und sah sich zum Rückzug gezwungen.

Dadurch kam Marsič rascher vorwärts und konnte um 18 Uhr die Passapor-tenscharte besetzen, von wo aus man den Paternsattel und das Gebiet hinter demselben beherrschte. Auch die sich am Fuße der Kleinen Zinne gedeckt

---

[32] Berti, „Guerra di Cadore", S. 20.

wähnenden Alpini wurden von der Gruppe heftig beschossen. Ein weiteres
Vorrücken aber verhinderten vorerst die italienischen Gebirgskanonen.

Am rechten Flügel erreichte um diese Zeit die Gruppe des Lt. von Tepser
die Felsen am Fuß der Kleinen Zinne. Die Mittelgruppe des Fhr. Bradacs, die
anfangs im tiefen Schnee nicht vorwärtsgekommen war, mußte sich daher
nach rechts in die Richtung der Mittleren Zinne verschieben und rückte nun,
an die Gruppe Tepser links angeschlossen, vor.

Der Standschütze Bergführer F o r c h e r hatte vom Paternkofel aus die
Räumung des Sattels durch die Alpini beobachtet und dem Bataillonsadjutanten Oblt. von S e r s a w y eine schriftliche Meldung zugeschickt, in der er vor-
schlug, in der Scharte zwischen der Kleinen und Mittleren Zinne durchzuklet-
tern und auf diese Weise in den Rücken der Alpini zu kommen. So nahelie-
gend und zweckmäßig dieser Vorschlag war, konnte er doch nicht durchgeführt werden, weil die damals mangelnde Gebirgsausrüstung der Landesschützen den Aufstieg in der steilen vereisten Rinne nicht zuließ. Im übrigen war
ohnehin die Patrouille Nr. 1 als Flankenschutz in die Scharte vorgeschoben,
die sie aber wegen der erwähnten Ausrüstungsmängel nicht erreichen konnte.

Auch Innerkofler meldete seine Wahrnehmungen dem Kompaniekom-
mandanten Oblt. T r n o z k a — wie wir aus seinen Tagebuchaufzeichnungen
entnehmen werden.

Nach 18 Uhr war der Angriff auf der ganzen Linie zum Stehen gekommen.
Hptm. J a s c h k e, der dies von seinem Gefechtsstandpunkte bemerkte, übergab die artilleristische Feuerleitung einem dort anwesenden Fähnrich der
Haubitzbatterie und begab sich in die vordere Linie auf den rechten Flügel
des Sattels, um nach dem Rechten zu sehen. Dort angekommen, setzte eben
der später erwähnte Gegenstoß der Alpini ein. Hptm. Jaschke schrieb darüber
in seinem Tagebuch:

„Innerkofler signalisierte ein bis zwei feindliche Kompanien aus Misurina im Anstieg und
noch gerade als der rechte Flügel meiner Frontgruppe vielleicht noch zehn Meter unter der Sat-
tellinie sich auf dem Schutthang aufwärtsmühte, begann die feindliche Artillerie — wie ich vermutete von Kote 2283 aus (etwa 1150 Meter südlich der Paßkote 2457) — den Sattel unter Feuer
zu nehmen. Die Alpini stießen auf einem Bande der Punta Frida unmittelbar oberhalb des rechten Flügels vor[33] und beschossen meine Schützen.

Das Maschinengewehr des Adjutanten griff sofort ein und nahm die Alpini unter Feuer. Gleichzeitig ging auch das Gewehrgeknatter des an der Wand des Passaportenkofels vorrückenden
Zuges los (Fhr. Marsič), der die Wände oberhalb des Sattels bereits erreicht hatte.

Der rechte Teil der Mittelgruppe (Zug Bradacs) und ein Teil der Gruppe Tepser besetzten nach
kurzem Handgemenge den Sattel und beschossen heftig die zum Gegenstoß anrückenden feindlichen Verstärkungen, die wiederholt vorzugehen versuchten, dann aber zurückweichen mußten.“

Nach der Rückkehr auf den Gefechtsstandpunkt meldete Hptm. J a s c h k e
dem Subrayonskommandanten Gm. B a n k o w s k y telefonisch die Besitz-

---

[33] Diese Episode schildert auch Innerkofler in seinem Tagebuch.

nahme des Sattels und erbat sich eine Kompagnie als Verstärkung, weil er mit
der 1. Kompagnie den Sattel besetzt halten, mit der in der Rückhaltestellung
befindlichen 3. Kompagnie (Oblt. V o i t l) und der Besatzung auf der Zsigmondyhütte den Gegner am Büllelejoch angreifen wolle. Die erbetene Kompagnie
sollte statt der 3. Kompagnie die Rückhaltestellung besetzen. Gm. Bankowsky
erklärte jedoch, daß die derzeit zur Verfügung stehenden Kräfte zu Abwehr
eines größeren Angriffes geschont werden müßten und ordnete die Räumung
des eroberten Sattels an. Die Ereignisse der folgenden Zeit bewiesen, daß der
Räumungsbefehl sehr zum Nachteile gereichte.

Hptm. Jaschke, der nun wußte, daß er in keiner Weise auf eine Unterstützung rechnen könne, befahl schweren Herzens, das Gefecht abzubrechen. Bei
Dunkelheit und einfallendem Nebel gingen zuerst der rechte Flügel und die
Mitte, dann der linke Flügel zurück. Die Maschinengewehre und die Feldhaubitzen aus dem Innerfeldtal deckten die Loslösung vom Gegner, der sich vollkommen ruhig verhielt.

Die Verluste betrugen drei Tote, fünf Verwundete und ein Vermißter. Die
Verwundeten konnten geborgen werden.

Wie bereits erwähnt, stand auch an diesem Tage Stsch.-Ptrlf. Innerkofler
mit seiner Patrouille auf dem Paternkofel. Er glaubte durch sein Gewehrfeuer
in das Gefecht auf dem Paternsattel eingreifen zu können. Doch dürften seine
Schüsse wegen der großen Entfernung wirkungslos gewesen sein. Seine Beobachtungen meldete er dem Kompagniekommandanten. Über den Patrouillengang schrieb er in sein Tagebuch:

„26. Mai. Die Nacht um 12 Uhr bekam ich den Auftrag, um 7 Uhr oben zu sein. Forcher und
ich gingen um 6 Uhr weg und kamen um 8 Uhr an. Es ging der Tanz um halb 9 Uhr los. Die Treffer[34] waren nicht besonders, aber die Schrapnells machten gute Arbeit, so daß die Italiener sich
hinter die Kleine Zinne flüchteten und wir annahmen, daß der Sattel zu bekommen ist. Es gingen
auf (unsere) Veranlassung die Unseren vor, bekamen aber sofort von der Scharte zwischen
Paternkofel und Passportenkopf Flankenfeuer. Als ich dies bemerkte, sagte ich zu Forcher: ‚Wir
müssen auf den Paternkofel‘ — und gingen auch sogleich weg. Es pfiffen mir wohl ein paar Blaue
um die Ohren, aber es gab kein Loch in der Haut. Und als ich am Gipfel ankam, hatte ich Schnellfeuer unter mir[35]. Sofort schob ich mich vor und gab den Herrn von rückwärts auf den Pelz.
Schließlich waren es zirka 20. Auch Forcher sagte, ihm hätte einer von der oberen Scharte eine
heraufgepelzt, aber auch nur ein Loch in die Luft gemacht. Wir gaben zirka 30 Schuß ab, die Italiener waren dahin. Es schien, daß wir auch ein paar Verwundete gemacht haben . . .
Wir gingen hierauf auf unseren Posten, um zu beobachten. Es wurde von den Italienern der
ganze Sattel geräumt, auch die Kanonen zogen sie hinunter und die Infanterie zog sich hinter die
Kleine Zinne zurück, was wir schon gemeldet hatten. Unsere fingen an, unter dem Schutze der
Artillerie vorzugehen, um den Sattel zu nehmen. Ich stieg sofort ab und ging zu Oberleutnant T.[36]
und meldete, daß seine linke Flanke frei sei, daß aber hinter der Kleinen Zinne zirka 30 Mann

---

[34] Innerkofler dürfte mit „Treffer" die Beschießung durch die beiden Geschützzüge gemeint
haben.

[35] Das Feuer der gegen die Passportenscharte vorgehenden linken Gruppe (Fähnrich Marsič).

[36] Oblt. Trnozka bei der Mittelgruppe.

postiert seien und er könne infolgedessen nicht vorrücken, sonst bekomme er Feuer von dort. Zuerst müßten die bei der Kleinen Zinne vorgehen, aber es sei viel zu spät und der Schnee zu schlecht[37].

Der Herr Oberleutnant schickte mich zum Herrn Hauptmann mit dieser Meldung. Der Hauptmann ließ die Sache wieder vorgehen und wirklich kamen die Unseren auf den Sattel. Da wurden sie von den Italienern, welche sich hinter der Kleinen zurückgezogen hatten, überfallen und mußten sich sofort zurückziehen[38]. Hatten leider Verluste. Zwei Tote mußten zurückgelassen werden. Fünf Verwundete, dabei ein Schwerverwundeter, wurden mitgenommen.

Es gab wieder eine unruhige Nacht. Der Schwager[39] sollte mit sechs Mann auf das Paternschartl gehen, wurde aber bei Aufgabe des Sattels auf höheren Befehl zurückberufen. Natürlich war er froh, da er die Nacht oben aushalten mußte und ich denselben am nächsten Tage ablösen mußte."[40]

Und nun die italienische Darstellung der letzten Phase des Angriffes:

Die Österreicher erreichten um 18 Uhr die Forcella Passaporte. Von diesem „gefährlichen Fenster", das den Paternsattel und einen großen Teil der Piani di Lavaredo beherrschte, eröffneten sie auf die hinter der Kleinen Zinne zusammengedrängten Alpini ein heftiges Feuer. Eine 50 Mann starke österreichische Gruppe (Gruppe Lt. von Tepser und Fhr. Bradacs) rückte in Deckung längs der Felsen im Norden der Kleinen Zinne weiter vor, erreichte um 19 Uhr den Sattel und breitete sich dort aus. Die Lage wurde sehr kritisch und es schien notwendig, rasch und energisch zu handeln. Inzwischen hatte der Bataillonskommandant Mjr. Buffa, der vom Angriff verständigt worden war, 60 Alpini der 67. Kompagnie aus der Stellung auf der Forcella Col di Mezzo herausgezogen und war mit ihnen auf das Gefechtsfeld geeilt. Während die Geschütze der 58. Gebirgsbatterie den Paternsattel und die Forcella Passaporte beschossen, rückte die Verstärkung auf der hohen Schneedecke dichtgedrängt sprungweise zum Gegenstoß vor. Es war schon abends, als sie zum letzten Sprung ansetzten und am Sattel angekommen waren. Die Österreicher flohen, rollten den Abhang hinunter, fanden Schutz hinter Felsblöcken und sammelten sich auf der Plattform hinter der Hütte. Drei Österreicher blieben am Abhange durch zwei Wochen liegen. Die Alpini bargen sie später und begruben sie mit soldatischen Ehren hinter dem Paternsattel am Fuße der Kleinen Zinne.

Die italienischen Verluste während des Gefechtes werden mit einem Toten und 16 Verwundeten angegeben.

Da die Loslösung der Landesschützen vom Gegner auf Befehl und geordnet vor sich ging, kann von einem „Fliehen" nicht die Rede sein, wohl aber fuhr ein Teil auf den steilen Schneeflächen ab.

Es sei hier noch eine Episode erwähnt, die sich beim Gegenstoß der Alpini abspielte. Lt. von Tepser, der mit seiner Gruppe ebenfalls in den Kampf am Sattel eingriff, schoß mehrmals auf einen italienischen Offizier und glaubte, ihn beim fünften Schuß getroffen zu haben. Darüber schreibt Obstlt. Meneghetti in seinem Buche „Monte Piana" auf Seite 16:

---

[37] Wahrscheinlich meinte er damit die rechte Gruppe und den rechten Flügel der Mittelgruppe und den Aufstieg in die Scharte zwischen der Großen und der Kleinen Zinne.

[38] Jene bereits aus dem Tagebuch des Hptm. Jeschke erwähnte Episode.

[39] Standschütze Bergführer Piller.

[40] Innerkofler hat sich hier wohl nicht gut ausgedrückt. Er meinte wahrscheinlich, daß Forcher froh war, daß er nicht den Beobachtungsposten beziehen und die ganze Nacht oben aushalten mußte und daß Innerkofler sich freute, ihn daher nicht am nächsten Tage ablösen zu müssen.

„Der tapfere Major Bufa di Perero, Kommandant des Alpinibataillons Cadore, warf sich in die Mitte der Seinen, um sie anzufeuern und wurde von einem feindlichen Offizier aufs Korn genommen. Er wäre getroffen worden, wenn nicht ein Alpino den Schild für seine Brust gebildet hätte."

Wenngleich dieser Angriff der Landesschützen sein Ziel der ständigen Besetzung des Paternsattels und der Wegnahme der vier feindlichen Gebirgsgeschütze nicht erreichte, weil das vorgesetzte Subrayonskommando eingriff, so war er doch von großer Bedeutung, weil er der erste Angriff an der Dolomitenfront in den ersten Tagen nach der Kriegserklärung war. Er ging aus der Initiative des Bataillonskommandanten ohne vorherige Genehmigung des vorgesetzten Kommandos hervor und spiegelte gleichzeitig den hervorragenden Geist der Unterführer und der Truppe zu einer Zeit wider, wo man in Sorge und Bangen einen übermächtigen, alles überflutenden feindlichen Angriff erwartete. Die Verteidiger gingen selbst zum Angriff über und täuschten dem Gegner stärkere Kräfte vor, als tatsächlich vorhanden waren.

Da in den folgenden Tagen auch an anderer Stelle der Front kleine Vorstöße durchgeführt wurden, ist es nicht zu wundern, wenn italienischerseits zugegeben wird, daß in dieser Gegend die Österreicher in den ersten Tagen des Krieges trotz zahlenmäßiger Unterlegenheit die Initiative des Handelns an sich gerissen hatten.

Die Nacht nach dem Angriff auf den 27. Mai verlief vollkommen ruhig. Um die Lage beim Gegner festzustellen, wurde Stsch.-Ptrlf. Innerkofler mit seiner Patrouille zeitig früh wieder auf den Paternkofel geschickt. Über diesen Patrouillengang trug er in sein Tagebuch ein:

„27. Mai mit Piller wieder zur Beobachtung. Um 8 Uhr Abgang. Inzwischen ist der . . . mit dem Bauchschuß gestorben. (Einer der Schwerverwundeten vom Angriff auf den Paternsattel.) Wir kamen um halb 10 Uhr auf unseren Posten, sahen auch die drei Leichen (der eigenen Gefallenen am Sattel). Es sind nämlich alle 95er[41], alle Drei und alle Tiroler.

Wir sahen zunächst gar niemand, als wenn der Paternsattel ausgestorben sei. Hinter der Kleinen Zinne sieht man von Zeit zu Zeit einige hin- und hergehen. Beweis, daß sie dort verborgen sind. Ganz draußen bei der Keferhütte sind mehr und glauben wir, daß sie dort die Artillerie einbauen, was wir auch schon gemeldet haben, denn der Paternsattel ist von gar keiner der Parteien zu halten und bewundere ich die Zähigkeit der Italiener, daß sie sich so lange gehalten haben. Wir gingen um 2 Uhr vom Kamm weg. Bevor schoß ich noch auf den italienischen Beobachtungsposten, welche dann bei der Ablösung immer laufen.

Als ich zurückkam, ließ mir der Herr Hauptmann für die nächsten Tage frei.

Noch nachzutragen, daß ich durch einen Stein bald kaputt gewesen wäre. Der Schwager (Piller) ließ mir einen Stein herunter. Das Gewehr rettete mir das Leben, ging aber flöten."

Während des ganzen 27. Mai herrschte Ruhe. Nur auf der Gruppe Lt. von Tepser auf der Bödenalpe lag vom Büllelejoch her Gewehrfeuer.

Das Wetter wurde immer schlechter. Regen und nasser Schnee fiel und machte den Aufenthalt in den Gräben sehr unangenehm. Diese Schlechtwet-

---

[41] Geburtsjahrgang 1895.

terzeit gab Gelegenheit, der braven Bergführerpatrouille des Innerkofler die nötige Ruhe zu gewähren. Hatte sie doch vom 21. Mai an, mit Ausnahme des 22., an dem sie auf Hochleist und Giralba patrouillierte, täglich den Paternkofel erstiegen und eine sehr ansehnlich alpine Leistung vollbracht.

Dagegen nützten die Italiener, wie bereits erwähnt, das schlechte Wetter und ihre leichte Aufstiegsmöglichkeit aus und besetzten am 29. Mai den Paternkofel. Damit hatten sie die ganze Höhenkette von der Croda dell'Arghena – Drei Zinnen – Paternsattel – Passportenkopf – Paternkofel – Büllelejoch in der Hand.

In Erkenntnis der Wichtigkeit dieser vom Gegner besetzten Linie für die ganze Zinnen-Hochfläche machte Hptm. Jaschke als Kommadant der Kampfgruppe im Dienstwege dem Subrayonskommando V den Vorschlag, durch Wegnahme der feindlichen Flügelstellungen, Monte Piano und Büllelejoch, die Mitte der Stellung für den Gegner unhaltbar zu machen. Damals aber konnte man mangels infanteristischer und artilleristischer Kräfte der Ausführung des an sich sehr guten Planes nicht nähertreten. Er deckte sich übrigens — wie wir später hören werden — mit den Intentionen des Divisionärs, hatte aber, als er zur Durchführung kommen sollte, wegen der inzwischen erstarkten gegnerischen Verteidigung keinen Erfolg.

Trotzdem die Italiener alle Höhen in Besitz hatten, bleiben die Landesschützen weiter in ihren tieferliegenden Stellungen. Die Feldhaubitzbatterie aus dem Innerfeldtal wurde abgezogen, um beim Angriff auf Frugnoni und auf die Pfannspitze am Karnischen Kamm mitzuwirken. Ihre Feuerkraft konnte durch die zwei 12-cm-Minimalschartenkanonen M 80 auf Innergsell (Kommandant Lt. Markl) zum Teil ersetzt werden, die trotz ihrer flachen Bahn doch noch einen Abstieg des Gegners vom Büllelejoch unter Feuer zu nehmen vermochten. Eine Wirkung aber auf das am Joch am 30. Mai in Stellung gegangene Geschütz der italienischen 58. Gebirgsbatterie, das bereits am nächsten Tag mit der Beschießung des Alpenseehotels begann, konnte nicht erzielt werden. Im Tagebuch Innerkoflers steht darüber geschrieben:

„31. Mai. Heftiges Schrapnellfeuer vom Büllelejoch auf das Seehotel und die Schützengräben. Das Hotel wurde fünfmal getroffen, brannte aber doch nicht. Es sieht nicht viel besser aus wie die abgebrannte Hütte (Zinnehütte). Alles trägt, so lange man sich hingetraut, Türstöcke, Bettstellen und Tische (aus dem Alpenseehotel). Alles wird mitgenommen.

Wir bekamen Befehl, auf den Morgenkopf zu gehen, um das Büllelejoch zu beobachten. Wir sahen nur ein Geschütz und etliche Italiener! Bekamen Schnee! Es war sehr kalt! um 3 Uhr rückten wir ein, pudlnaß."

Das italienische Geschütz am Büllelejoch und die Besatzung auf den Bödenknoten nahmen alles unter Feuer, was sich am Tage zeigte. So beschoß letztere am 4. Juni eine aus dem Altsteintal kommende, die Verpflegung zutragende Abteilung, drei Leute waren tot, zwei schwer verwundet.

Innerkofler schrieb über dieses Ereignis in sein Kriegstagebuch:

„4. Juni — Fronleichnamstag, also Rast. Nachmittags sind zwei Mann mit Menasche angeschossen (worden), wir wissen nicht, ob (sie) tot oder verwundet (sind). Auch der Pepi und Planker
(Sepps zweitältester Sohn und dessen Freund) haben uns wieder etwas Wein, Speck, Brot etc.
gebracht. Ich ließ dieselben doch noch über das Altsteintal gehen. Gerade jetzt beobachte ich die
Jungen, ob sie den Weg gehen, wie ich gesagt habe. Sie folgen genau.

Leider waren schon zwei Tote und zwei Verwundete. Sie wurden nachts geborgen und in die
Hütte gebracht und verlangten die ganze Nacht Wasser und stöhnten. Infolgedessen hatten wir
auch keine Ruhe.

5. Juni ging ich, um unsere Hütte fertig machen zu helfen, auf daß wir nachmittags einziehen
können, und wurden wir auch bis mittags fertig. Die Hütte steht so gedeckt, daß sie nur vom
Gmoanalpl (Sextner Gemeindealpe) zu sehen ist. Ich sprach mittags mit dem Verwundeten, der
den Bauchschuß hatte. Er sagte, es geht nicht schlecht, er komme jetzt nach Innichen. In drei
Minuten später war der arme Teufel gestorben. Den mit dem Kopfschuß tragen sie nach Innichen.
Wir glaubten (schon) es müßten wir denselben hinunter tragen, obwohl die Sanität nichts macht,
wie den ganzen Tag schlafen und fressen. Nachmittags zogen wir in die neue Hütte ein. Der mit
dem Streifschuß bleibt hier, weil er nur leicht verwundet ist."

Die Italiener hatten auch in der Gamsscharte ein Gebirgsgeschütz mit der
Hauptschußrichtung auf den Sextenstein aufgestellt. Diesem Geschütz gelang
es am 19. Juni um 15.30 Uhr, eine Unterkunft 500 Meter westlich des Toblinger Knotens, die mit 100 Mann belegt war, zu zerstören. Sie brannte vollständig nieder. Mit ihr gingen 10.000 Patronen, 50 Gewehre und zahlreiche Ausrüstung zugrunde. Das gleiche Geschütz beschoß am 21. Juni das Alpenseehotel,
und was am 31. Mai nicht gelang, gelang jetzt. Das Hotel brannte vollständig
nieder.

Einige Tage später, am 26. Juni, machten ein aus Freiwilligen zusammenge-
stellter Zug unter Kommando des Fhr. B r a d a c s und ein Zug der
2./Lsch. II[42] einen Demonstrationsangriff auf die feindliche Büllelejoch-Stel-
lung. Die Nacht aber war so hell, daß die vorgehenden Landesschützen auf der
weißen Schneefläche dem Gegner ein gutes Ziel boten. auf 400 Schritte vor
der gegnerischen Stellung angekommen, mußte die Angriffsgruppe zurückgenommen werden.

Am 27. Juni wurde die 1. Kompagnie (Oblt. T r n o z k a) von der Kompagnie
Oblt. K o b e l i t z abgelöst; sie bezog nach einigen Tagen der Ruhe am 3. Juli
die Stellung der zweiten Linie und löste dabei die 3. Kompagnie (Oblt. Voitl)
ab.

---

[42] 2. Kompagnie des IX. Marschbataillons des Landesschützenregimentes II, Kommandant
Oberleutnant Kobelitz. Bei ihr waren eingeteilt: Leutnant Baron Hyppoliti, Fähnrich Goethe, Nie-
derstätter und Jelinek. Die Kompagnie befand sich schon seit 5. Juni in der zweiten Linie auf der
Drei-Zinnen-Hochfläche und war zum Stellungsbau und zum Trägerdienst verwendet worden.

6. Besetzung des Oberen Bacherntales durch die Italiener in der ersten Junihälfte 1915

Patrouillengänge Sepp Innerkoflers, 7. bis 14. Juni 1915

Die Sperrung des Bacherntales besorgte — wie bereits erwähnt — seit 12. Mai ein Zug der 1. Kompagnie des IX./Lsch. III unter Kommando des Fähnrichs J e l i n e k, der am 7. Juni den Kadetten Gruber mit seinem Schwarm ablöste. Mit der verhältnismäßig geringen Kampfkraft eines Zuges konnte jedoch Jellinek die verläßliche Sperrung der weit in einem Halbkreis umliegenden Höhen nicht durchführen. Er mußte sich darauf beschränken, nördlich der Zsigmondy-Hütte eine Stellung zu beziehen und das nächste Vorgelände ständig mit Patrouillen aufzuklären (vgl. Bild 3, Tafel III).

Für eine weitere Aufklärung sorgte das Kampfgruppenkommando „Drei Zinnen". So bekam die Bergführerpatrouille Innerkoflers am Tage des Besatzungswechsels (7. Juni) den Auftrag, von der Hochbrunner Schneid und von der Morgenalpe aus zu beobachten. Für die Patrouille auf die letzte bestimmte Innerkofler die Bergführer-Standschützen Forcher und Bacher, auf die Hochbrunner Schneid ging er selbst mit Piller und Rogger.

Entgegen den damals in Sexten auftauchenden Gerüchten von einer Besetzung des Hochleist und der Zsigmondy-Hütte durch die Italiener konnte Innerkofler bei seinem Patrouillengang feststellen, daß — wie aus seinen Tagebuchaufzeichnungen hervorgeht — die genannten Räume vom Feinde frei waren.

Darüber schrieb er in seinem Tagebuch:

„7. Juni. Konnten uns gut Zeit lassen (beim Abmarsch vom Dolomitenhof im Fischleintal). Kamen um 3½ (früh) an die Felsen, wo wir auch rasteten, bevor Tag wurde. Wir warteten und beobachteten die Zsigmondy-Hütte und Hochleist, sahen aber nichts. Wir sagten gleich, es sei nur ein Schwindel (daß die beiden von den Italienern besetzt seien), daß die Patroll angeschossen worden sei (dies hörte Sepp im Gasthof zur Post in Sexten am Tag vorher), denn im ganzen Oberbacherntal war keine Spur (von Italienern) zu entdecken. Wir gingen langsam weiter und kamen um 5 Uhr (früh) auf den Kamm, östlich vom Elfer. Das Wetter war sehr zweifelhaft und, um unsere Aufgabe zu lösen, mußten wir neun Stunden bleiben. Erst dann hatten wir Aussicht nach Osten und Westen, konnten konstatieren, daß am Kolbaterna (Col Quarterna) die Mannschaft und die Artillerie sich weit zurückgezogen haben; in der Touniwiese (Trumwiese) ist Verstärkung angekommen, zirka drei Kompagnien und eine Batterie für Schußriedl[43] und Kreuzberg. Um halb 3 Uhr stiegen wir ab, da wir auch am Büllelejoch und Oberbachernjoch gesehen, daß nur die Posten verstärkt und sonst nichts weiter war. Um 7 Uhr abends kamen wir nach Hause (Sexten), wo ich Meldung in der Sperrkanzlei (Sperrkommandokanzlei) abgab."

Die genauen Angaben über die Beobachtungen bei diesem Patrouillengang sind im Text des Tagebuches nicht enthalten. Innerkofler hat sie aber auf den

---

[43] Soll heißen „Schusterriedl", eine Geländebezeichnung im Kreuzberggebiet, die in den Karten nicht aufscheint.

Blättern am Schluß seines Tagebuches aufgezeichnet und nach ihnen jedenfalls die Meldung, die er beim Sperrkommando abgab, verfaßt.

Sie lassen seine gute militärische Beobachtungsgabe erkennen. Er schrieb:

„Oberbacher und Zsigmondy-Hütte frei. Auf Büllelejoch 47 bis 50 Zelte.

Posten: der erste auf Büllelejoch, der zweite nördlich vom Oberbacher Joch, der dritte wahrscheinlich beim Oberbacher Joch südlich am Felsen, der vierte zwischen Sandebühel und Zwölfer.

Wir beobachten eine Patrol, welche vom Büllelejoch auf Oberbacherseite ging. Am Schusterriedl (hinter dem Kreuzbergpaß) sind dieselbe Zahl (wie früher) circa 60 Zelte. Am Schußriedl
(Schusterriedl) wurden die Zelte, die nach Osten vorgeschoben waren, alle abgetragen, circa
100 Zelte, und stehen noch am Westrand 60 Zelte. Batterien sind nur die zwei, welche schon
angeführt sind (in früheren Meldungen). Militärbewegungen im Tale keine. Neue Weganlage an
der alten Straße über die Touniwiese (Trumwiese) (oberhalb) Schuss oder Kreuzberg noch zu
wenig fortgeschritten. Hinter Giralbajoch nur wenig Mann gesehen.

Beim Badl (Ortschaft jenseits der Kreuzberg-Grenze in Italien) Militärnachschub heute drei
Kompagnien. Es standen aber auch vorher schon zirka 40 Zelte. Die Zelte stehen zwischen Häu-
sern, links und rechts von der Straße. Am Kamm südlich von Kolbaterna (Col Quarterna) ...
(Lücke in den Aufzeichnungen).

Hinter dem Büllelejoch stehen 36 Zelte und eine Küche, zirka 20 Meter hinter dem Rücken
vom Büllele, dort wo sich der Rücken vom Elfer gesehen nach rechts biegt. Am Paternsattel sind
unter der kleinen Zinne zirka 35 Zelte. Zwischen Passaportenkopf und Paternkofel sind 10 bis
15 Mann. Vom Knieberg (Col Quarterna) auf dem Kamm gegen Süden zirka 190 Meter von der
Stellehne entfernt zirka 10 Zelte. Am Kamm fortlaufend zirka 50 Zelte. Vom Knieberg entfernt
zirka 600 Meter ein Geschütz. Steht auf demselben Kamm, etwa 300 Meter südlich von Zelten,
Stellung Kreuzberg – Sexten. Ein zweites Geschütz steht östlich von den Zelten. Von der unteren
Alpe nördlich der Waldgrenze stehen 16 Zelte, davon am Kamm gegen Osten steht ein Haus für
zirka 40 Mann.“

In den ersten Junitagen war also das Obere Bacherntal von den Italienern
noch nicht besetzt. Erst am 8. Juni rückte die 96. Kompagnie (Hptm. R o s s i)
des Alpinibataillons Cadore, die bis 5. Juni die Monte-Piano-Besatzung[44]
gestellt hatte und gegen den rechten Flügel der italienischen Drei-Zinnen-
Stellung verschoben worden war, heran und besetzte, ohne auf Widerstand zu
stoßen, mit einem Zug das Oberbacher Joch (Passo Fiscalino) und mit Teilen
der Kompagnie die Oberbachernspitzen (Crode Fiscaline), die Kanzel (Pulpito)
und den Sattel zwischen diesen (Plateau verde).

Die Patrouillen des Fhr. Jellinek meldeten damals stärkere feindliche
Bewegung, ohne den eigentlichen Zweck derselben feststellen zu können.

Am nächsten Tag nahm die Alpinikompagnie auch die Zwölferscharte in
die Hand und trat mit der westlich benachbarten 68. Alpinikompagnie des
gleichen Bataillons in Verbindung.

Zwei Tage später besetzten die Alpini um 13 Uhr den Rücken westlich der
Zsigmondy-Hütte, eine Kompagnie des IR. 56 nahm über das Giralbajoch
kommend Hochleist (Limidar Alto) in die Hand[45].

---

[44] Die Kompagnie soll in dieser Zeit 48 Tote und 62 Verwundete an Verlusten gehabt haben.

[45] Die Angaben über die Besetzung durch die Italiener sind aus Berti, „Guerra di Cadore“,
Kap. XI, S. 56, entnommen.

Es war ein Zufall, daß Innerkofler eben in den Tagen der Vorrückung der Italiener zu keiner Patrouillentätigkeit herangezogen wurde.

Darüber schrieb er in sein Tagebuch:

„9. Juni: habe eigentlich nichts vor. Ein paar Karten schreiben Herrn Witzenmann (Pforzheim) und Heinrich. Die Nacht vom 9. auf den 10. heftiges Artilleriefeuer von der Kaserhütte[46] auf den Piano und von Misurina auf den Schwalbenkopf bis 2 Uhr früh."

„10. Juni. Vormittags abwarten, nachmittags vielleicht ei . . . (hier bricht der Text des Tagebuches ab) — Nachmittags gingen wir ins Rienztal auf die Gemsen und abends die Meldung, eine Kompagnie Italiener käme durchs Rienztal; es waren aber wir."

„11. Juni. Wieder nichts vormittags. Schließlich gingen Benitze, Rogger und ich auf den Toblinger Knoten und kaum waren wir oben, so wurde vom Gsöll (Innergsell) auf das Büllelejoch geschossen und wir konnten die Schuß korrigieren (durch Zeichengeben). Was wir gesehen, müssen sicher drei bis vier Treffer in die Zelte gegangen sein. Es fielen zirka 15 Schuß. Zielrichtung sehr gut. Auf Mittag waren wir wieder zu Hause."

„12. Juni. Ging mit Bacher auf die Morgenalpenspitze. Wir sahen, daß ein Italiener auf den Hochleist herausging und auf der Oberbacher Spitze waren fünf bis sechs Mann, konnten es aber nicht genau bestimmen, ob unsere oder Italiener. Auch auf dem Sandebühel sahen wir eine Patrol Italiener. Während ich dies hier schreibe, wird im Bacherntal Gewehrfeuer gehört. Es ist halb elf Uhr und wir gehen nach Hause. Gerade wird wieder der Piano von S . . . (unleserlich) beschossen und der erste Schuß ist leider ein Treffer. Auf dem Piano geht es sehr heiß zu, denn die Italiener wollen denselben unbedingt haben, es wird ihnen aber nicht glücken. Nachmittags Rast."

Die Italiener hatten nun alle umliegenden Höhen des Oberen Bacherntales kampflos besetzt und dadurch auch einen vorzüglichen Einblick in das Tal gewonnen. Zwei italienische Kompagnien standen einem österreichischen Zug (Fhr. Jellinek) gegenüber, dessen Lage besonders kritisch war, weil der Gegner auf den Oberbachernspitzen und auf der Kanzel bereits in ihrem Rücken stand.

Da das Kampfgruppenkommando mangels an Kräften außer Stande war, die Besatzung in der Stellung bei der Zsigmondy-Hütte zu verstärken, versuchte sie, mit einer kleinen Unternehmung den Besatzungszug zu entlasten. Zu diesem Zweck sollte die Patrouille Innerkofler vom Einser aus die Italiener auf den Oberbachernspitzen und auf der Kanzel mit Feuer überfallen und möglichst vertreiben. Sie hatte also diesmal nicht nur zu beobachten, sondern auch einen Kampfauftrag durchzuführen. Da die Besteigung des Einser von Norden aber eine schwierige alpine Leistung war, wurde Innerkofler zum Kommandanten bestimmt und ihm geeignete Bergführer und als militärisch ausgebildete Leute vier Landesschützen der Werkbesatzung Haidegg beigegeben (vgl. Bild 4, Tafel III).

Um seine nachfolgenden Tagebuchaufzeichnungen über diesen Patrouillengang besser zu verstehen, sei vorerst eine kurze Geländebeschreibung gegeben.

Vom Fischleintal aus sieht man rechts vom dreigipfeligen Zwölfer (3091 m)

---

[46] Welche Hütte damit gemeint ist, ist nicht feststellbar.

den zwar niedrigeren, aber durch seine wuchtige Masse und seinen wildzer-
klüfteten Grat besonders drohenden Einser (2699 m). Unten etwas über dem
Fluß desselben schiebt sich ein Kopf vor, die sogenannte „Vorkanzel". Sie war
von einer kleinen Wache der Zsigmondy-Besatzung besetzt. Eine Marsch-
stunde höher befindet sich ein zweiter vorgeschobener Kopf, die „Kanzel", die
seit 8. Juni in Händen der Italiener war.

Den Verlauf des Patrouillenganges lassen wir Innerkofler selbst schildern:

„13. Juni, wurde mir der Auftrag, mit einer Patrouille auf den Einser zu gehen, aber bestimmt
keine Verluste zu haben. Die Oberbachernspitze, Hochleist und Oberbachernkanzel ist von den
Italiener besetzt. Ich sagte, es geht. So muß ich den Einser von Nordost machen.

Wir gingen mittags nach Sexten und Bad Moos, wo mich Frau und Kinder begleiteten. Ich
habe noch vier Landesschützen als Verstärkung erhalten. Auch wurde mir mitgeteilt, daß die
Unseren die untere Kanzel besetzt hätten[47]. Aber die Nacht vom 13. auf den 14. war im Bacherntal heftiges Gewehrfeuer, infolgedessen konnten wir nicht mit Bestimmtheit rechnen, daß sich die
Unseren gehalten haben.

14. Juni. Aufbruch um 4 Uhr früh. Piller war marod, somit nur neun Mann. Einstieg bei der
zweiten Schlucht um 6.50 Uhr. Es ging gut vorwärts. Um halb 10 Uhr kamen wir in die Höhe von
der unteren Kanzel und ich wollte mich überzeugen, ob sie noch in unseren Händen sei. Ich sah
drei bis vier Mann dort in Deckung gegen die obere Kanzel. Einer davon zog den Mantel aus,
wurde dadurch von oben sichtbar (gesichtet) und sofort fiel ein Schuß von oben. Er ließ den Mantel fallen und fiel selbst gleich in die Deckung. Jetzt waren wir sicher, daß es unsere Leute sind.
Ich und Gottfried gingen über ein Band vor und schwenkten die Mütze zum Zeichen, daß wir sie
von der (oberen) Kanzel aus (wo die Italiener sind) entlasten wollten. Entweder ist der Kommandant Jellinek von der Drei-Zinnen-Hütte aus nicht verständigt worden, daß ich mit einer Patrol
von Nordost auf den Einser steige oder der Kommandant von dem Posten (auf der unteren Kanzel) ist ein Esel, denn sofort, als ich die Mütze geschwenkt hatte, bekamen wir eine Salve. Wir
deckten uns und ich ging noch weiter vor, um besser sehen zu können. Ich war überzeugt, es sind
Unsere. Aber der Bruder (Christian) und der Happacher (Ringer Hansl, Kaiserjäger) wollten das
Feuer eröffnen, ich konnte sie fast nicht mehr abhalten. Wir bekamen zirka 20 Schuß. Dem Happacher schoß einer knapp vor die Nase (vorbei). Der ganze Unsinn hielt uns eine und eine halbe
Stunde auf. Ich rief: ‚Dort Jellinek?', da dies der Kommandant war (Zugskommandant Fhr. Jellinek, der sich aber in der Zsigmondy-Stellung aufhielt). Auf das hin wurde nicht mehr geschossen.
Ich stelle mich frei (vornehin) und rief nochmals: ‚Dort Kommandant Jellinek? Hier Patrol Sexten!' ‚Jawohl!' wurde darauf zurückgerufen. Nun konnten wir vorwärtsgehen. Wir brauchten noch
eine Stunde bis wir ober die (obere) Kanzel kamen und somit 50 Meter unter dem Einsergipfel
waren. Wir sahen hinunter, aber es war kein Italiener zu sehen. Somit konnten wir Mittag
machen. Ich lugte über den Spalt und sah drei Italiener mitsammen sprechen, natürlich auf dem
Plateau, wo sie vor den Unsrigen gedeckt waren. Natürlich haben sie keine Ahnung, daß jemand
über sie kommen kann. Ich sagte: ‚Nun werden wir den Tanz beginnen! Distanz 600!' Jetzt kam
noch einer mit Wasser ist vier. Einer ging von seinem Stein hervor und auf die Kante, um auf die
Unsrigen hinunter zu schießen (auf die untere Kanzel). Ich schoß auf den letzteren. Auf die erste
Salve blieben alle fünf auf dem Platz. Großartig! Ein Beweis, daß unsere Schätzung 600 richtig
war. Nun ging der Christl und Forcher 30 Meter höher, damit sie die Oberbachernspitze bestrei-
chen können. Dort war Distanz 180 Meter; dieselben hatten es schwerer, da sie beiden Feuern
(von der Oberbacherspitze und von der oberen Kanzel) ausgesetzt waren. Sie behaupten aber,
wenigstens drei Tote und vier Verwundete gemacht zu haben, bis endlich ein Italiener dem Forcher das Gewehr aus der Hand schoß und den Lauf verbog.

---

[47] Von der Besatzung der Zsigmondy-Hütte (Fhr. Jellinek) besetzt.

Wir unten (unterhalb Christl und Forcher) sahen noch hie und da einen (Italiener von der oberen Kanzel) heraufschauen, wo derselbe sofort auch schon eine Pille bekam. Einer war noch hinter einem großen Stein, wo er von Zeit zu Zeit den Kopf heraussteckte. Ich sagte zum jungen Happacher, er solle ihm eine hinaufpelzen, (er) kam aber um 15 Zentimeter zu kurz. Als aber der Kopf wieder zum Vorschein kam, knallte es wieder und der Italiener verschwand auf Nimmerwiedersehen. Beweis, daß der Schuß saß. Wir sahen hinterhalb einen roten Streifen Blut. Es steckten aber immer noch drei bis vier Stück hinter der Kante, welche Christl und Forcher beschossen, weil diese höher waren. Ich befahl Schnellfeuer, wenn wir auch nichts sehen konnten. Nun wurde es ruhig und die zwei (Christl und Forcher) bekamen von unten (Kanzel) Ruhe.

Wir setzten eine halbe Stunde aus. Auf einmal kommt einer ganz von vorne am Rand gegen uns zum Vorschein, der morgens hinunter auf unsere Stellung (untere Kanzel) geschossen (hatte) und wollte die Kanzel überspringen (wahrscheinlich über den freien Platz eilen), es nützte ihm aber nichts. Fünf bis sechs Schuß und er blieb liegen. Hätte er seinen Schlupfwinkel behalten, wäre er verschont geblieben.

Nun war es bald an der Zeit, zurückzugehen. Wir sahen noch drei Einzelne von der (oberen) Kanzel verschwinden, konnten ihnen aber nichts anhaben, da wir sie auf der Scharte nur zwei Schritte (lang) sehen konnten. Sie sahen es selbst ein, daß für sie die Kanzel nicht zu halten war.

Nun mußte ich erst den Christl und Forcher holen, da sie nicht allein absteigen konnten. Ich nahm sie ans Seil und brachte sie zu unserem Stand, wo wir hausten. Und um 4 Uhr begann der Abstieg. Es war eine mühsame Arbeit, neun Mann 1100 Meter absteigen. — Als wir die Höhe von unserem Posten (auf der unteren Kanzel) hatten, riefen die Unseren ‚Heil‘. Ich rief hinüber, daß der Empfang in der Früh nicht außergewöhnlich freundlich war. Wir kamen um 8 Uhr unter die Felsen und waren guten Mutes. Bei meiner Provianthütte (als Hüttenpächter) wurde noch angezapft und wurden drei Liter (Wein) getrunken. Es war fürs Militär ein Faßl da und glaubten wir, auch uns sei er notwendig. In Bad Moos niemand mehr da. In Moos wurden wir mit Sehnsucht erwartet. Man spendete uns einen Doppelliter Wein. Um 10 Uhr gaben wir beim Oberleutnant die Meldung ab. Die Herren Offiziere waren außerordentlich freundlich.“

Es gab keine Verluste. Nur Forchers Gewehr war durch einen feindlichen Treffer unbrauchbar geworden. Er selbst erlitt hiebei durch einen Splitter nur eine kleine unbedeutende Halswunde.

7. Aufklärung und Unternehmungen im Gebiete des Elfers

a) Beobachtungspatrouille Sepp Innerkoflers auf den Elfer am 19. Juni 1915

Innerkofler schrieb darüber in seinem Tagebuch:

„18. Juni. Vormittags Ruhe. Mittags nach Dolomitenhof. Dort Aufbruch um 11 Uhr (nachts). Begleiter: Korporal Happacher (Ringer Hansl), Landesschütze Köck, ein Kaplan aus Innsbruck (Feldkurat Hosp), mein Sohn (Gottfried).

Um 11 Uhr nachts trafen wir im Dolomitenhof ein, fünf Mann also. So kam der
19. Juni im unteren Bacherntal. Wir wurden von unserer Wache im unteren Bacherntal auf 200 Schritte angerufen. Beweis der Angst. Mußten den Helden so weit hinaus (die Losung) schreien, daß es auch die Italiener hören konnten.

Wir gingen dem ‚äußeren Loch‘ zu. Ich sagte, daß es möglich wäre, daß die Italiener die Stelle, wo wir vorbei mußten, besetzt haben könnten, und mahnte zur Vorsicht.

Als ich beim letzten Stein vorbei wollte, kollerte gerade ein Stein herunter und wir machten alle ‚nieder' (Kommando zur Deckung). Mein erster Gedanke war, das habe ein Alpenhase gemacht. Ich kroch vorwärts, um für alle Fälle oberhalb zu kommen. Es rührte sich aber nichts mehr. Daß wir vorsichtig sind, ist kein Wunder, denn der Feind ist uns auf 400 Schritte nahe.

Wir konnten uns über das Schneefeld Zeit lassen und kamen doch vor 3 Uhr (früh) an die Felsen, mußten noch auf den Tag warten, sahen auch sofort die Italiener auf dem Hochleist und wenn sie uns gesehen hätten, hätten wir auch auf diese Entfernung Bohnen (Geschosse) bekommen, da sie damit nicht sparen.

Bei Tag ging es weiter und kamen wir um 4.40 Uhr auf den Elfer. Es ist ziemlich kalt und wenig Aussicht. Wir machen die Beobachtungen, wo wir sie machen konnten, von den Zinnen bis zum Kolbaterna (Col Quarterna), schätzten im ganzen 400 bis 500 Mann und vielleicht etwas stärkere Reserven. Aber was ist das? Zum Vorgehen (Angriff) müßten es neunmal so viel sein. Auf dem Schuß (wahrscheinlich Schußriedl hinter dem Kreuzbergpaß) stellten wir eine Batterie fest, wo ich dann den Kaplan (Hosp) ersuchte, eine Zeichnung (Skizze) zu machen, was er auch mit Freuden tat.

Wir waren, als die Sonne herauskam, alle in sehr gehobener Stimmung und wollten den Italienern auf dem Hochleist einen warmen Besuch machen, denn wir können auf zirka 700 Schritte heran. (Doch) die helle Vernunft siegte über alle Vergnügen. Denn hätten wir es gemacht, so wäre uns fürs nächstemal der Weg sicher versperrt gewesen. Ich suchte inzwischen einen Abstieg nach der Arzalpe, den ich schon vor 20 Jahren angesehen habe. Wir waren in einer halben Stunde auf dem Hängegletscher, kamen von dort unschwer auf den Arzalpengletscher, gingen getrost über die Arzalpe zum Papernkofel (2579 Meter), wo wir über die Schlucht nach der ‚Feichten' abstiegen. Im Abstieg schoß ich noch einen Gamsbock schlecht an. Da wir so nahe am Feind waren, wollten wir nicht öfters schießen und somit kam uns derselbe davon.

Wir gingen über den Wald im Unterschellaboden und nach Moos, wo uns im Wald, bevor wir auf den Weg kamen, eine Patrol von Moos anrief. Wir warteten auf dieselbe und gingen mitsammen nach Hause; kamen um 3 Uhr (nachmittags) in Moos an, wo uns die Schandarmerie zwei Liter Wein spendierte. Als wir nach Sexten kamen, besuchte uns Oblt. Pittner (und) nahm die Meldung entgegen.

20. Juni Rast. Nur noch Meldung in der Sperrkanzlei (zur Entgegennahme von Befehlen).

21. Juni. Zum Oberjäger befördert und Rast.

Vormittags zum Herrn Hauptmann. Aber da noch sehr viel Schnee vom Sonntag liegt, ließen wir die Entscheidung wegen der Patrol (wohin, ist nicht zu entnehmen) auf den Abend 6 Uhr, ob wir gehen oder nicht. Anstatt einer Patrol aber bekam ich die Kleine Silberne (Tapferkeitsmedaille), somit an einem Tag vom Patrollführer zum Oberjäger und ausgezeichnet."

b) Patrouillenunternehmung des Leutnants von Schullern und Sepp Innerkoflers am 25. Juni 1915

Um die fühlbare Einkreisung der Zsigmondy-Stellung etwas zu lockern, beschloß man, aus der Stellung bei der Hütte mit Landesschützen eine Unternehmung gegen den Hochleist durchzuführen. Die Angriffsgruppe sollte von zwei Patrouillen unterstützt werden.

Eine auf den Einser entsendete Patrouille (Kommandant Bergführer F o r c h e r mit sechs Mann) hatte die italienische Wache auf der Kanzel und den Oberbacherspitzen niederzuhalten, um ihr Eingreifen in die Unternehmung der Hauptgruppe von der Zsigmondy-Hütte zu verhindern.

Die zweite Patrouille unter Kommando des Lt. von Schullern (1. TJR.) hatte den Auftrag, mit einem Teil die italienische Besatzung am Hochleist und am Giralbajoch niederzuhalten, mit dem restlichen Teil von Elfer aus die seit einigen Tagen neu in Stellung gegangenen italienischen Geschütze hinter dem Collesei und südlich des Kreuzbergpasses festzustellen. Die Meldung war auf optischem Wege an den Artilleriebeobachter auf Hornischek (2350) zu geben und dann das Feuer der Werksartillerie auf diese neuen Ziele zu leiten.

Die Patrouille bestand aus 15 Mann, darunter, außer Lt. von Schullern, Kadett Wisiol und Jäger Pichler des 1. TJR. Von den Standschützen nahmen teil Objgr. Sepp Innerkofler als Bergführer mit seinem Sohn Gottfried, Lt. Mumelter, Feldkurat Hosp, Unterjäger Goller und Oberjäger Baumgartner, der Rest bestand aus Landesschützen des IX./Lsch. III.

Am 24. Juni marschierte die Patrouille um 23 Uhr vom Dolomitenhof im Fischleintal[48] ab und kam nach Passierung der im Bacherntal vorgeschobenen feindlichen Posten der Hochleiststellung unbemerkt vorbei in das „äußere Loch". Das unvermeidliche Geräusch beim Anstieg rief beim Gegner nur eine kleine Beunruhigung hervor, die sich durch vereinzelte Gewehrschüsse kundtat. Nach beschwerlicher Kletterarbeit, bei der vier Mann zurückblieben, erreichte die Patrouille die „Mitra" (2739), wo sie sich befehlsgemäß teilte. Innerkofler zog sich mit seiner Mannschaft hangwärts, um den Hochleist und das Giralbajoch unter Feuer zu nehmen, während Lt. von Schullern mit Kadett Wisiol und dem Bergführeraspiranten Jgr. Pichler Richtung gegen den Elfer nahmen.

Diese Patrouille konnte aber ihrer Aufgabe nur zum Teil nachkommen, da starker Nebel die Sicht gegen Kreuzberg behinderte. Eine optische Verbindung mit dem Artilleriebeobachter auf Hornischek zur Abgabe der Beobachtungen war aus diesem Grunde nicht möglich, feindliche Batteriestellungen hinter dem Collesei und oberhalb Cantoniera wurden einwandfrei festgestellt, auch neue Unterstände gesichtet und in die Karte eingezeichnet.

Nach längerem vergeblichem Warten auf bessere Sicht gegen Hornischek verließ die Gruppe Schullern ihren Standort, um zur Gruppe Innerkoflers zu stoßen, wo heftiges Gewehrfeuer hörbar wurde.

Über die Ereignisse bei seiner Patrouille lassen wir Innerkofler selbst sprechen:

„24. Juni. Vormittags nichts los. Abends ins Fischleintal zu übernachten. Es waren Herr Kaplan (Hosp), Lt. von Schullern, Professor Goller, ein Standschützenleutnant, Professor aus Innsbruck (Mumelter), der Bursch von Lt. Schullern und ein Oberjäger von Hornischek ... (ein Blatt im Tagebuch fehlt) ... mitten im Hochleist. Drei Zelte standen etwas zurück gegen Giralbajoch. Ein Mann war auf Posten gegen Zsigmondy-Hütte – Unterbachern, zwei waren in einer Deckung gegen unseren Aufstieg in ‚äußeres Loch'. Bei den Zelten sahen wir ab und zu zwei bis drei Mann, welche auch wieder hineinkrochen. Es mögen im ganzen auf Hochleist etwa 20 Mann sein.

---

[48] Dolomitenhof — Gasthof 1908 erbaut.

Ich sagte, als wir uns halbwegs gedeckt hatten: „Nun wollen wir's den Italiener heiß machen. Zuerst schießen wir auf die Zelte!' Es ging auch sofort los. Sieben Mann Schnellfeuer gibt viel Lärm und die Italiener wußten im ersten Moment nicht, von wo es kommt. Es dauerte ziemlich lang, bis unser Feuer erwidert wurde. Zuerst kam es vom Giralbajoch. Dann hatten sich einige nach der Zsigmondy-Hütte zu gedrückt und streckten den Kopf in die Höhe. Aber sofort knallte es wieder. Man sah einzelne hinter den Grat sinken. In den Zelten sind jedenfalls auch Verwundete und Tote gewesen. Aber auch die Italiener vom Giralbajoch fingen an, heftig zu erwidern. Das beste war doch, daß sie recht schlecht schossen. Mein Gewehr war heiß und ich hatte nur noch drei Stück Patronen. Somit ging ich zurück, wo ich gedeckt war, um das Gewehr abzukühlen und Patronen aus dem Karton zu nehmen.

Es kam gerade Lt. von Schullern mit seinen Leuten zurück (vom Elfer), da er vor Nebel nichts machen konnte. Herr Leutnant ging direkte vor, ich warnte ihn, da die Italiener von Giralba wie wahnsinnig schossen. Er fragte mich auch, wo ich meine Stellung gehabt. Ich sagte, dort ist es sehr steil. Gehen Sie lieber etwas nach links hinunter. Kaum war der Herr Leutnant verschwunden, so hörte ich Kanonendonner und im Momente das Surren einer Granate. Mein Gedanke war, das gilt uns — und hinten in die Deckung werfen, war nur ein Augenblick. Es war schon der erste Schuß sehr gut gemeint und fiel gerade dort nieder, wo ich vor einer Minute noch gesessen bin und vielleicht vom Herrn Leutnant zehn Schritte ... Wir blieben wenigstens eine Stunde ruhig liegen. Schließlich mußte doch gegangen werden. Wir mußten etwa 400 Schritte bis zu nächsten Deckung. Hier konnten wir uns bewegen und warten bis der Nebel kommen sollte ...

Inzwischen fing Forcher auf dem Einser sein Feuer zu eröffnen an und wir glaubten, daß jetzt die Aufmerksamkeit der Italiener von uns abgelenkt sei. Wir beobachteten die Stellung der Italiener am Giralbajoch. Es können vielleicht 60 bis 100 Mann sein, sicher nicht mehr. Es sind auch Zivilarbeiter dort, wahrscheinlich wird eine Batteriestellung gemacht. In den Oberbachern (Spitzen) graben sich die Italiener ein, wo sie können. Die Posten auf der Kanzel und Oberbachernspitzen sind auf Forcher sein Feuer in den Deckungen verschwunden. Es werden je zirka zehn Mann sein. Ich schätze auf Oberbachern und Büllelejoch etwa 300 Mann, aber alles ist gedeckt und jetzt nur mit großen Verlusten zu nehmen.

Nach einer Stunde brachen wir ziemlich zerstreut (einer nach dem anderen) wieder auf. Gottfried und ich links, um die Handgranaten zu holen, die anderen ganz rechts auf dem oberen Felsen.

Wir hatten alle Schnee und kamen langsam vorwärts, hatten aber vom Schießen nichts mehr zu leiden, trafen als die Letzten auf dem Zsygmondi-Kopf ein, wo wir auf die Scharte gegen den Elfer abstiegen, über die Rinne von neulich hinunter auf den Hängegletscher, von dort auf die Scharte zwischen Elfer und die Rotwand bei strömendem Regen. Wenn das Wetter schön gewesen wäre, wäre dies auch touristisch eine schöne Tour.

Nun ging es über das Schneefeld nach Fischleintal, wo wir mit der Patrol vom Einser (Forcher), zusammentrafen welche um uns große Angst hatte. Wir kamen um halb 7 Uhr nach Hause, wo sofort frisch umgezogen (wurde). Kaum fertig, kam eine Ordonnanz, wir sollten zur Baracke (Kommando) kommen, dort wurden wir beide dekoriert, Gottfried mit der Bronzenen und ich mit der Großen Silbernen (Tapferkeitsmedaille)[49]."

Die beiden Patrouillen Forcher und Schullern-Innerkofler hatten mit Erfolg ihre Aufgabe gelöst. Aus unbekannten Gründen aber war der Angriff der Hauptgruppe aus dem Bacherntal gegen Hochleist unterblieben.

---

[49] Der k. u. k. Landesverteidigungskommandant in Tirol hatte für erneut bewiesene hervorragende Tapferkeit und Umsicht dem Standschützenpatrouilleführer Sepp Innerkofler die „Silberne Tapferkeitsmedaille I. Klasse" und seinem Sohn Standschützen Gottfried die „Bronzene" verliehen.

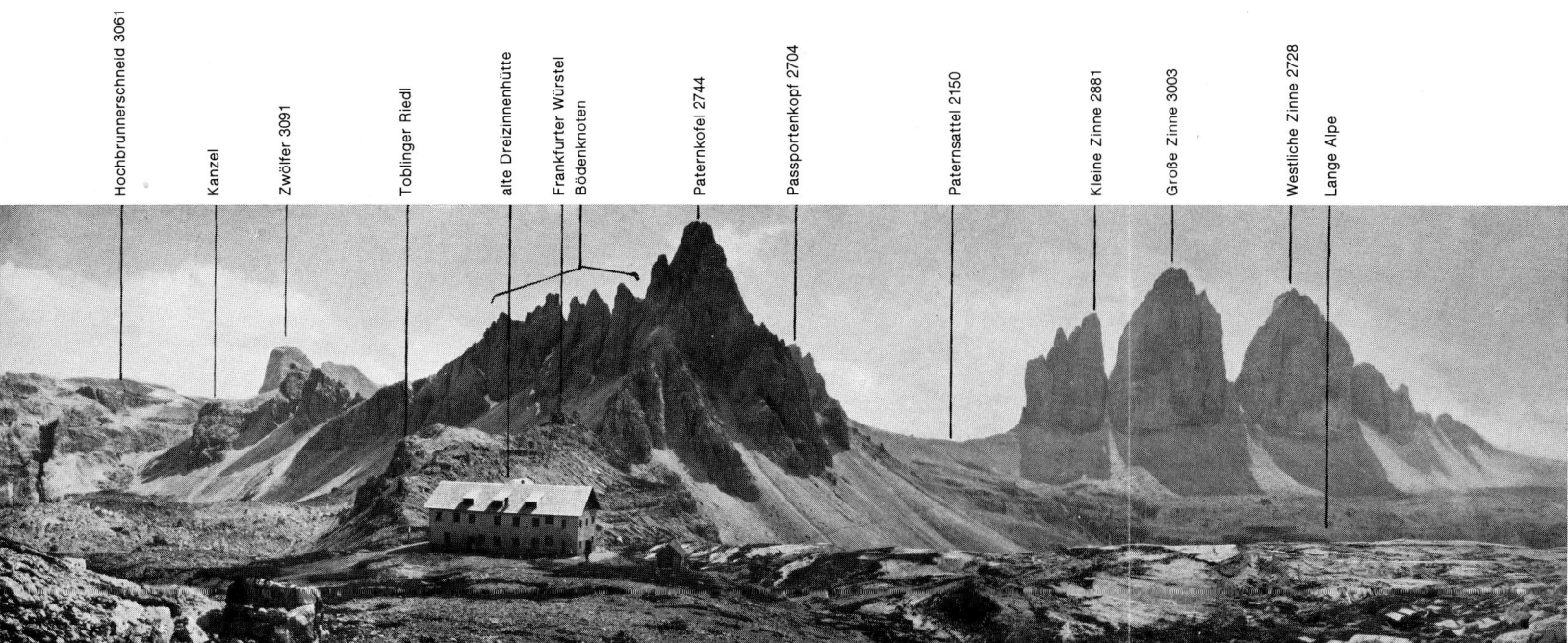

Bild 1: Toblinger Riedl mit Paternkogel und Drei Zinnen

Bild 2: Blick auf den Elfer, Einser, Zwölfer und Paternkofel . . . . . . Österreichische Vorstellung

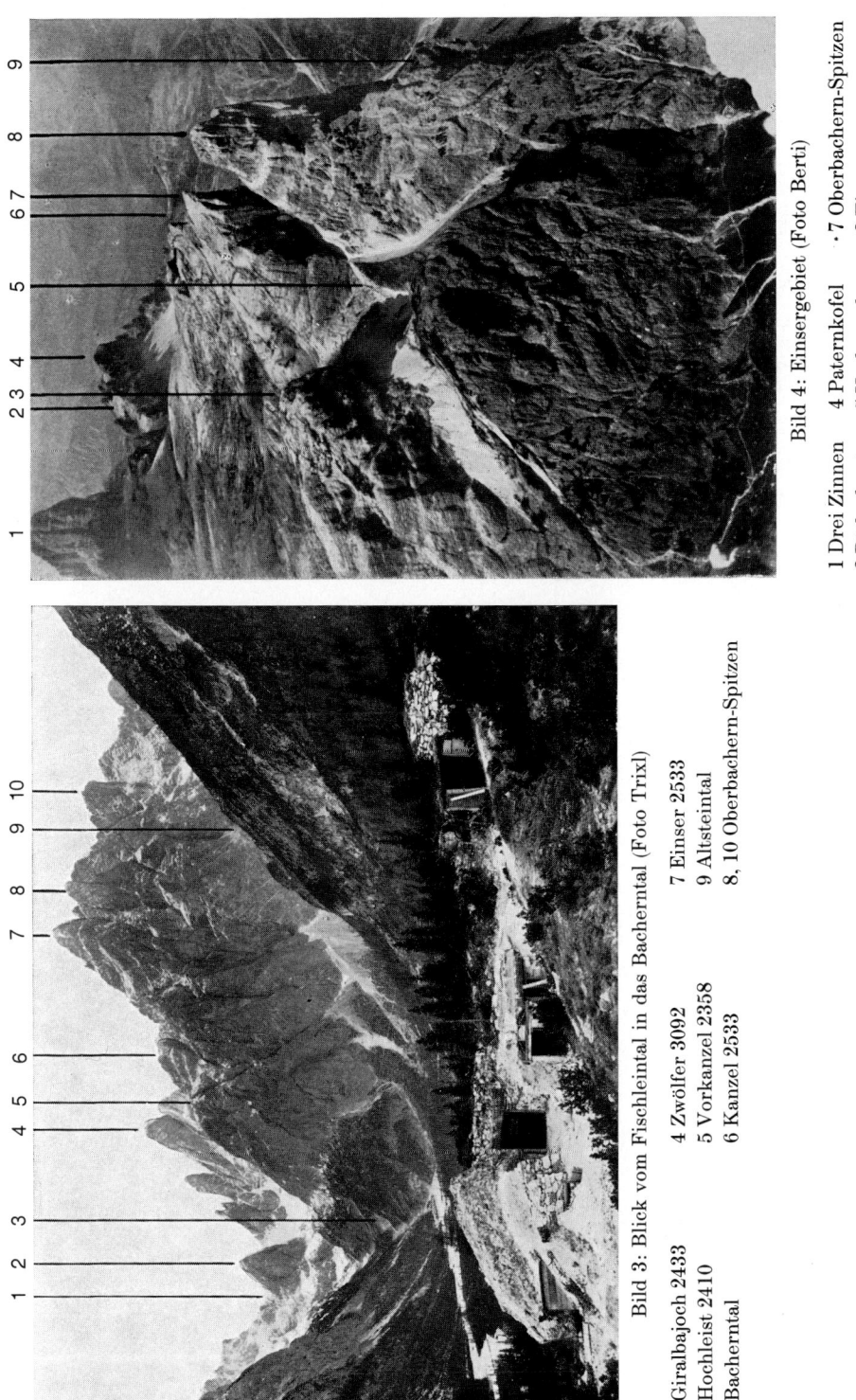

Bild 4: Einsergebiet (Foto Berti)

1 Drei Zinnen   4 Paternkofel   · 7 Oberbachern-Spitzen
2 Bödenknoten   5 Vorkanzel   8 Einser
3 Kanzel   6 Toblinger Riedl 9 Altsteintal

Bild 3: Blick vom Fischleintal in das Bacherntal (Foto Trixl)

1 Giralbajoch 2433   4 Zwölfer 3092   7 Einser 2533
2 Hochleist 2410   5 Vorkanzel 2358   9 Altsteintal
3 Bacherntal   6 Kanzel 2533   8, 10 Oberbachern-Spitzen

Elfer   Sentinellapaß   Rotwand

Bild 5: Sentinellapaß von der italienischen Seite (Foto Berti)

Elfer

Bild 6: Überreste der Zsigmondy-Hütte (2235) (Foto Trixl)

Ruine der Drei Zinnenhütte   Sextenstein   Toblinger Knoten

Bild 7: Sextenstein (Südseite)

Paternkofel   Paternsattel

Bild 8: Sextenstein, gesehen von der österr. Stellung westl. des Toblinger Knotens

Bild 9: Toblinger Knoten. Nordseite mit Unterständen

Bild 10: 18. 5. 1916 — Blick von der Schusterplatte auf Paternkofel und Drei Zinnen. Im Mittelgrund Sextenstein und Toblinger Knoten. Vorne in der Bildmitte ersichtlich die Aushubstelle für die Bergstation der Innichriedelseilbahn und die letzten Serpentinen des An-der-Lahn Weges

Bild 11: Die Sextner Sonnenuhr vom Innergsell aus. V. l. n. r. Neuner, Zehner (Rotwand), Elfer, Hochbrunnerschneid, Zwölfer und Einser

Bild 12: März 1916. Der Monte Cristallo, gesehen von der Stellung Toblinger Knoten. Davor v. l. n. r. Lange Alpe, Katzenleiterkopf und Monte Piano

Bild 13: Der Sextenstein vom Toblinger Knoten aus gesehen. Dahinter Paternkofel, Cadini und Kleine Zinne

Bild 14: Innichriedel und Toblinger Knoten mit den Unterkunftsbaracken an der Nordseite. Im Hintergrund Oberbachernspitzen, Hochbrunnerschneid und Zwölfer

Bild 15: Im Innerfeldtal Winter 1916. Im Hintergrund der Morgenkopf. Links davon der Aufgang zum Drei Zinnen-Plateau, rechts zum Wildgrabenjoch

Bild 16: Hangstellung und Muldenwache an der Westseite des Toblinger Knotens

Bild 17: Toblinger Knoten Westseite. Am Grat die ersten fünf Leitern des Nordweges auf den Gipfel. Vorne am Graben der „Lepuschitzenunterstand", am Fuße des Knotens die „Dolomiten-wacht". Hier hausten Wallpach und Foppa mit Sollath und Kaneider

Bild 18: Beobachter am Schwalbenalpenkopf gegen Drei Zinnen

Bild 19: Kaiserschützen an der Schwalbenkofel-Schulter (Schwalbenjöchl). Im Hintergrund Paternkofel, Passportenkopf und Drei Zinnen

Bild 20: Maschinengewehrabteilung der Standschützen mit M 07/12 Schwarzlose am Toblinger Knoten. Im Hintergrund die Schusterplatte

Bild 21: Am Beobachtungsstand des Toblinger Knoten Gipfels. Hinter der Brüstung die Spitze der Großen Zinne

Bild 22: Gendarmerie-Wachassistenz Sexten kurz vor Kriegsausbruch

Bild 23: Die „Rotwandpatrouille" der akademischen Legion der Universität Innsbruck

Bild 24: Dekorierung des Bergführers Sepp Innerkofler und seines Sohnes Gottfried mit der Großen Silbernen Tapferkeitsmedaille. Zwischen Sepp und Gottfried Feldkurat Hosp.

Bild 25: Besuch des deutschen Schriftstellers und Kriegsberichterstatters Georg Freiherr von Ompteda am Toblinger Knoten am 29. 6. 1916

Bild 26: Offiziere vor der Offiziersmesse am Drei Zinnen-Plateau am 7. 5. 1916. Links vorne Standschützenhauptmann Arthur von Wallpach

Bild 27: Feldküche der III.er Landesschützen am Drei Zinnen-Plateau

Bild 28: Standschützen im Innerfeldtal — Winter 1916

Bild 29: 15 cm Feldhaubitze der Feldhaubitzenbatterie 3/22 in der Feuerstellung auf der Morgenalm

Bild 30: Brandruinen nach der Beschießung des Dorfes Sexten

8. Österreichische Unternehmungen auf der Zinnen-Hochfläche und im Gebiete des Elfers am 4. und 5. Juli 1915

a) Allgemeine Lage

Man war sich der großen Bedeutung der Zinnen-Hochfläche als Flankenschutz für das Sperrgebiet Sexten und auch für das Gebiet des Höhlensteiner Tales wohl bewußt, für deren Festhaltung der Besitz der Linie Schwalbenalpe – Toblinger Knoten – Innichriedlknoten unbedingt notwendig war. Je weiter aber die Hauptwiderstandslinie auf der Hochfläche nach Süden vorgeschoben werden konnte, desto vorteilhafter war dies für die Verteidigung.

Während bis Ende Juni der erwartete feindliche Angriff noch immer nicht erfolgt war, hatten sich die österreichischen Kräfteverhältnisse wesentlich gebessert. Man glaubte nunmehr die Zeit für ein Angriffsunternehmen zur Vorschiebung der Verteidigungslinie gekommen.

Hiezu waren zwei Aktionen vorgesehen, eine gegen den Paternkofel und Paternsattel, eine andere gegen die feindlichen Stellungen in der Linie Val Rimbianco – Croda D'Arghena – 2104 – 2324 – 2728.

Die letztere, kurz „Unternehmung gegen die Zinnenkuppe[50]" genannt, sollte dem Paternsattel-Unternehmen vorangehen, um die Aufmerksamkeit von diesem abzulenken. Später jedoch wurde die Reihenfolge abgeändert. Die Gründe sind den Kriegsakten nicht zu entnehmen.

Die Leitung der Gesamtunternehmung wurde dem neuen Kommandanten des IX./Lsch. III, Hauptmann von Wellean[51], der sich erst seit drei Tagen auf der Hochfläche befand, übertragen.

---

[50] Die Bezeichnung „Zinnenkuppe" ist in keiner Karte enthalten. Es dürfte sich hier um eine Benennung handeln, die — wie es im Kriege üblich war — von der Besatzung gegeben wurde. Nach der Spezialkarte ist die Zinnenkuppe 2324 ein Ausläufer im Gebiete der Westlichen Zinne. Sie ist im Plan 1:25.000 und im Festungsumgebungsplane mit „Col di Mezzo" bezeichnet und mit 2318 kotiert. Zwischen der Westlichen Zinne und dem Col di Mezzo befindet sich der Sattel Col di Mezzo (Forcella Col di Mezzo).

[51] Auf der Zinnen-Hochfläche hatte am 30. Juni ein Kommandowechsel stattgefunden. Hauptmann Wellean Edler von Wellenfried hatte das Kommando des IX./Lsch. III von Hauptmann Jaschke und dieser das Kommando des Landsturmbataillons 167 im Sextner Abschnitt übernommen.

b) Paternkofelunternehmung am 4. Juli.
Tod Sepp Innerkoflers.
Seine Enterdigung und Überführung
nach Sexten im Jahre 1918

In den ersten Tagen des Juli sollte jene Verbesserung der Verteidigungsverhältnisse auf der Zinnen-Hochfläche vorgenommen werden, die der Divisionär
Feldmarschallleutnant von Goiginger schon anfangs Juni, zugleich mit
dem Handstreich auf dem Monte Piano beabsichtigt hatte. Damals mußte der
Plan aufgeschoben werden, weil eine zur Konzentrierung der österreichischen
Angriffskräfte im Grenzunterabschnitt 9 b und 10 a erbetene Ablösung durch
deutsche Truppen nicht genehmigt worden war.

Darüber gibt ein Depeschenwechsel zwischen den höheren Kommanden aus
der Zeit der ersten Hälfte Juni Aufschluß.

Bugzille[52] Pustertal an Roßberg:

„6. Juni. 1.50 Uhr nachmittags. Zwecks Erreichung besserer Verteidigungsverhältnisse wird
beabsichtigt, den Monte Piano, sowie die Kuppe 2324 westlich der Drei Zinnen und die Forcella
di Lavaredo[53] in Besitz zu nehmen. Hiezu wird ein Detachement des Grenzunterabschnittes 10 a
in der Nacht vom 6. auf den 7. Juni den Angriff von Landro und Schluderbach aus auf den Monte
Piano durchführen. Bezüglich des Unternehmens gegen die Drei Zinnen müssen die Verhältnisse
erst rekognosziert werden . . .

Ferners wäre es erwünscht, nachdem die Truppen des Roßberg vorläufig nicht für Offensiveoperationen verwendet werden sollen, die eigenen Truppen im Abschnitte 10 a und 9 b für Unternehmungen gegen italienisches Gebiet zu konzentrieren. Die dermalen von österreichischen Truppen
besetzten Stellungen hätten Teile der Gruppe von Tutschek zu übernehmen. Eheste Entscheidung
beider Anfragen erbeten. Bugzille Pustertal.“

Depesche des Generalstabschef der Division Goiginger, Obstlt. Hütenbrenner, an Obst. von Waldstätten des Landesverteidigungskommandos, in der
man um Entscheidung wegen Beistellung deutscher Geschütze gebeten wird:

„Zum Unternehmen am Monte Piano und Drei-Zinnen-Gebiet ist folgende Artillerieverwendung geplant: für Drei Zinnen eigene Gebirgsgeschütze am Toblinger Riedl, für Monte Piano vier
von den Deutschen zu erbittende Geschütze. Sobald Monte Piano in unserer Hand Nachziehen
dieser Geschütze. Ob mit Rücksicht auf Vorakt (Monte Piano italienisches Gebiet) auf deutsche
Geschütze gerechnet werden kann? . . . Hüttenbrenner.

Antwort des Obst. Waldstätten:

„Truppen der Gruppe von Tuschek dürfen nur im Grenzabschnitt 9 verwendet werden. Auf
Monte Piano darf die deutsche Artillerie nicht vorgezogen werden. Sobald wir neue Gebirgsartillerie bekommen, wird sie dem Subrayon bestimmt zugewiesen werden. Waldstätten.“

Die Nichtbewilligung der Konzentrierung der Infanterie in den Grenzunter-

---

[52] Decknamen im Fernsprech- und Fernschreibverkehr: Brigade = Bugzwerg, Division = Bugzille, Korps = Roßberg (Deutsches Alpenkorps), Landesverteidigungskommando = Starhofer.

[53] Forcella di Lavaredo – Paternsattel.

abschnitten 9 b und 10 a, der Mangel an Artillerie in Verbindung mit dem immer noch erwarteten italienischen Angriff ließen die Durchführung des Unternehmens auf der Zinnen-Hochfläche vorerst nicht zu.

Bei der Paternkofel-Aktion handelte es sich um die Besitznahme des Paternsattels und des Paternkofels.

Hauptmann von Wellean hielt die Eroberung des Paternkofels für wichtiger als die des Paternsattels, weil dieser Gipfel einen hervorragenden Beobachtungspunkt für den Feind bildete, von dem aus man einen weiten Blick hinter die österreichischen Linien hatte. Auch bestand die Gefahr, daß dort in Stellung gebrachte Geschütze den österreichischen Kampfstellungen argen Schaden zufügen konnten, eine Erfahrung, die man schon mit dem in der Gamsscharte aufgestellten italienischen Gebirgsgeschütz gemacht hatte. Im Falle des Gelingens der Besitznahme des Paternkofels wäre der Paternsattel für die Italiener ohnehin unhaltbar geworden.

Hauptmann von Wellean war sich auch darüber klar, daß ein Angriff auf den vom Feinde besetzten Paternkofelgipfel außerordentlich schwierig sein werde. Er erwog daher die Unternehmung nicht nur nach der militärischen, sondern auch nach der bergsteigerischen Seite. Hiezu zog er die bei ihm anwesenden Bergführer Hans Forcher, Andreas Piller und Christian Innerkofler, einen Bruder Sepp Innerkoflers, zu Rate.

Forcher, der bereits des öfteren den Paterngipfel mit Sepp Innerkofler erstiegen hatte, erklärte die Durchführung des Angriffes auf den Gipfel, auch wenn derselbe vom Feinde besetzt sei, für durchaus möglich, beantragte aber zugleich die Teilnahme Sepp Innerkoflers.

So kam es, daß Sepp Innerkofler aus Sexten herangezogen wurde und erst bei seiner Ankunft auf der Zinnen-Hochfläche von dem beabsichtigten Angriff erfuhr.

Er war erst am 1. Juli abends von der von Oberleutnant Heinsheimer des Festungsartillerie-Bataillons Nr. 1 geführten Aufklärungspatrouille nach Sexten zurückgekehrt. Der Weg führte von Bad Moos über die Rotwandwiesen, Kote 2620, am NW-Grat der Rotwandspitze.

Über die Berufung zum Bataillonskommando schrieb er in sein Tagebuch:

„2. Juli. Halb 8 Uhr abends kam der Befehl des Herrn Oberstleutnant (Haslehner), sofort sich bei ihm in Marschadjustierung zu melden, und zwar mit Gottfried und Schranzhofer. Bei den Baracken erwartete uns ein Zweispänner, der uns bis zur Drei-Schuster-Hütte brachte. Herr Leutnant von Tepser wartete uns mit Rostbraten und Kaffee auf und um 12 Uhr (Mitternacht) begaben wir uns in einen Schupfen zum Schlafen, weil es stark regnete. Um 6 Uhr früh (3. Juli) standen wir auf, tranken einen schwarzen Kaffee und marschierten nach dem Drei-Zinnen-Plateau. Um 9 Uhr früh dort angelangt, meldeten wir uns bei Hauptmann Wellean."

Hier endet das Tagebuch Innerkoflers. Es waren seine letzten Eintragungen.

Militärische Erwägungen ließen es dem Hauptmann von Wellean notwendig erscheinen, zugleich mit dem Paternkofelgipfel auch die Gamsscharte in Besitz zu nehmen, wodurch einerseits den Italienern der einzige Zugangsweg zum Gipfel abgeschnitten, andererseits der eigene Verkehr und Zuschub nicht über die derzeitige schwierige Route, sondern über die Gamsscharte geleitet werden konnte.

Ein alpinistisch so schwieriger Angriff, wie der auf den Paterngipfel, war aber nur von ausgesuchten, tüchtigen Bergführern und Soldaten zu wagen. Die Zusammenstellung der Angriffsabteilung mußte daher mit besonderer Bedachtnahme auf die bergsteigerische Eignung der Teilnehmer erfolgen.

Demnach wurde eine 40 Mann starke Abteilung formiert, von der eine besonders ausgewählte Patrouille unter Oberjäger Sepp Innerkofler den Paternkofelgipfel und der übrige Teil unter Führung des Fähnrichs Bradacs (Lsch. III) die Gamsscharte zu nehmen hatten.

Zusammenstellung der Angriffsabteilung und Angriffsdisposition:

Paternkofel-Unternehmung
Disposition

Kommandant: Fähnrich Leopold Bradacs des Lsch.-Reg. III

Zusammensetzung[54]: 10 Bergführer, darunter Sepp Innerkofler, Johann Forcher, Andrä Piller, Benitus Rogger, Stefan Bacher und Anton Schranzhofer, 24 klettergewandte Landesschützen, fünf Pioniere der Landesschützen zum Herrichten der Stellung am Paternkofel, ein Artillerist mit einer Telefonkassette. Zusammen 40 Mann.

Angriffsplan:

Artillerievorbereitung:

Gbhbzug[55] 2/8 auf der Morgenalpe[56] (oberhalb Zirmboden), Ziel: Paternkofel.

---

[54] Militärische Dienstgrade der Teilnehmer:

Sepp Innerkofler, Standschützen-Oberjäger,

Gottfried Innerkofler, Standschütze, Sohn des Sepp Innerkofler,

Christian Innerkofler, Standschütze, Bruder des Sepp Innerkofler,

Andrä Piller, Standschütze, Schwager des Sepp Innerkofler,

Hans Forcher, Standschützen-Unterjäger,

Benitus Rogger, Standschütze, alle der Standschützen-Kompagnie Sexten des Standschützen-Bataillons Sillian,

Josef Taibon, Oberlehrer aus Olang, Standschütze des Standschützen-Bataillons Welsberg,

Franz von Rapp, Standschütze des Standschützen-Bataillons Innsbruck I,

Sepp, Christian Innerkofler, Piller, Forcher und Rogger waren Bergführer aus Sexten.

Sonstige Personen:

Sepp Innerkofler jun., zweitältester Sohn des Sepp Innerkofler,

Anton Trixl, Landsturm-Fortifikationswerkmeister aus Zirl.

[55] Gbhbzug = Gebirgshaubitzzug.

[56] Morgenalpe = auch Morgenrotköpfl genannt.

Gbknzug[57] 6/8 auf dem Sextenstein[58],

Ziel: Gamsscharte[59].

Feuerleitung: Hptm. Kupetz. Feuerbeginn: 4 Uhr früh.

Patrouillenangriff:

Angriffsabteilung des Fähnrichs Bradacs steigt im Schutze der Dunkelheit bis zu einer bereits vorher bestimmten Stelle in einer Geröllreiße auf. Dort zweigt ab:

a) die Patrouille des Standschützen-Oberjägers S e p p   I n n e r k o f l e r mit den Bergführern Forcher, Piller, Rogger und den beiden Standschützen Josef Taibon[60] und Franz von Rapp[61], das sind sechs Mann.

Auftrag: unter einem Überhang der Nordwestwand die Artillerievorbereitung abzuwarten und dann den Paternkofel in Besitz zu nehmen.

b) die Patrouille unter Führung des Kommandanten Fähnrich B r a d a c s mit den Bergführern Christian Innerkofler und Unterjäger Bacher, ferners 14 Landesschützen.

Auftrag: unter einem Überhang knapp vor der gemauerten feindlichen Stellung in der Gamsscharte die Artillerievorbereitung abzuwarten und dann die Scharte in Besitz zu nehmen.

c) Reserve: der Rest der Angriffsabteilung bleibt unter Kommando des Oberjägers H a r r e r gedeckt in den Felsen auf jenem Platze, wo sich die beiden Patrouillen trennen. Dort ist auch die Telefonstation zur Verbindung mit dem Bataillons-Kommando auf Sextenstein zu errichten.

Fähnrich Bradacs erhielt bereits am 1. Juli die nötigen Weisungen. Ein Zug der Gebirgshaubitzbatterie 2/8 (Oberleutnant T e s s m a n n) war zur Mitwirkung beim Angriff am gleichen Tag auf der Morgenalpe, ebenso ein Zug der Gebirgskanonenbatterie 6/8 auf Sextenstein eingetroffen und bereits am nächsten Tage feuerbereit.

Innerkofler rückte am Vormittag des 3. Juli beim Bataillons-Kommandanten Hauptmann Wellean ein. Nachmittags um 16 Uhr fand unter dessen Leitung im sogenannten Gipsgraben (am Gipsjoch) eine Besprechung und die Ausgabe der Angriffsbefehle statt.

Nach dieser Besprechung soll es zwischen Innerkofler und Forcher zu einem erregten Meinungsaustausch gekommen sein, weil Forcher einige Tage vorher über Befragen des Hauptmanns Wellean erklärt hatte, daß das Unternehmen trotz der Besetzung des Gipfels durch den Feind durchgeführt werden könne. Innerkofler dagegen, der die Schwierigkeiten der Ersteigung auf der geplanten Route und die Eroberung des Gipfels, wenn der Feind oben sei,

---

[57] Gbknzug = Gebirgskanonenzug.

[58] Die Bezeichnung „S e x t e n s t e i n" war in den im Kriege verwendeten Karten nicht enthalten. Sie dürfte wahrscheinlich während desselben entstanden sein. Mit „Sextenstein" ist die höchste Erhebung (2538 Meter) des vom Toblinger Knoten von Süden nach Norden verlaufenden Felsrückens gemeint, der dann in den Toblinger Riedel (2438 Meter) übergeht und weiter bis zum felsigen Nordwest-Abfall des Paternkofels seine Fortsetzung hat.

Alle Kotierungen sind dem Festungsumgebungsplan von Sexten 1:25.000 entnommen.

[59] Gamsscharte = auch Paternscharte oder Schartl genannt.

[60] Der Standschützen-Kompagnie Vintl.

[61] Der 3. Kompagnie des Standschützen-Bataillons Innsbruck I.

kaum für durchführbar hielt, war anfangs mit der Aktion überhaupt nicht einverstanden. Die Gefahr des Mißlingens und die Verantwortung, die er als Führer zu tragen hätte, wären zu groß.

Der Sohn Gottfried wollte seinen Vater auf dem gefährlichen Patrouillengang begleiten, erhielt aber nicht die Erlaubnis des Hauptmanns Wellean. Er
hatte als Ordonnanz beim Kommando zu bleiben.

Um 21 Uhr legten sich die Teilnehmer der Angriffsgruppe zu kurzem
Schlafe nieder, wurden schon um Mitternacht geweckt, nahmen das Frühstück ein und sammelten sich zum Abmarsche bei der zerschossenen Drei-Zinnen-Hütte.

Bei Sternenhimmel am 4. Juli (Sonntag) um 1 Uhr früh begann unter lautlo-
ser Stille durch die Drahthindernisse hindurch der Marsch zum Frankfurter
Würstl und von da bis zu jener großen Geröllhalde, die sich aus der Richtung
der Gamsscharte herabzieht. Gleich zu Beginn stellten sich unvorhergesehene
Hindernisse entgegen. Im unteren Teil der Geröllrinne war ein Abtreten von
Steinen bei der noch herrschenden Dunkelheit nicht zu verhindern. Der obere
Teil war stark vereist, so daß mit Eispickeln Stufen geschlagen werden mußten. Dadurch ging nicht nur kostbarste Zeit verloren, auch der Feind wurde
aufmerksam. Einige Leute glitten aus und rutschten ab. Glücklicherweise kam
es zu keinem größeren Unfall.

Es war bereits gegen 3 Uhr früh, als die Abteilung auf einen kleinen Sattel
kam, wo die beiden Angriffstruppen sich trennen mußten. Aber man sah, daß
jene Überhänge, unter denen das Artillerievorbereitungsfeuer abgewartet
werden sollte, nicht mehr zu erreichen waren. So beschloß man an Ort und
Stelle in Deckung zu verbleiben.

Pünktlich 4 Uhr fiel der erste Schuß der Gebirgshaubitzen gegen den Gipfel. Er war zu kurz und schlug unterhalb der gedeckt aufgestellten Abteilung
ein. Der zweite fuhr seitlich in die Felsen und ließ einen gewaltigen Steinre-
gen niedergehen. Die nächsten Schüsse schienen im Ziele zu sein.

Nun traten die beiden Angriffsgruppen ihren Weg an, Innerkofler mit sei-
nen fünf Mann auf den Paternkofel, Fähnrich Bradacs mit den Bergführern
Christian Innerkofler und Unterjäger Bacher und 14 Landesschützen auf die
Gamsscharte.

Die Reserve bezog gedeckt hinter Felsblöcken eine Bereitschaftsstellung
und nahm die telefonische Verbindung mit dem Bataillons-Kommando auf.

Während das Vorbereitungsschießen der Artillerie im Gange war, schoß
sich je ein Maschinengewehr des Oberleutnants Striberski vom Sextenstein
aus auf die Gamsscharte und auf den Paterngipfel ein.

Die horizontale Entfernung vom Sextenstein bis zum Paternkofel betrug
1150 Meter, die Zielentfernung 1200 Meter, die Zielerhöhung 203 Meter, die
Zielentfernung zum Gamsschartl 1300 Meter.

Der Oberteil des Paternkofels, der vom Sextenstein und von der Zinnen-

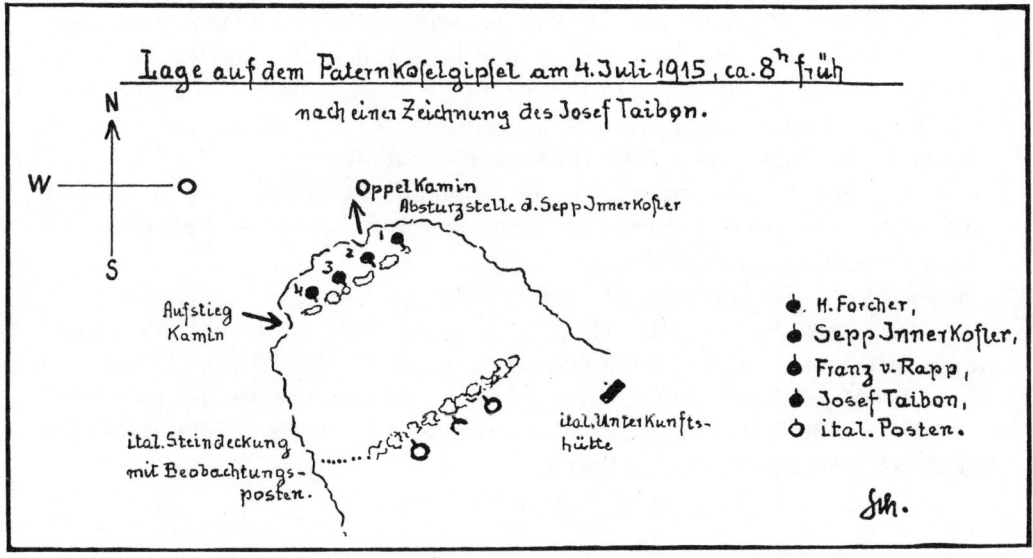

Paternkofel mit Aufstiegsroute, gesehen vom Sextenstein

hütte aus gesehen spitz aussieht, ist in Wirklichkeit abgeflacht, etwa 150 Meter lang und 30 bis 40 Meter breit, erstreckt sich von Norden nach Süden und fällt nach allen Seiten ab. Nur an der Ostseite ist die Abdachung minder steil und bietet die Möglichkeit eines leichteren Zuganges, den die Italiener auch benützten.

Die höchste Stelle des Oberteiles (2741 Meter) liegt im Norden. Von hier aus senkt sich die Kuppe ganz wenig nach Süden, nordwärts aber fällt sie fünf bis sechs Meter weit ziemlich steil bis zum eigentlichen Beginn der Nordwand ab.

Dieser kleine Raum, vom Beginn des Wandabsturzes bis zu der etwa zwei Meter höher liegenden Erhebung, war der Schauplatz des Kampfes der Patrouille Innerkoflers.

Die vier Teilnehmer, denen es gelang, aus dem auf der Nordnordwest-Seite befindlichen Kamin herauszusteigen, konnten also nur diese kleine Fläche des Gipfels überblicken. T a i b o n schätzt sie nicht größer als eine Stube, mehr lang als breit. Er gibt ferner an, daß die von der Patrouille am Rande des Absturzes eingenommene Stellung zwei Meter tiefer war als die höchstens fünf bis sechs Meter weit entfernte Stellung der Italiener auf dem höchsten Punkt der Kuppe, wo diese eine drei bis vier Meter lange und eine etwa 0,75 Meter hohe Steinmauer errichtet hatten.

Die Besatzung bestand damals aus neun Mann des Alpini-Bataillons Val Piave unter dem Korporal D a R i n. Zur Zeit des Angriffes sollen drei Mann auf Wachposten (Vedetten) und sechs Mann in Reserve (jedenfalls in der hinter der Kuppe befindlichen Hütte) gewesen sein.

Oberleutnant H e i n s h e i m e r konnte während eines Patrouillenganges von Rotwandwiesen über das Massiv der Rotwandspitze zum Sentinellapaß am 30. Juni und 1. Juli, an dem Innerkofler teilnahm, beobachten, daß zehn Italiener am Paternkofelgipfel mit Stellungsbau und Herrichten von Unterkünften beschäftigt waren. Eine Hütte war bereits fertig.

Herrlich ging die Sonne auf, als die Patrouille Innerkofler ihren Aufstieg zum Paternkofelgipfel begann. Es versprach nach längerer Regenzeit ein schöner Sommertag zu werden.

Sepp Innerkofler trat seine letzte Bergfahrt an.

Die Patrouille hatte Kletterschuhe angezogen und jede hemmende Ausrüstung zurückgelassen. Nur Forcher trug noch ein Kletterseil. Die Bewaffnung bestand aus je einem Stutzen (Innerkofler hatte seinen Mannlicher-Schönauer-Stutzen mitgenommen), je 100 Patronen und je einer Handgranate. Die Verpflegung trug jeder im Rucksack.

Über diesen Aufstieg erzählte Standschütze R a p p :

„In Kletterschuhen stiegen wir zum Gipfel an. Sepp voraus, dann ich, hinter mir Forcher, darauf der Lehrer Taibon aus Olang und nach ihm Piller und Rogger. Über eine kurze Geröllreiße gelangten wir zu dem knieförmig gebogenen Kamin mit einem eingeklemmten Felsblock; dann ging es über ein schmales zwei Fuß breites Felsband auf eine kleine Platte. Noch wenige Schritte!

und wir standen auf dem beliebten Beobachtungspunkt des Sepp. Über festes Gestein nahmen wir den Weg weiter aufwärts bis zu einem Felszacken, wo wir vorsichtig gegen die Drei Zinnen hinüberspähten. Von diesem Felszahn erst gelangte man in die eigentliche Westwand des Paternkofels. Wir liefen nun einer nach dem anderen über ein leicht geneigtes, meterbreites Geröllband und erreichten eine tiefe Wandschlucht. Dort holten wir Atem und Rogger gab der Artillerie mit einer roten Fahne das Zeichen zum Einstellen des Feuers. Als wir beisammen waren, kletterten wir rasch der Reihe nach durch den Kamin auf den Gipfel, den wir in etwa fünf Minuten erreichten."

Es dürfte etwa 8 Uhr früh gewesen sein, als zuerst Sepp Innerkofler, dann Forcher und Rapp aus dem Kamin herauskletterten. Ihnen konnte aber nur noch Taibon folgen, denn schon, als Innerkofler aus dem Kamin sprang, wurde er von den italienischen Posten entdeckt, beschossen und mit Steinen beworfen. Die Steine polterten in den Kamin hinab und hinderten die beiden letzten der Patrouille, Piller und Rogger, am Herausklettern. Rasch hatten die vier Obenangekommenen am Rande der Kuppe hinter Felsblöcken Deckung genommen. Forcher befand sich ganz am linken Flügel, dann lag Innerkofler, rechts neben ihm Taibon und Rapp.

Innerkofler warf sofort eine Handgranate, die jedoch ebenso wie die folgenden nicht explodierte.

Kurz darauf wurde Forcher durch einen Steinwurf am Kopfe leicht verletzt und gleichzeitig durch einen Gewehrschuß in den rechten Oberschenkel verwundet. Er behauptete, daß der Schuß von einem italienischen Maschinengewehr aus der Richtung vom Paternsattel hinter der Kleinen Zinne stamme.

Nach der Verwundung wandte sich Forcher sogleich hinter Innerkofler dem Kamin zu, stieg dort wieder ab und wurde unten von Piller und Rogger verbunden.

Inzwischen geschah am Gipfel das Unglück.

Während noch einige Gewehrschüsse gewechselt wurden, soll sich Innerkofler über die Deckung etwas erhoben haben, jedenfalls um zu beobachten oder um zu schießen.

„Da sehe ich ihn", schrieb Rapp, „in die Stirne getroffen mit einem Aufschrei nach rückwärts auf das Geröll sinken und die Wand hinabstürzen."

Taibon schilderte den Vorgang folgend:

„ . . . hörte ich links von mir kein Schießen mehr, schaute hinüber und konnte Innerkofler nicht mehr erblicken, suchte blickend weiter und sah rückwärts zu meinen Füßen ganz am Abgrunde rotgefärbte Steine. Ich wußte genug und deutete dies meinem Nachbarn, Kameraden Rapp."

„Ich hatte nicht lange Zeit zum Nachdenken", setzte Rapp seine Schilderung fort, „und feuerte weiter. Doch plötzlich wurde mir die unhaltbare Lage klar und ich rief meinem Kameraden Taibon zu, rasch wieder herunterzuklettern, wenn wir nicht Gefahr laufen wollten, gefangen zu werden, da wir nur mehr zwei gegenüber der weitaus größeren Zahl der Italiener waren. Mehr rutschend als kletternd, begleitet von nachkommenden Steinen und von den Zinnen herübersausenden Maschinengewehrgeschossen kamen wir beide ohne nennenswerten Schaden im Kamin herunter zur Wandschlucht."

„Wo ist der Sepp?" fragten uns Piller, Forcher und Rogger. „Ich deutete mit der Hand nach oben — es war mit unmöglich, ein Wort hervorzubringen."

S e p p   I n n e r k o f l e r war über den Rand der Gipfelfläche etwa 40 bis 50 Meter tief auf einen Schneefleck am Ausstieg des Oppelkamines abgestürzt. Ein Glück war es, daß sein Körper im Felsen hängen blieb, sonst wäre er den ganzen Oppelkamin hinabgefallen.

Als man unten den Rückzug der Patrouille vom Gipfel erkannt hatte, begannen die Maschinengewehre des Oberleutnants Striberski vom Sextenstein die sich zeigenden Italiener unter Feuer zu nehmen, auch die Geschütze feuerten, um den Rückweg der Patrouille zu decken. Da dieser bei Tag unter dem ständigen feindlichen Beschuß lag, deckte sich die Patrouille hinter Felsen, trat am Abend den Rückmarsch an und traf erst spät bei ihrem Ausgangspunkt am Sextenstein ein.

Der Zusammenstoß am Gipfel muß ganz kurz gewesen sein, er dürfte höchstens zehn Minuten gedauert haben.

Über die mutmaßlichen Ursachen des Mißlingens des Angriffes wird später noch berichtet werden.

D i e   i t a l i e n i s c h e   D a r s t e l l u n g besagt, die Patrouille Innerkoflers sei zuerst von den Alpinis am Büllelejoch bemerkt worden, die die deutlich am Morgenhimmel sich abhebenden Gestalten entdeckten. Während die österreichische Patrouille in die Wand einstieg, erzählt der italienische Bericht weiter, nahmen die Kanonen und Maschinengewehre das Feuer auf. Alle österreichischen Maschinengewehre antworteten. Die Kanonen vom Rautkofel, ein Mörser von Sextenstein und eine Haubitze vom Schwalbenalpenkopf beschossen das Büllelejoch.

Über den Aufstieg Innerkoflers mit seiner Patrouille und dem Zusammenstoß mit der Gipfelbesatzung gibt der italienische Bericht weiters, zum Teil sichtlich frei erfindend, an:

„ . . . Jene aber kletterten in der Wand, sich ganz andrückend, ruckweise vorstrebend und decken sich hiebei hinter jeder Felsrippe und hinter jeder Spalte. Ein herabfallendes Steinstück trifft die Stirne des Sepp, das Blut rinnt ihm über das Gesicht, seine Brillengläser laufen an, er aber klettert weiter. Sie haben fast den Gipfel erreicht.

Wie auf ein Zeichen folgt dem ununterbrochenen Sausen der Geschosse und dem Surren der Steinsplitter vollkommene Ruhe. Im ganzen Tal, auf allen Gipfeln, sowohl diesseits wie jenseits der Schützengräben harrt alles im Zustande krampfhafter Erwartung. Sepp ist noch zehn Schritte vom Gipfel entfernt. Er macht das Zeichen des Kreuzes und mit einem weitausholenden Schwung schleudert er die erste Handgranate über die Steindeckung der Gipfelwache. Er wirft die zweite und die dritte. Da erscheint unvermutet auf der Mauer die Figur eines Alpinisoldaten, der in hocherhobenen Händen ein Felsstück hält. Seine Stirne ist von einem Splitter der ersten Handgranate geritzt. Er ruft ihm zu: ‚Ah! no te vol vandar via?' (‚Ah! willst du nicht weggehen?'), nimmt ihn aufs Korn und schleudert mit beiden Händen das Felsstück. Sepp Innerkofler wirft die Arme gegen Himmel, fällt nach rückwärts, stürzt ab und bleibt im Oppelkamin hängen, tot.

Der Alpino, der das Felsstück schleuderte, heißt Piero de L u c a .

Als Innerkofler gefallen war, sammelten sich die Verteidiger, richteten die Gewehre in die Tiefe und ließen die herbeigebrachten Steine vom oberen Ausstieg der Felsrinne (Kamin) hinab. Ein Versuch der Österreicher, doch den Gipfel zu gewinnen, wäre töricht gewesen."

Ein Sanitätssoldat der Italiener namens Angelo L o s c h i behauptet, wie der Bericht weitererzählt, daß der in den Oppelkamin abgestürzte Österreicher sicher der bekannteste Bergführer des Sextentales gewesen sein muß und entschloß sich, ihn in Begleitung des Alpino Vesello zu bergen. Sie fanden die Leiche mit dem Rücken in den Kamin eingeklemmt, Oberkörper und Kopf freihängend. Mit schwerer Müh und unter dem Gewehrfeuer der Österreicher seilten sie sie auf. Das Seil riß aber und erst mit Zuhilfenahme eines zweiten gelang es, den Körper auf den Gipfel zu bringen. Dort wurde er bestattet. Sein Grab schmückte ein Kreuz, das mit dem Kletterseil des Helden umwunden war. Außerdem wurde eine Gedenktafel mit ehrenden Worten angebracht. Soweit die italienische Schilderung.

Nach dieser italienischen Darstellung erschien Innerkofler allein, ohne seine Kameraden am Rande des Absturzes zehn Schritte (7,5 Meter) vor der italienischen Steindeckung und warf drei Handgranaten. Ohne Schußwechsel zwischen ihm und den italienischen Posten stand einer von diesen hinter der Deckung auf, schleuderte das Felsstück und traf Innerkofler, so daß er abstürzte. Da Innerkofler sich jedenfalls hinter Felsstücken zu decken versucht hatte, muß ihn der geschleuderte Stein am Kopf getroffen haben.

Dieser Schilderung stehen jedoch die Aussagen der Teilnehmer der Patrouille gegenüber, nach denen Innerkofler nicht allein, sondern noch Forcher, Taibon und Rapp am Gipfel waren. Da nach dem Absturze Innerkoflers Taibon und Rapp die letzten oben waren, hätte einer von ihnen die „Figur des Alpinisoldaten, der in den hocherhobenen Händen ein Felsstück hielt und schleuderte", sehen müssen. Er hätte wahrscheinlich auch dieses große und lange sichtbare Ziel beschossen und auf zehn Schritte (!) sicher getroffen. Ferner ist anzunehmen, daß ein Felsstück, das mit beiden hocherhobenen Händen geworfen werden mußte, wo wuchtig war, daß es eine schwere Verletzung des Schädelknochens Innerkoflers verursacht hätte. Sein Sohn, Sepp jun., der nach der zweiten Exhumierung den Schädel seines Vaters in der Hand hatte, stellte aber nur zwei kleine, von einem Gewehrdurchschuß stammende Löcher fest.

Es kann somit nur der von den Augenzeugen geschilderte Verlauf des Zusammenstoßes auf dem Gipfel und der Tod und Absturz durch einen Gewehrschuß als richtig anerkannt werden[62].

---

[62] Tagebuchaufzeichnungen, Berichte und Briefe von Mitkämpfern, die den Verlauf authentisch rekonstruieren lassen, sind in den Anmerkungen zu der Schilderung enthalten, die in den „Veröffentlichungen des Museum Ferdinandeum" (Innsbruck) Band 26/29, Jahrgänge 1946/49 (Klebelsberg-Festschrift), 1949 erschienen ist.

Nach dem unglücklichen Ausgang des Patrouillenganges hatte man österreichischerseits immer gehofft, die Leiche Innerkoflers bergen zu können, doch scheiterte angesichts des vom Gegner besetzten Gipfels jeder Versuch. Nach etwa zwei Wochen konnte man feststellen, daß die Bergung seitens der Italiener vorgenommen worden war.

Mit dem Heldentod Innerkoflers hatte die Verteidigung der Zinnen-Hochfläche einen äußerst schweren Verlust erlitten, weil er der beste Kenner des ganzen Gebietes und zugleich ein hervorragend tapferer und dabei umsichtiger Patrouilleur war.

Die Teilnehmer der Patrouille, die am Gipfel im Gefechte gestanden waren, wurden für ihre alpinistisch und soldatisch hervorragende Leistung ausgezeichnet. Sepp Innerkofler erhielt die Goldene, Forcher die Silberne I. Klasse, Taibon und von Rapp die Silberne Tapferkeitsmedaille II. Klasse.

Auch der Kommandant des Deutschen Alpenkorps, Generalleutnant Krafft von Delmensingen, der den Angriff auf den Paternkofel mitbeobachtete, erließ — da eine Dekorierung Gefallener nach den Vorschriften des Deutschen Heeres nicht üblich war — folgende schriftliche Ehrung:

„Der Standschützenoberjäger Sepp Innerkofler hat sich durch sein unerschrockenes, wagemutiges und dabei doch bedachtes Benehmen als Patrouillenführer im italienischen Kriege 1915 die Anerkennung seiner Vorgesetzten und den Dank seiner Tiroler Heimat im vollen Maße verdient.

Sein Heldentod beschließt eine Soldatenlaufbahn, die den Namen Sepp Innerkofler neben die der Tiroler Verteidiger von 1809 setzt."

von Krafft
Generalleutnant

Als im Herbst 1917 nach dem Durchbruch der österreichisch-deutschen Truppen an der Isonzofront auch die italienischen Linien in den Dolomiten wankend wurden und langsam abbröckelten, wurde mit dem ganzen Zinnen-Gebiet auch der Paternkofel wieder frei. Es lag nun nahe, nach dem Grabe Innerkoflers zu sehen, der nach dem Mailänder Blatt „Resto del Carlino" vom Oktober 1915 auf dem Gipfel des Paternkofels begraben worden sein sollte. Die beginnende Verfolgung der abziehenden italienischen Truppen im November 1917 und die hohe Schneelage auf den Bergen ließen jedoch eine Besteigung des Paternkofels vorerst noch nicht zu.

Erst ein Jahr später (im Juli 1918) suchte Forcher, der nun bereits Standschützen-Oberjäger und mit der Goldenen Tapferkeitsmedaille ausgezeichnet war, die Kampfstätte auf, wo sein bester Bergkamerad den Heldentod erlitten hatte und wo er selbst auch verwundet worden war.

Oben auf dem Gipfel fand er das Grab, das noch ein schlichtes Holzkreuz mit der Aufschrift „Sepp Innerkofler, Guida", schmückte.

Über Bitte der Angehörigen Innerkoflers fand am 27. August 1918 unter Leitung des Fortifikationswerkmeisters Anton Trixl die Ausgrabung der letzten Überreste statt. An der Enterdigung nahmen noch teil der Sohn Gottfried, Innerkoflers liebster Jagdkamerad Josef Rogger, Leutnant Vojtek und andere mehr.

Die ausgegrabenen Überreste wurden in einen mitgenommenen Sarg gebettet und unter großen Mühen über die Südwand abgeseilt.

Drei Jahre lang hatte die felsige Erde des Berges seinen Bezwinger im Kampfgetümmel beschützt. Nun gab sie ihn wieder frei zum ewigen Schlaf in der Erde seines Heimatdorfes.

Nach der Abseilung nahm der Transport den Weg um den Passportenkopf auf den Paternsattel und zu den Trümmern der zerschossenen und verbrannten Zinnen-Hütte, die Sepp durch lange Friedensjahre bewirtschaftet hatte. Dort wurde kurze Rast gemacht.

Dann sahen „seine Berge", die stolzen Drei Zinnen, wie ihr Bezwinger zu Tal getragen wurde.

Die Seilbahn brachte den Sarg zur Drei-Schuster-Hütte im hintersten Innerfeldtal und von da führte ihn ein Wagen in seinen Heimatort Sexten. Am nächsten Tag um halb 8 Uhr früh fand die feierliche Beerdigung statt.

Als nach vier Jahren die zerschossene Kirche in Sexten wieder aufgebaut und der Friedhof erweitert worden war, wurden Innerkoflers Gebeine nochmals gehoben, um im Familiengrab des zweitältesten Sohnes Sepp für immer die letzte Ruhe zu finden.

Zum Schlusse wäre noch die Frage zu beantworten, aus welchen Gründen die Paternkofel-Aktion mißlang.

Sie war jedenfalls eine bergsteigerisch und militärisch äußerst schwierige Angriffsunternehmung. Die Voraussetzungen für das Gelingen des bergsteigerischen Teiles waren durch die hervorragenden alpinistischen Qualitäten Innerkoflers und auch durch die Auswahl der übrigen Patrouillenteilnehmer, von denen Forcher, Piller und Rogger ebenfalls gediegene Bergführer waren, gegeben. Das Vorhandensein der Voraussetzungen für eine erfolgreiche militärische Durchführung des Angriffes läßt sich jedoch nicht so ohne weiteres behaupten.

Hauptmann Wellean hatte drei Tage vor der Angriffsunternehmung auf der Zinnen-Hochfläche (Patern- und Zinnen-Aktion) das Kommando über den Verteidigungsabschnitt „Zinnen-Hochfläche" übernommen. Er konnte sich daher in der Kürze der Zeit über die Örtlichkeiten seines Bereiches nicht genügend unterrichten. Es wäre zweifellos angezeigt gewesen, die Unternehmung noch in der Zeit seines Vorgängers oder erst zu einem Zeitpunkt durchzuführen, an welchem der neue Kommandant in seinem Bereiche voll orientiert war.

Durch den Patrouillengang des Oblt. Heinsheimer (30. Juni und 1. Juli) war bekannt, daß vom Gegner etwa zehn Mann sich auf dem Paterngipfel befanden. Die angreifende Patrouille jedoch war nur sechs Mann stark. Bei diesem Mißverhältnis der Kraft wäre auch in einem besonders günstigen Gelände ein Erfolg für den Angreifer in Frage gestellt gewesen. Dazu kommt, daß die Teilnehmer der Patrouille wohl bergsteigerisch hervorragend qualifiziert, aber militärisch nur mäßig ausgebildet waren.

Daß es nach einem so schwierigen, mit anstrengender Kletterei verbundenen Aufstieg und nach Erreichen des obersten Randes der Wand noch zu einem schweren Kampf der an Zahl schwächeren Angreifer mit dem an Zahl überlegenen Verteidiger kommen mußte, war im vorhinein klar. Es fragt sich nun, wie man sich die Durchführung eines solchen Angriffes vorgestellt hatte. Von den sechs mitgenommenen, nicht sicher wirkenden und noch dazu in Händen ungeübter Werfer befindlichen Handgranaten konnte man keine ausschlaggebende Wirkung erhoffen. Erschwerend kam noch hinzu, daß die Angriffsverhältnisse oben denkbar schwierig waren und die Überlegenheit der Angriffskraft und der Waffenwirkung fehlte.

Diese mißlichen Umstände waren ungünstige Voraussetzungen für eine erfolgreiche Durchführung der Unternehmung.

Innerkofler, der — obzwar militärisch unausgebildet — doch bereits bei seinen vielen Patrouillengängen eine große militärische Urteilskraft bewiesen hatte, war es, der die Schwierigkeit des Angriffes erkannte, daher mit der Unternehmung nicht einverstanden war und schon bei der Besprechung im Gipsgraben richtig sagte, daß sie (die Patrouillenteilnehmer) alle tot sein würden, wenn auch nur ein Italiener oben wäre, denn dieser wüßte, wo die Patrouille heraufkommen müsse.

So kam es, wie es kommen mußte.

Nur vier Angreifer erreichten nach mühsamer Kletterei den Gipfelrand, wurden sofort angeschossen, wobei zwei ausfielen.

Die restlichen Zwei mußten den aussichtslosen ungleichen Kampf aufgeben und sich zurückziehen.

Dabei ist belanglos, ob alle zehn Mann der feindlichen Gipfelbesatzung hinter der Steindeckung sich befanden oder nur die drei Beobachtungsposten. Diese allein konnten auf kurze Entfernung von fünf bis sechs Meter mit Gewehrschüssen und Steinwürfen die paar ermüdeten, deckungsuchenden Angreifer in der kürzesten Zeit abweisen und zurückwerfen.

Man darf auch nicht vergessen, daß das Artillerievorbereitungsfeuer, das vorher auf die Kuppe gelegt wurde, die Verteidiger aufmerksam machte und zur Vorsicht mahnte.

Im gegebenen Falle hatte das Artilleriefeuer den Angriff nicht vorbereitet, dazu war der wie eine Stube große Angriffsraum zu klein und die Verteidiger jedenfalls in guter Deckung. Die Steinmauer des Feindes auf dem Gipfel war unversehrt geblieben. Das Feuer hatte dem Gegner keinen Abbruch getan, sondern gerade das Gegenteil erreicht, es hat ihn alarmiert und zur Abwehr bereit gemacht.

Diese Überlegung weist gleichzeitig auf die richtige Art der Durchführung der Unternehmung hin, auf den überraschenden Angriff.

Wenn es der Patrouille ohne Artillerievorbereitung gelungen wäre, beim Morgengrauen unbemerkt den Gipfelrand zu gewinnen, wäre große Aussicht vorhanden gewesen, die nur fünf bis sechs Meter entfernte feindliche Steindeckung überraschend zu erreichen, die Beobachtungsposten zu überrumpeln und niederzumachen.

Die sechs Mann starke siegreiche Patrouille hätte den Gipfel in Besitz gehabt und auch die ebenfalls nur sechs Mann starke, von unten auf den Gipfel zu Hilfe eilende Reserve mit geringer Mühe abgeschlagen.

Nur das Überraschungsmoment konnte nach dem so schwierigen Aufstieg und bei dem so ungünstigen Angriffsgelände des Hochgebirges einen Erfolg bringen.

Nach dem Mißlingen der Gipfelunternehmung war auch der Angriff auf die Gamsscharte nicht mehr notwendig. Er hätte wahrscheinlich auch kein Glück gehabt. Denn die Angriffsgruppe des Fähnrichs Bradacs wurde bereits im Anstiege in der Geröllreiße gegen die Scharte entdeckt. Vor den auf sie abgelassenen Steinen und vor dem Gewehrfeuer mußte sie bald Deckung suchen. Unter diesen Verhältnissen wäre ein frontaler Angriff aus der Steinrinne vergeblich gewesen. Hptm. W e l l e a n ließ daher die Abteilung telefonisch zurückbeordern.

Angriff auf die Gamsscharte

Auch der Angriff auf die G a m s s c h a r t e war mißglückt. Über deren Verlauf erzählt ihr Führer Fhr. L. B r a d a c s aus seinem Kriegstagebuch:

„Als der Befehl zum Angriffe kam, verabschiedete sich Innerkofler mit den Worten: ‚Also geh'n ma's an in Gottes Namen!' Er stieg mit seinen Leuten über die Nordwestwand auf den Gipfel und ich mit meinen Landesschützen, mit Bergführer Christian Innerkofler und Bacher den Sattel zum Felsband hinunter und hier entlang des schmalen Geröllbandes, das durch die senkrechten Nordostwände zum Gamsschartl aufwärts führte. Knapp vor der Scharte erhielten wir heftiges Feuer von den Italienern und in unangenehmster Weise auch von rückwärts von den Eigenen aus der Bödenalpenstellung. Hier waren Leute vom Lir. 21[63], die scheinbar über unseren Angriff nicht orientiert waren und uns, da wir knapp vor den italienischen Stellungen waren, in dieser Höhe für Italiener hielten. Wir bekamen von allen Seiten Feuer, dem wir auf dem schmalen Band hängend und liegend wehrlos ausgesetzt waren — ober uns die senkrechten Felswände, über die jetzt die Italiener einen Steinhagel vom Gipfel auf uns herunter ließen und unter uns mehrere hundert Meter tiefe, senkrechte Felswände zur Bödenalpe. In diesem Feuer- und Steinhagel konnten wir die steil vor uns liegende Scharte nicht mehr angreifen und krochen am Bande einige Meter zurück, wo wir uns besser decken konnten, vor allem gegen das eigene Feuer.

Die Rucksäcke legten wir auf den Kopf als Schutz gegen den Steinhagel von oben und so warteten wir, bis wenigstens das eigene Feuer eingestellt würde. Keiner von uns war mehr unverletzt; durch Steinschlag hatte jeder etwas abbekommen. Als dann das eigene Feuer aufhörte, wollten wir den Angriff gegen die Scharte unternehmen, doch kam vom Bataillonskommando der Befehl zur Einstellung der Unternehmung und zum Rückzuge.

---

[63] Lir. = Landwehrinfanterieregiment. Seit 22. Juni waren von einer Marschformation dieses Regimentes 70 Mann der 2. Kompanie (Oberleutnant Kobelitz) des IX./Lsch. II zugeteilt worden.

Im immer heftiger werdenden Feuer der Italiener mußten wir jetzt entlang des Felsbandes zurückturnen, um zu jenem kleinen Sattel zu kommen, von dem wir ausgegangen waren und hinter dem wir uns decken konnten. Hier erfuhren wir die traurige Kunde, daß Innerkofler gefallen, Forcher verwundet und der Gipfel nicht genommen sei.

Da der weitere Abstieg bis zur Stellung beim Frankfurter Würstl vom Gipfel nicht eingesehen war, traten wir den Abstieg sofort an uns seilten die Verwundeten ab.

Um 13 Uhr kamen wir in der Stellung beim Frankfurter Würstl an, wo wir bis zur Dämmerung verbleiben mußten. Wir legten uns erschöpft nieder und schliefen sofort ein."

Hauptmann W e l l e a n hatte die Meldung vom Mißerfolg der Unternehmung an das Divisionskommando weitergegeben und um weitere Weisungen gebeten. Er erhielt die Antwort: „Wiederholung des Unternehmens Paternkofel hat zu unterbleiben. Unabhängig davon ist die Unternehmung auf Zinnenkuppe – Croda d'Arghena durchzuführen. Kräfteeinsatz nach Ermessen. Bugzille Goiginger."[64]

c) Unternehmung gegen die italienischen Stellungen in der Linie Croda d'Arghena – Zinnenkuppe 2324 am 5. bis 10. Juli 1915

Der bereits am 2. Juli ergangene Durchführungsbefehl lautete:

„Zur Beherrschung des Misurinabeckens ist der Besitz der Zinnenkuppe 2324[65] notwendig. Deren Besitznahme wird unter der Mitwirkung der Artillerie dem IX./Lsch. III übertragen.

Am 3. Juli abends ist nach Eintritt der Dunkelheit überfallsartig und tunlichst gleichzeitig zu besetzen:

a) die Croda d'Arghena,
b) der Grenzabschnitt Kote 2104,
c) die Zinnenkuppe 2324,

mit je einer schwächeren Abteilung, die auch zur Festhaltung dieser Punkte dortselbst zu verbleiben und sich gut einzugraben hat.

Am Sattelberg 2296 und beim Kreuz 2234 ist je eine kleine Reserve bereitzustellen, die im Bedarfsfalle beim Morgengrauen und unter Mitwirkung der Artillerie die Zinnenkuppe in Besitz zu nehmen hat, falls die nächtliche Überrumpelung nicht gelingen sollte.

Artilleriemitwirkung durch Artilleriegruppe am Zinnenplateau nach eigenem Ermessen (Strudelalpe, Piano, Raut- und Schwalbenkofel), die Artilleriegruppe 10 a unter Leitung des Mjr. von Butz nach Weisungen des Artilleriebrigadiers.

Die geplante Unternehmung auf den Paternkofel ist von Hptm. Wellean von heute auf morgen durchzuführen.   Bugzille Goiginger"[66]

---

[64] op. Nr. 339/9 vom 5. Juli 1915.

[65] Die Kotierungen sind nach der österreichischen Spezialkarte angegeben. Zur Orientierung werden im Nachfolgenden neben diese Kotierungen jene des Festungsumgebungs-Planus in Klammer beigesetzt. Kleine Zinne 2881 (2850), Große Zinne 3001 (2993), Westliche Zinne 2974 (2967), Einschnitt westlich der Westlichen Zinne 2728 (2733), Zinnenkuppe 2324 (2318) (Col di Mezzo), Croda d'Arghena 2251 (2246), Sattelberg 2296 (2296), Kreuz 2254 (2232).

[66] op. Nr. 325 vom 2. Juli 1915.

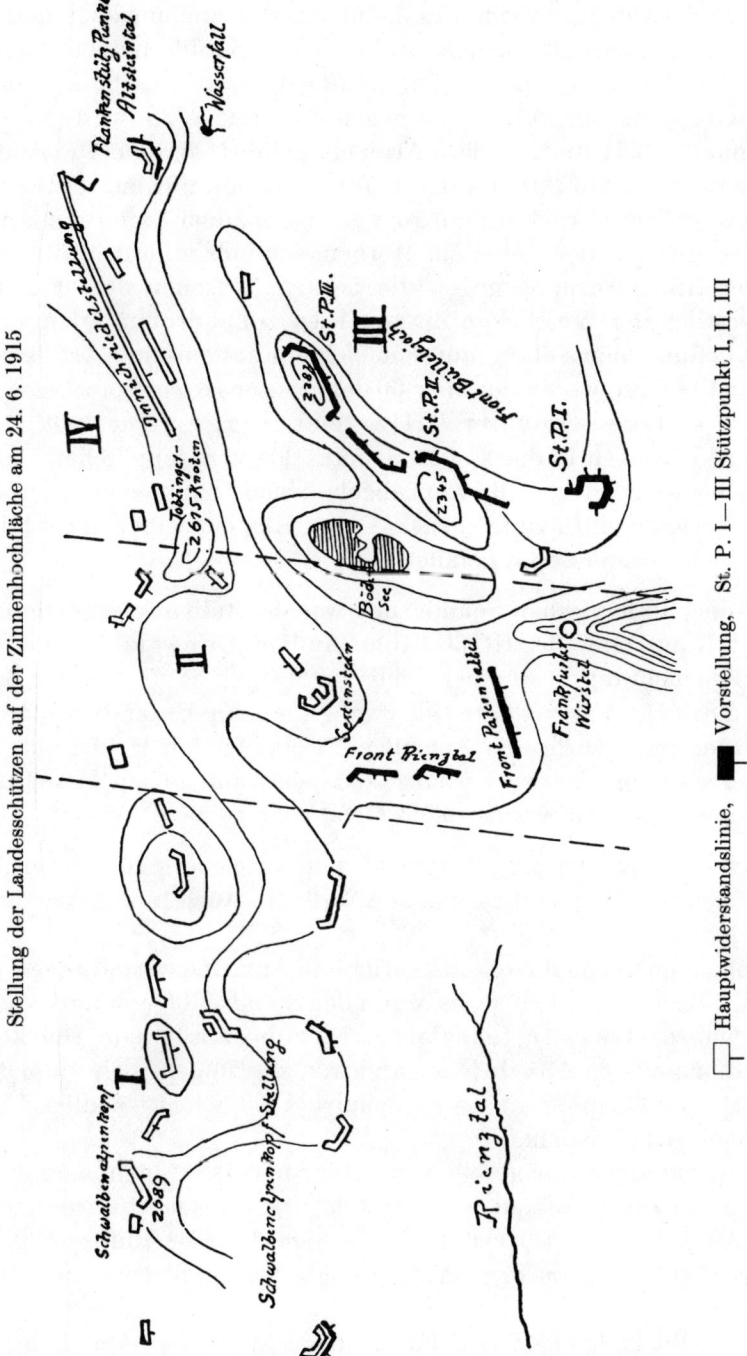

Stellung der Landesschützen auf der Zinnenhochfläche am 24. 6. 1915

□ Hauptwiderstandslinie, ■ Vorstellung, St. P. I—III Stützpunkt I, II, III

Die für den Angriff bestimmte Mannschaft der Landesschützen unter
Fhr. K a r g l wurde am Abend des 3. Juli aus der Stellung zwischen Toblinger
Knoten und Innichriedl abgelöst und durch 20 Standschützen verstärkt. Der
Angriff, den der Kommandant der 2. Kompagnie IX./Lsch. III, Oblt. K o b e -
l i t z leitete, sollte mit Patrouillen gegen die Linie 2728 (westlich der Westlichen Zinne) – 2234 und Croda d'Arghena geführt werden. Die Ausgangsstellung, die man noch am Abend des 4. Juli einnahm, war auf der Langen Alpe.
Während der Nacht rückte man so weit als möglich gegen die Angriffsziele
vor und schritt, als der Nebel am Morgen sich hob, zum Angriff.

Bei der Angriffsgruppe gegen die Scharte zwischen dem Felsturm 2728
(2733) westlich der Westlichen Zinne (Sasso di Landro) und dem noch weiter
westlich befindlichen Felsen (auf dem sich ein italienischer Artilleriebeobachtungsstand befand) waren ein über 60 Jahre alter Kriegsfreiwilliger Oberjäger
K l a p e e r und die Bergführer P i l l e r und R o g g e r eingeteilt. Die Gruppe
wurde im Vorrücken in der steilen Schutthalde vom feindlichen Gewehr- und
Maschinengewehrfeuer und von abgelassenen Steinlawinen erfaßt, erlitt
schwere Verluste und mußte zurück. Objgr. Klapeer, einer der schneidigsten,
war mit mehreren anderen gefallen.

Nach einer italienischen Schilderung war die italienische Stellung von Teilen der 4. Kompagnie des IR. 56 (Kommandant F e r a r r i) besetzt. Ein italienischer Beobachtungsposten bemerkte am Morgen des 5. Juli den österreichischen Angriff. Lt. Ferarri eilte mit zwei Zügen zur Unterstützung der Besatzung herbei und wehrte den Angriff ab, wobei er den Heldentod erlitt. Von
den Österreichern blieb eine Charge (Klapeer) und sieben Mann am Kampf-
platz liegen, außerdem wurden acht Gefangene gemacht.

Die Gruppe zog sich hierauf bis auf den Satteleberg zurück, grub sich ein
und verblieb tagsüber in dieser neuen Stellung. Auch hier gab es noch einige
Verwundete.

Die gegen die Croda d'Arghena gerichtete Angriffsgruppe, an der außer den
Landesschützen auch noch sechs Mann der Standschützenkompagnie Toblach
mit Zugsführer G a s s e r teilnahmen, hatte ebenfalls kein Glück. Auch sie
kam in sehr heftiges Abwehrfeuer und war gezwungen, sich unter beträchtli-
chen Verlusten bis in die Ausgangsstellung (1000 Schritte südlich 1555 im Val
Rimbianco) zurückzuziehen.

Das Unternehmen war gescheitert. Alle Angriffsgruppen lagen um die Mittagszeit in der Linie Katzenleiter – Satteleberg – Lange Alpe und mußten, weil
der Gegner heftiges Artilleriefeuer unterhielt, bis zum Einbruch der Dunkelheit dort verbleiben. Zu diesem Zeitpunkte waren 14 Tote und Verwundete
gemeldet.

In der Nacht stieg ein Teil der Angriffsgruppen über den steilen, gefährlichen Weg in das Tal der Schwarzen Rienz ab und rückte zur Morgenalpe ein.

Der Angriff wurde am 8. Juli von der neuen Besatzung der Zinnen-Hochfläche (XI./Lsch. III Hauptmann V a l e n t i n i) nochmals versucht.

Eine 20 Mann starke Abteilung besetzte an diesem Tage abends die Croda d'Arghena mit dem Auftrage, dort einen Stützpunkt zu schaffen, um von ihm aus Einblick in das Gebiet von Misurina zu gewinnen. Zehn Mann besetzten die Kote 2251, der Rest der Abteilung nahm Aufstellung etwa 800 Schritte nordwestlich 2251. Das Gelände vorwärts war dicht mit Latschen bewachsen und wegen seiner konkaven Gestaltung unübersichtlich.

Am 9. Juli griffen die Italiener um 5.30 Uhr früh die westliche, 40 Mann starke Gruppe des Stützpunktes der Landesschützen an. In ihrem Abwehrfeuer kam der Angriff schon auf 500 Schritte vor der Stellung zum Stehen. Inzwischen gingen aber feindliche Abteilungen in der Stärke von 80 Mann von Süden und Südosten gegen den Stützpunkt 2251 vor. Sie umfaßten ihn fast von allen Seiten und kamen stellenweise bis auf 20 Schritte heran. Die Stützpunktbesatzung mußte vor der Übermacht über die Nordhänge der Croda d'Arghena in das Rienztal zurückweichen. Der Kommandant Kadettaspirant K r i e g l e r wurde dabei durch einen Oberschenkelschuß verwundet, zwei Mann stürzten ab, sechs wurden vermißt, nur zwei kamen davon. Auch die Besatzung des westlichen Teiles kam durch eine fast zehnfache Übermacht in große Bedrängnis und mußte sich auf den Sattel 1555 zurückziehen.

Das Kampfgruppenkommando entschloß sich zu einem nochmaligen Angriff am 10. Juli. Ein Schwarm ging auf das Wildgrabenjoch – Rienztal auf 2104 und Croda d'Arghena vor, während die auf 1555 stehenden drei Schwärme von Westen her anzugreifen hatten. Zwei Gebirgshaubitzen und eine Gebirgskanone hatten den Angriff zu unterstützen.

Aber auch dieser Angriff scheiterte, weil die Italiener den Stützpunkt zu stark besetzt hatten. Die Besetzung des Croda d'Arghena wurde daher aufgegeben.

Der Angriff gegen die Zinnenkuppe war — ebenso wie beim Paternkofel-Unternehmen — in seiner Anlage verfehlt. Das Verhalten der Angriffsgruppen war einwandfrei. Dies geht aus dem Gefechtsbericht der Division an das Deutsche Alpenkorps hervor, in dem die große Schneid der Patrouillen besonders betont wird.

Der Bericht lautete[67]:

„Eine in der Nacht von 4. auf den 5. Juli durch Patrouillen in die Linie Val Rimbianco – Drei Zinnen vorgetriebene Aufklärung ergab eine allseitig starke Besetzung sämtlicher Übergänge. Die mit zu großer Schneid geführten Patrouillen (Freiwillige) gingen bis auf nahe Distanzen an die feindlichen Stellungen heran und hatten hiebei schwere Verluste (14 Mann tot und verwundet). Von zwei Patrouillen noch keine Meldung.   Bugzille"

Man scheint sich höheren Ortes über das Ziel des Angriffes und seine Schwierigkeiten nicht klar gewesen zu sein. Denn es ist auffällig, daß der

---

[67] op. Nr. 355/18 vom 5. Juli 1915.

Angriffsbefehl vom 2. Juli die Besitznahme der Linie Croda d'Arghena – Zinnenkuppe befiehlt, während der obige Gefechtsbericht vom 5. Juli nur von einer vorgetriebenen Aufklärung spricht.

d) Besetzung des Sentinellapasses, der Elferscharte und der Rotwand am 4. Juli 1915

Vgl. Bild 5 (Tafel 6) und Bild 23 (Tafel 14)

Das Fischleintal war Ende Juni 1915 nur in seinem Beginne, und zwar südwärts im Bacherntal und westwärts im Altsteintal gesperrt, nach Osten jedoch

Übersichtskarte vom Gebiet des Elfers, Sentinellapasses und der Rotwandspitze

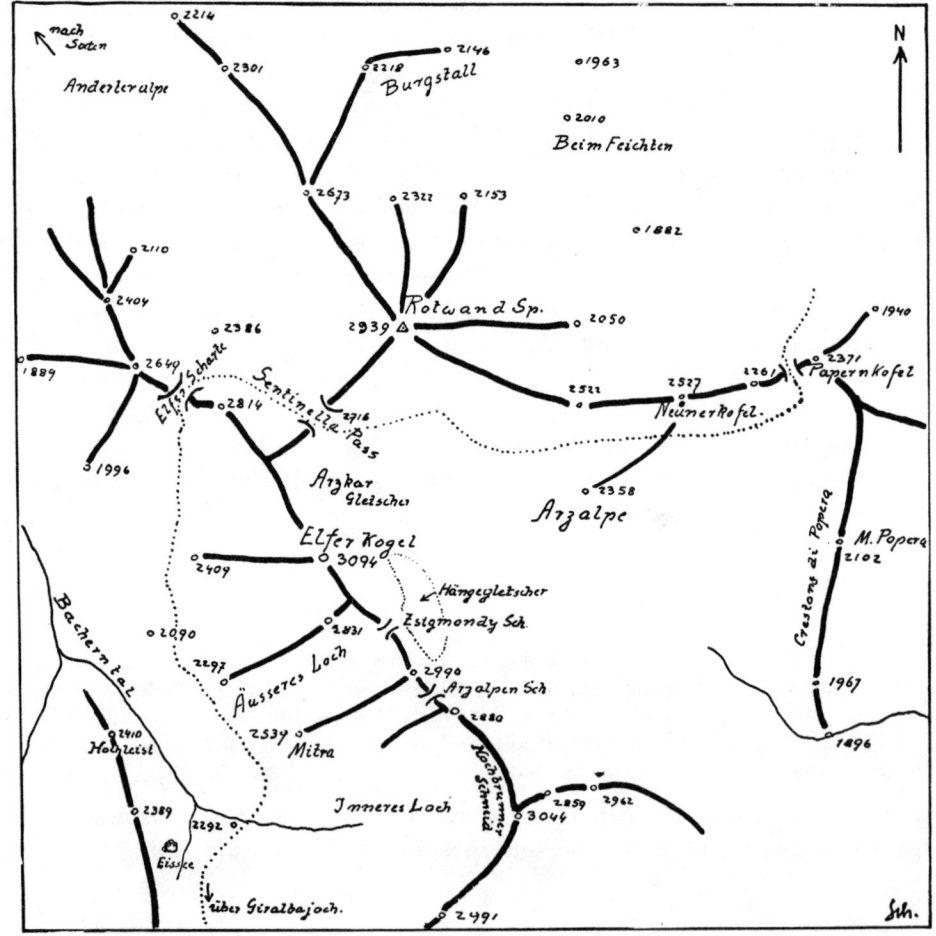

klaffte im Elfer- und Rotwandmassiv bis zum rechten Flügel der zum Kampf-abschnitt Kreuzberg gehörigen Burgstall-Stellung eine große Lücke. Bisher war es nicht möglich gewesen, mit den zur Verfügung stehenden Kräften des Landsturmes und der Standschützen die Übergänge und die Gipfel dieser Hochgebirgsstöcke zu besetzen. Lediglich die vom Patrouillenkommando Hptm. Pittner in Sexten angeordneten Parouillengänge, bei deren alpinen Führung sich Standschützenoberjäger Sepp Innerkofler stets besonders aus-zeichnete, sorgten für eine Überwachung dieses Gebietes und der Tätigkeit der Italiener.

Solchen Zwecken dienten auch die am 2., 7. und 19. Juni von Standschüt-zenoberjäger Sepp Innerkofler unternommenen Patrouillengänge auf den Elfer und u. a. auch die von Lt. von Schullern auf die Hochbrunnerschneid und auf den Elfer durchgeführte Unternehmung, die gleichzeitig mit einem Kampfauftrag verbunden war.

Auch am 30. Juni wurde eine Erkundungs- und Beobachtungspatrouille unter Oblt. H e i n s h e i m e r (Fs. A. B. 1) in diese Gegend abgefertigt, die des näheren beschrieben[68] werden soll, weil sie Anlaß gab, die wichtigsten Punkte der bisherigen Lücke, die Sentinellascharte, die Elferscharte und die Rotwand zu besetzen.

Die Patrouille bestand aus Oblt. Heinsheimer als dem militärischen Kom-mandanten, Lt. von Reitzenstein (Bayer. Inf.-Leibregiment), ferner Stsch.-Objgr. Innerkofler als dem ortskundigen und alpinen Führer, Stsch.-Utjgr. Professor Goller, Gottfried, dem Sohn Innerkoflers, Lsch.-Utfjgr. Happacher, zwei „Leibern" und fünf Landesschützen und Standschützen.

Über den Patrouillengang[69] erzählt Oblt. H e i n s h e i m e r :

„Wir waren am Vortage von den Rotwandwiesen her über das Massiv der Rotwandspitze, soviel ich mich erinnere, ohne den Gipfel zu berühren, zur Anderter-Alm hinübergegangen, hat-ten dort genächtigt und stiegen nun am nächsten Morgen in aller Früh über ein steiles Schnee-feld, das sich oben zur Schneerinne verengt, zum Passo della Sentinella[70] an.

Da lagen wir nun hinter der Kammlinie und schauten auf die Arz-Alpe hinunter. Wir wußten von früher her, daß sie schwach besetzt sei, und hatten den kühnen Gedanken gewälzt, durch die lange Rinne, die von unserem Standpunkt zur Arz-Alm hinunterzieht, rasch hinabzulaufen, den italienischen Posten auszuheben und mit heimzunehmen.

So lagen wir also voll schöner Absichten oben und schauten und bekamen dabei immer längere Gesichter. Die Italiener mußten kürzlich verstärkt worden sein, es wimmelte unten von Leuten,

---

[68] Der Schilderung sind ein Patrouillenbericht und ein Aufsatz „Kriegsbergsteigerei", Österr. Touristenzeitung, Sept. 1924, Oblt. Heinsheimers, ferner Notizen aus dem Kriegstagebuch des Stsch.-Objgr. Sepp Innerkofler zugrunde gelegt.

[69] Die Eintragungen im Kriegstagebuch des Sepp Innerkofler über diesen Patrouillengang sind in Ebners „Kampf um die Sextner Rotwand", S. 201, zu lesen.

[70] Der Sentinellapaß ist die tiefste Einsenkung (2716 Meter) zwischen dem Elfer und der Rot-wand, die die Anderteralpe mit der Arzalpe verbindet und so den Übergang vom Fischleintal zur Arzalpe bildet.

mindestens ein Zug Infanterie (etwa 50 Mann) war da beisammen, neue Hütten und Wege hatten sie gebaut und zu allem Überfluß kam nach etwa einer Stunde noch ein zweiter Zug Infanterie, vielleicht die Ablösung, herauf. Da wären wir paar Mann fein angekommen, wenn wir in das Wespennest hineingestochen hätten.

Wie gesagt, es war viel Neues zu sehen drunten in der Arz-Alm und die Hauptsache ist in solchen Fällen für den braven Soldaten die Anfertigung einer Skizze. Glücklicherweise kamen diesmal meine Zeichenkünste nicht in Betracht. Leutnant v o n R e i t z e n s t e i n war ein guter Zeichner und erbot sich, mir die Mühe abzunehmen.

Von der Scharte zog sich gegen das Elfermassiv ein ziemlich steiler, harter Schneehang hinüber, aus dem ein Felsblock wohl hundert Schritte von der Scharte entfernt, herausragte. Hier hatten wir besseren Überblick und darum gingen wir zu dritt, Reitzenstein, Innerkofler und ich, dorthin. Die Italiener hatten uns scheinbar noch nicht bemerkt, wir setzten uns auf den Felsblock, Innerkofler erklärte uns die Gegend, Reitzenstein zeichnete und ich maß, wo es der Zeichner brauchte, die Sichtwinkel. Nach gut einer halben Stunde war eine wirklich schöne und brauchbare Skizze fertiggestellt und Reitzenstein zeigte uns eben sein Kunstwerk, da plötzlich . . . ‚pack‘, ‚pack‘ — zwei Schüsse prallen an unserem Felsblock ab. Wir verschwanden rasch hinter dem schützenden Stein, blieben wohl fünf Minuten ruhig hocken und steckten dann schüchtern den Kopf ein wenig hervor, gleich ging es wieder ‚pack‘ und der Kopf verschwand mit Beschleunigung. Die Italiener hatten uns erblickt und eine regelrechte Schützenlinie gegen uns gebildet, ja ein paar waren sogar ein gutes Stück die Rinne heraufgestiegen und hatten sich hinter Felsblökken eingenistet.

Das war eine schlimme Geschichte. Es mochte etwa 9 Uhr vormittags sein und wir hatten nicht die mindeste Lust, die Zeit bis zur Abenddämmerung hinter unserem Block zu versitzen. Wir mußten einzeln zurücklaufen, während unsere Kameraden drüben in der Scharte den Italienern durch Feuer das Zielen möglichst erschweren sollten. Die Reihenfolge bestimmte ich folgendermaßen: Innerkofler war verheiratet und Vater mehrerer Kinder, Reitzenstein war jung verheiratet, mit Kindern nicht gesegnet, ich ledig, daher Reihenfolge: Innerkofler, Reitzenstein, dann ich.“

Das Hinüberwechseln der drei vom Felsblock zum Sentinellapaß schilderte Sepp Innerkofler in seinem Kriegstagebuch.

Die Patrouille konnte nach allen Seiten wertvolle Beobachtungen machen.

Man hatte den Eindruck einer sehr starken Besetzung des Rückens Col Quaterna – Col Rosson – Spinna gewonnen und schätzte die Zahl der dort aufgestellten Zelte und Holzunterkünfte auf mindestens ein Bataillon. Die Stellungen beiderseits des Kreuzberges waren stark ausgebaut, besonders jene nordöstlich der Straße. Der Kreuzberg selbst und Colisei schienen noch unbesetzt. Bei Kote 2314 (Sp.-K.) zwischen dem Quarterna und dem Col Rosson sah man Geschützstellungen für vier Geschütze.

Auf der Arzalpenscharte (Forcella Popera) war eine neun Mann starke feindliche Abteilung im Aufstiege zu beobachten, die von der deutschen Kanonenbatterie 8 unter Feuer genommen wurde.

Nach der anderen Seite sah man auf dem Büllelejoch zahlreiche Unterkünfte und stärkere Bewegung. Der Paternkofel war von etwa zehn Mann besetzt, die mit dem Bau von Schützengräben und Unterkünften beschäftigt waren. Ein Unterstand war bereits fertig.

Die Italiener geben an, daß seit Beginn des Krieges bis vor der österreichischen Besetzung eine Patrouille ihres IR. 70 täglich auf den Sentinellapaß stieg und ihn bewachte, bei Nacht sich jedoch auf den Creston Popera zurückzog. Da nun der Paß am 1. Juli vormittags von der Patrouille Heinsheimer nicht besetzt vorgefunden wurde, könnte angenommen werden, daß die italienische Tagespatrouille beim Ansichtigwerden der österreichischen Patrouille sich auf die Arzalpe zurückzog. Vom Paß aus beobachtete die Patrouille Kochfeuer und stärkere Bewegung auf der unterhalb liegenden Arzalpe und sah auch einen gegen den Paß vorgeschobenen Sicherheitsposten. Man fand am Sattel Spuren der Anwesenheit der Italiener.

Da jetzt die Patrouille ihre Aufgabe erfüllt hatte, befahl Oblt. Heinsheimer den Rückmarsch, der um 12 Uhr angetreten wurde. Um 13.50 Uhr war sie bei der Anderteralpe und um 18 Uhr in Sexten eingetroffen.

Oblt. Heinsheimer verfaßte seinen Patrouillenbericht an das Grenzunterabschnittskommando 10 b und machte folgende Anträge:
a) Ständige Besetzung des Sentinellapasses mit einer Patrouille (vier Mann) bei 24stündiger Ablösung von der Anderteralpe aus.
b) Errichtung einer ständigen Beobachtungsstelle am Elfer-Nordwestgrat in einer etwa 2600 Meter hohen Scharte[71].

Das Divisionskommando belobte die Tätigkeit der Patrouille mit folgendem Befehl:

„Oblt. Heinsheimer des Fst.-A. Nr. 1 und Lt. von Reitzenstein des kgl. Bay. Inf.-Leibregimentes haben in zwei Tagen unter schwierigen Verhältnissen einen musterhaften Patrouillengang durchgeführt, hiebei sehr wertvolle Nachrichten über den Gegner geliefert und sind ohne Verluste wieder eingerückt.

Ich spreche denselben, wie auch der Patrouillenmannschaft die belobende Anerkennung des Divisionskommandos aus.

Goiginger FML.

Verlautbart mit Befehl Nr. 46 vom 6. Juli 1915."

Drei Tage nach dem Einrücken der Patrouille am 4. Juli stiegen bereits gemäß den Anträgen des Oblt. Heinsheimer die einzelnen Grenzunterabschnittskommandanten Obstlt. Haslehner abgefertigten Besetzungspatrouillen auf.

Hierüber schreibt der spätere Kommandant der Hochgebirgskompanie 19, Oblt. Oswald Ebner[72]:

„So wurde beschlossen die Sentinella mit vier Mann ständig zu besetzen, auf der Elferscharte einen Beobachtungsposten zu errichten und auch auf die Rotwand, den Eckpfeiler des Sextner Abschnittes, eine Wache zu legen.

Am 4. Juli ging die Patrouille auf die Sentinellascharte unter Führung des Professors Goller

---

[71] Zwischen Koten 2814 und 2649.
[72] Ebner, Kampf um die Sextner Rotwand, S. 30.

ab. Es war keine Stunde zu früh, daß dem Vordringen des Feindes dieser Riegel vorgeschoben und das Loch in der Front gestopft wurde. Die Österreicher richteten sich, so gut es ging, oben häuslich ein, täglich kam die Ablösung von der Anderteralpe herauf, wo nach und nach Unterstände für die Mannschaften der Höhenstellungen erbaut wurden. Der Dienst war nicht allzu schwer. Der Feind lag weit unten, von Artillerie war noch nichts zu spüren. Es war Sommer geworden. So lag man, wenn es nicht gerade regnete oder der Wind die feuchten Nebel durch die Scharte blies, tagsüber hinter einem Stein und lugte zum Feind hinunter, der an einem Saumweg baute und recht geschäftig schien.

Am selben 4. Juli zog eine zweite stärkere Patrouille mit dem Sextner Bergführer Lanzinger, Landstürmern und einigen Standschützen der Akademischen Legion des Bataillons Innsbruck aus, um die Rotwand zu besetzen. Nach vielstündiger Kletterei erreichten sie den Gipfel. Die erste Wache auf der stolzen Spitze, die sich 2956 Meter in die Höhe reckt, bezogen die Innsbrucker Studenten Dr. Flatscher, Zwischenberger und Makart auf dem nach Osten streichenden Gipfelgrat. Der Hauptgipfel, mehr der Sentinella und dem Elfer zu, blieb zwar unbesetzt, doch patrouillierten die Posten tagsüber dem Grat entlang bis zur Eisrinne, die sie vom Hauptgipfel trennte, und beobachteten die Vorgänge hinter den italienischen Linien und auf der Arzalpe. Gegen die Wetterunbill, die auch im Sommer den Wachen arg zusetzte, erstand unter dem Ostgipfel ein winzig kleiner Holzunterstand, „Hundshütte" getauft, der knapp für zwei Mann liegend Unterschlupf bot. Eine halbe Stunde tiefer unten wurde auf der fast ebenen Rotwandscharte, an einen großen Felsblock angelehnt, ein etwas geräumigerer Unterstand erbaut, der die Reserve der Rotwandpatrouille von sechs Mann aufnahm und den Namen Landsturmhütte erhielt. Der Dienst der Patrouille dauerte drei Tage, je 24 Stunden blieben die Posten auf der Spitze. Nach diesen drei Tagen kam von Burgstall die Ablösung herauf.

Die Rotwand war damals beinahe akademischer Boden. Ein Dutzend Kameraden der Innsbrucker Legion, die meist von früher her gut befreundet, alle begeisterte Bergsteiger und noch ganz erfüllt von dem ersten Idealismus der Kriegsfreiwilligen; sie hatten wenige Wochen vorher erst die Bücher mit dem Gewehr vertauscht und waren nach dreitägiger „Ausbildung" nach Sexten abgegangen. Vom militärischen Drill nicht allzu sehr beschwert, nahmen sie ihre Aufgaben hingebend ernst und taten ihren Dienst peinlich gewissenhaft."

„Schon in den ersten Tagen erwies sich, wie wertvoll die Rotwand als Beobachtungspunkt war. Neue, unbekannte Batterien der Italiener wurden endeckt, täglich Fuhrwerke und marschierende Truppen im Raume Padola – San Stefano gegen den Kreuzbergpaß zu gesehen; überall arbeitete der Feind emsig am Ausbau der Stellungen. Hinter der Front braute sich etwas zusammen."

Auch die Elferscharte hatte am 4. Juli ihren Beobachtungsstand erhalten.

War der 4. Juli bei den Zinnen drüben für uns der Unglückstag, an dem der Paternkofel verlorenging und Sepp Innerkofler den Heldentod erlitt, wurde er so hier für uns ein Glückstag, indem alle die Besetzungen kampf- und verlustlos gelangen und wichtige Punkte in unsere Hand kamen.

e) Brand der Zsigmondy-Hütte am 7. Juli 1915
Vgl. Bild 6 (Tafel 4)

Das IX./Lsch. III hatte bis zur Ablösung durch das V./Lsch. III auf der Zinnen-Hochfläche die Besatzung im oberen Bacherntal mit einem Zug bei der Zsigmondy-Hütte gestellt. Diese Stellung war taktisch vollkommen exponiert und stand mit dem Bataillonskommando nur durch eine Telefonlinie in Ver-

Oberes Bacherntal

Besetzung durch die 196. Alpini-Kompagnie und eine Komagnie JR. 56 vom 8.—11. Juni 1915

bindung. Auch bezüglich des Nachschubes, der durch das Fischleintal erfolgte, war sie vom Bataillon getrennt. Um diesen Übelständen abzuhelfen, wurde der Raum Altstein – Bacherntal am 10. Juli als Kampfabschnitt Fischleintal dem Grenzunterabschnitt 10 b unterstellt.

Den Zug des Fhr. J e l l i n e k (IX./Lsch. III) löste an diesem Tage ein Zug des Landsturmbataillons 167 und ein Zug Standschützen unter Lt. H i r n [73] ab.

Noch knapp vor der Ablösung schossen die Italiener die Z s i g m o n d y - H ü t t e   i n   B r a n d. Als Gegner standen damals immer noch Teile der 96. Alpinikompagnie unter Hptm. Rossi auf den Oberbachernspitzen, auf der Kanzel und auf dem Sattel zwischen den beiden, ferners auf Hochleist. Zu der tiefer liegenden Hütte jedoch waren die Italiener bisher nicht herabgekommen.

Nach ihren Angaben hatte der Kompagniekommandant Hptm. R o s s i von Hochleist aus die Anwesenheit der Österreicher in der Hütte bemerkt und

---

[73] Der 4. Kompagnie des Standschützenbataillons Innsbruck I, gefallen am 4. August 1915.

über seinen Vorschlag vom Bataillonskommandanten Mjr. Buffa di Perero die
Genehmigung erhalten, sie aus der Hütte zu vertreiben.

Während Teile der 96. Alpinikompagnie und die Maschinengewehrsektion
des Bataillons die Hütte umstellten, beschoß sie am 6. Juli um 17.30 Uhr ein
Geschütz der 58. Gebirgsbatterie mit vier Granaten, von denen zwei in das
Dach trafen und zwei durch die Fenster eindrangen. Beim vierten Schuß
stürzten, nach italienischer Schilderung, etwa 20 Österreicher heraus, flüchteten zum Teil, zum Teil rannten sie wieder in die Hütte zurück. Als die Italiener am Abend sahen, daß die Hütte immer noch nicht geräumt sei, entschlos-
sen sie sich, sie niederzubrennen.

Ein Alpinizug bekam den Auftrag, sie in Brand zu setzen, ein anderer sollte
diese Arbeit decken. Da aber das zusammengetragene Stroh, dem auch Explo-
sivkörper beigegeben waren, bald wieder erlosch und auch die Morgendämme-
rung schon anbrach, trug man raschestens nochmals alles Brennbare zusammen und entfachte neuerdings den Brand. Diesmal wurde die Hütte ein Opfer
der Flammen. Dann versahen die Alpini den Raum um sie herum mit Tretminen und zogen sich wieder zurück.

Am nächsten Tage nahm der Gebirgshaubitzzug auf der Morgenalpe die
Alpinikompagnie auf Hochleist unter Feuer und zwang sie zum Abzuge.

Die abgebrannte Hütte blieb eine Zeitlang unbesetzt zwischen den beiden
Stellungen und gelangte erst nach dem italienischen Angriff im August und
der Rückverlegung der das Bacherntal abschließenden Stellung in den Besitz
der Italiener.

9. Besetzung der Hochbrunner Schneid, des Zsigmondy-Grates und der Zeltscharte durch die Italiener am 4. August 1915[74]

Sowohl in der österreichischen Stellungslinie vom Bacherntal bis Burgstall
wie auch in der italienischen Verteidigungslinie vom Giralbajoch bis zur Arz-
scharte klaffte eine Lücke. Auf österreichischer Seite wurde sie auf Grund des
Ergebnisses der Patrouille Oblt. Heinsheimer und Sepp Innerkofler durch die
am 4. Juli erfolgte Besetzung der Rotwand, des Sentinellapasses und der
Elferscharte geschlossen.

Zwischen den beiden Stellungslinien, die verhältnismäßig weit voneinander
entfernt waren, lag ein großes unbesetztes Gebiet, das nur von österreichischen Patrouillen (insbesonders von Innerkofler) begangen und aufgeklärt
wurde.

---

[74] Berti „Guerra in Cadore, Kap. XV, S. 89.

Um nun die Nachteile dieses unbesetzten Gebietes zu beseitigen und die notwendigen Voraussetzungen für einen im August im Bacherntal geplanten Angriff zu schaffen, entschloß sich der italienische Brigadier, Gm. Fabri, die wichtigsten Teile seiner noch unbesetzten Linie, des Kammes vom Giralbajoch und dem Zsigmondy-Grat bis zum Elfer in Besitz zu nehmen.

Oblt. Fausto del Zolt der 75. Alpinikompagnie erkundete zwei Tage lang den in Betracht kommenden Raum und stieg dann mit seinem Zug auf die Hochbrunner Schneid, wo er eine Stellung bezog. Bald darauf wurden zwei (650 Millimeter) Geschütze der 23. Gebirgsbatterie vom Giralbajoch teils mit Mulli, teils mit Schlitten herangeführt, 200 Meter über die Südwand der Hochbrunner Schneid aufgeseilt und in Stellung gebracht. Sie waren am 4. August feuerbereit. Am 7. August beschossen sie bereits die österreichische Besatzung auf der Elferscharte (2649 Sp.-K.) und machten ein Gebirgsgeschütz und ein Maschinengewehr unbrauchbar.

Oblt. De Zolt besetzte ferners am 4. August den Zsigmondy-Grat mit einer Patrouille und eine Scharte der Elfertürme (Zeltscharte), von den Italienern Forcella della Tenda genannt, von wo aus das Arzkar und der Sentinellapaß unter Feuer genommen werden konnte.

10. Italienische Angriffe im August 1915

a) Allgemeine Lage

Da es der italienischen 4. Armee bisher nicht gelungen war, in die gegenüberliegende österreichische Verteidigungsfront durch Niederringung der Sperren eine Bresche zu schlagen, versuchte sie, sie durch Teilangriffe zu bezwingen und einen Durchbruch in das Pustertal vorzubereiten.

Während die Brigade Umbria der italienischen 2. Division über den Monte Piano die Sperre Landro und die Brigade Ancona der 10. Division über den Kreuzbergsattel das Sperrgebiet Sexten anzugreifen hatte, wurde der Brigade Marche der 2. Division der Stoß zwischen den beiden Sperren in das Innerfeldtal nach Innichen zur Aufgabe gestellt. Für diese Aktion war die Brigade Marche (IR. 55 und 56) direkt dem italienischen I. Korps (Gl. Piancenti) unterstellt.

Sie war in dem ihr zugewiesenen Gebiete (Val Rimbianco – Giralbasattel) folgend gruppiert: im Val Rimbianco I./55 und I./56, zwischen den Drei Zinnen un dem Giralbasattel II. und II./56, II./55 und III./55 als Reserve.

Auf diesen Offensivstoß schien man große Hoffnungen zu setzen, da er beim Gelingen die westliche Flanke des österreichischen Sextner Abschnittes stark bedrohte.

Die Brigade hatte zwar in den Julikämpfen sehr schwere Verluste erlitten,

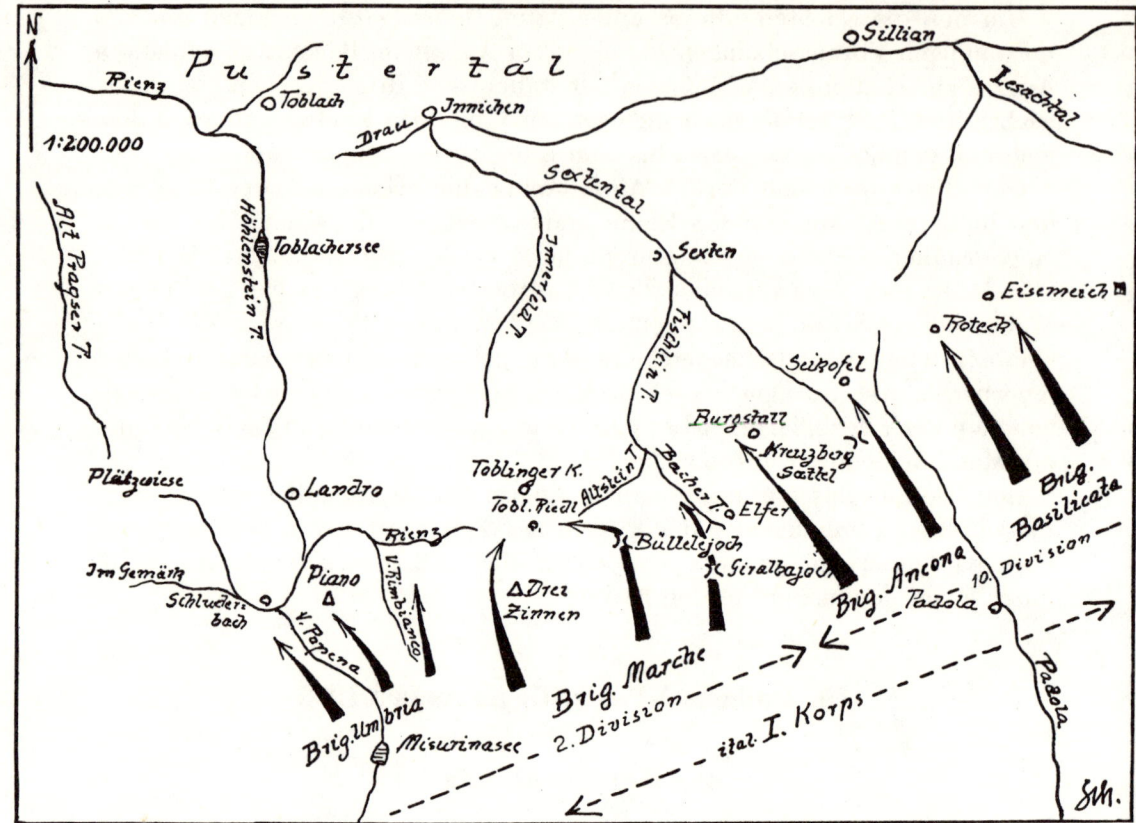

Italienischer Angriff auf die Stellungen des Grenzabschnittes 10 im August 1915

war nunmehr aber durch Ergänzungen wieder aufgefüllt. Im besonderen waren die Ausfälle im Offiziersstand durch Abgaben aus den Brigaden Como und Umbria ersetzt. Außerdem wurden ihr die Alpinibataillone Val Piave und Pieve di Cadore, ferner zwei Gebirgsbatterien und eine Genieabteilung zugeteilt, so daß die Stärke der Angriffsgruppe zur Durchführung ihrer Aufgabe vollauf zu genügen schien (zwei Infanterieregimenter zu je drei Bataillonen, zwei Alpinibataillone, eine Genieabteilung, zwei Gebirgsbatterien).

Nach dem italienischen Angriffsplan wurde die Brigade Marche (Gm. F a b b r i) mit den zugeteilten Truppen in drei Angriffsgruppen mit folgenden Angriffszielen formiert:

1. Linke Gruppe (im Raume Lavaredo – Paterno, Paternkofel und Paternsattel), Obstlt. Gioppi des 7. Alpiniregimentes, 68. Kompagnie des Alpinibataillons Cadore, 267. und 268. Kompagnie des Alpinibataillons Piave, III./55 mit Maschinengewehrsektion, eine Sektion der 23. Gebirgsbatterie, Genieabteilung.
   Ziel: vom Paterno aus sich der Forcella di Toblin (Toblinger Riedel) und des oberen Teiles des Tales der Rienz zu bemächtigen.

2. Mittelgruppe (im Raume Cengia – Büllelejoch), Obstlt. Padovin des IR. 55, 96. Kompagnie des Alpinibataillons Cadore mit Maschinengewehrsektion, I./56, 8./56 mit Maschinengewehrsektion, Genieabteilung.
   Ziel: Angriff auf den Toblinger Knoten.
3. Rechte Gruppe (im Raume Oberbacherspitzen und Oberes Fischleintal), Mjr. Buffa di Perrera des Alpinibataillons Cadore, 67. Kompagnie (Oblt. Rean) mit Maschinengewehrsektion, ein Zug der 75. Kompagnie des Alpinibataillons Cadore, 9., 10. und 12. Kompagnie des III./56 mit Maschinengewehrsektion, 58. Gebirgsbatterie, eine Sektion der 23. Gebirgsbatterie, Genieabteilung.
   Ziel: Besetzung der Oberbacherspitzen und Beherrschung des Oberen Fischleintales.
4. Reserve: II./55 und drei Kompagnien des II./56.

Die fast gleichmäßige Aufteilung der Kräfte der Brigade auf die drei Angriffsgruppen läßt die notwendige Bildung eines Schwerpunktes vermissen. Nirgends kommt der Gedanke eines Durchbruches in das Innerfeldtal zum Ausdruck. Für die Truppe bildete die Eroberung der zunächst liegenden feindlichen Schützengräben das Angriffsziel und dabei blieb es auch.

Als Verteidiger standen auf der Drei-Zinnen-Hochfläche drei Kompagnien des XI./Lsch. III (Hptm. Valentini) und im Oberen Bacherntal zwei Züge der 1. Kompagnie des Bayerischen Infanterie-Leibregimentes.

b) Italienischer Angriff im Oberen Bacherntal auf die Zsigmondy-Stellung am 4., 14. und 17. August

Die lebhaftere Tätigkeit der Artillerie und die erhöhten Patrouillierungen ließen schon seit einiger Zeit einen Angriff auf der Zinnen-Hochfläche erwarten. Die wurde auch durch die wertvollen Aufklärungsergebnisse der Patrouillen des Feldkuraten Hosp [75] bestätigt. Vorerst stieg Hosp auf die Rotwand, um sich die Überzeugung zu verschaffen, daß der Elfer-Nordgipfel noch vom Feinde frei sei. Dann stieg er zur Anderteralpe ab, um von dort aus seinen nächsten Patrouillengang auf den Elfer vorzubereiten.

„Ich merkte", schrieb Hosp, „gleich beim Empfang auf der Alpe, daß unter den bereits angekommenen Bergführern ‚dicke Luft' herrschte. Ich wußte auch aus anderer Munde, daß der Tod Seppls die Sextner wie vor den Kopf geschlagen hatte. Ihr Unternehmensgeist war zeitweilig geschwunden." Es wurden Hosp aber zwei schneidige, angeblich bergtüchtige „Leiber" zugeteilt, die ihn in der Unterkunft auf dem Sentinellapaß erwarteten. Von hier aus begann der Patrouillengang auf den Elfer, den Hosp in seinem Tagebuch folgend beschrieb:

---

[75] Für die überaus erfolgreiche Patrouillentätigkeit in den Jahren 1915 und 1916 wurde Feldkurat Hosp am 27. Oktober 1916 mit dem Franz-Josef-Orden am Bande des Militärverdienstkreuzes ausgezeichnet.

„Ich war, um es vorwegzunehmen, mit den beiden Leibern sehr zufrieden. Der eine hatte einmal eine Bergpartie gemacht, der andere noch nie. Was ihnen an Bergerfahrung abging, ersetzte
ihr Mut — und ihr unbedingtes Vertrauen auf mich . . .

Gegen 11 Uhr war schwacher Mondschein über die Ostwand, wenigstens über ihre oberen Teile
herübergezogen und wir gingen los. Unbesorgt um den „Elferaugust", der bei Tag jeden auftauchenden Kopf unter Feuer nahm, stiegen wir die flache Felsrinne empor zur Schutt- und Firnter-
rasse, die den unteren Teil der Ostwand kennzeichnet. Stufenschlagend nähere ich mich dem
Felsbord und längs eines schwachen ausgeprägten Grätchens kraxeln wir empor, bis die Eisrinne
zur Linken sich verschmälert und den Übertritt nach links gestattet, in die gestufte Schrofenpar-
tie zwischen den beiden Ästen der Rinne. In einer weiteren Schleife wird dieselbe durchklettert
und zuletzt die nun kleingewordene Rinne wieder überschritten und an deren rechten Rande die
erste Gratscharte des Nordgrates erreicht.

Den folgenden Grattürmen westwärts ausweichend standen wir in enger dunkler Scharte vor
dem nächsten Turm und ein kurzes Ableuchten mit der Taschenlampe ließ sich nicht vermeiden.
Aha! da nach links empor gibts Haltepunkte und bald war ich droben, um die Begleiter nachkommen zu lassen. Ein steiles Schotter- und Firnfeld schließt sich hier an der Ostseite an und endet
mit einigen Zacken an der letzten Gratscharte. Schon dämmert im Osten ein schwacher Licht-
streif auf, als wir von der Scharte weg den plattigen Grat verfolgend, in wenigen Minuten auf dem
Gipfel stehen (etwa 3100 Meter). Es war halb 4 Uhr morgens.

Leider konnte ich den pustenden Kameraden keine lange Atempause gönnen, denn bis der
‚Elferaugust' erwachte, der auf etwa 350 bis 400 Meter Distanz herübersah, gab es Notwendigeres
zu tun. Während ich die Nagelschuhe mit den Kletterschuhen vertausche, schauten die zwei ‚Leiber' in die für sie ungewohnte Felsenwelt und ein Ausruf des Erstaunens um den anderen entfloh
ihren Lippen. Während die beiden aus ‚Leiber'kräften an der Aufstellung eines Zeltes arbeiteten,
stieg ich den Grat nach Süden weiter, um mich wegen der feindlichen Überraschung zu orientie-
ren . . . Als ich in einigen Sätzen über den Grat hinauf zum Zelthüttchen eilte, brannte schon ein
Sektor des Sonnenballes über dem Karnischen Kamm in feuriger Lohe, einen strahlend schönen
Tag verheißend. Daß paßte zur Beobachtung.

Freilich meldete sich zuerst dringend der Körpermotor, der die ganze Nacht ohne Fassung
brav gearbeitet hatte, und als noch eine Flasche Cognac aus den Rucksacktiefen zum Vorschein
kam, war die Stimmung auf dem Höhepunkt und wir tranken auf das Wohl des fürsorglichen Lei-
berkommandanten. Dann wurde der Tubus ausgepackt, ein komfortables Beobachtungsfenster an
der Westseite unseres Zelthüttchens angebracht und jetzt den ersten Blick.

Höllteufel! Da wurlt es hinter den Drei Zinnen von Zelten und Leuten. Also hatten die Gefangenen doch die Wahrheit berichtet. Wir zählen die Zelte und ich zeichne das Lager, das sich hinter den Zinnen bis über die gewaltigen Schuttreißen hinauf an die Felsen erstreckte. Vier Batail-
lonszelte und ein Regimentszelt zeigten ihre Tricoloren. Dabei sehe ich die Zelte sich fortsetzen
um die Ecke, welche die Landroer Zinne (Kote 2324 D. V.) nach Süden vorstreckt. Also mehr als
vier kriegsstarke Bataillone. Über 4000 Mann gegen die etwa 700 bis 800 Landesschützen, die
Hptm. Valentini zur Verfügung hatte!! und daß eine solche Truppe auf 2500 Meter Höhe nicht zur
bloßen Grenzbesetzung gehalten und verpflegt wird, leuchtet von selber ein. Mich drängt es fast,
sofort abzusteigen und zu melden, da wir kein Telephon mithaben; aber eine nüchterne Überlegung sagte mir, daß ich bei Tag totsicher abgeschossen werde.

Aber kaum dämmert der Abend, bin ich schon im Abstiege, wobei ich möglichst weit nördlich
mich halte, wo im Notfalle Deckungen sind. Ich bin allein, da die zwei Leiber zur Besetzung oben
bleiben und ich versprach ihnen, entweder selbst wieder zu kommen oder durch Bergführer sie
ablösen zu lassen. Letzteres geschah auch.

Frühmorgens am anderen Tage stehe ich vor dem Herrn Oberstleutnant v o n E p p, referiere
genau und breite meine Zeichnungen aus. Sein Gesicht wird lang und länger. ‚So stark sind sie
hinter den Zinnen?' meinte er.

Ich meldete auch meine Ansicht über die Unzweckmäßigkeit der Zinnen-Vorfeldstellung und daß der Toblinger Knoten mit seinen Schuttströmen im Osten und Westen die einzig haltbare Stellung wäre. Obstlt. von Epp gab mir vollkommen Recht, veranlaßte das Entsprechende, sandte von seinen Leibern Verstärkungen ab und verständigte Hptm. Valentini von den bevorstehenden Ereignissen."

Schon in den ersten Augusttagen führten die Italiener den erwarteten Angriff, und zwar zuerst auf die vorgeschobene österreichische Stellung bei der Zsigmondy-Hütte, die von den Bayern besetzt war. (Die österreichische Zsigmondy-Stellung nächst der Hütte war vom 14. Juli bis anfangs August von 36 Standschützen der 4. Kompagnie des Standschützenbataillons Innsbruck I und ebensoviel Landstürmern des Bataillons Nr. 167 besetzt. Dolomitenwacht, S. 32.)

Kurz vorher — am 25. Juli — hatte das I. Bataillon des Infanterie-Leibregimentes das österreichische Landsturmbataillon 167 abgelöst und die Stellung vom Einser bis zum Seikofel (einschließlich) besetzt.

Die 1. Kompagnie (Lt. von R a u s c h e r) kam in das Fischleintal und löste mit je einem Zug im Bachern- und Altsteintal die Landstürmer und Teile des Standschützenbataillons Innsbruck I des Lt. Hirn ab. Ein Zug der bayerischen Kompagnie bildete die Geschützdeckung in Bad Moos, einer war Kompagnie-reserve beim Dolomitenhof im Fischleintal. Die 4. Kompagnie (Oblt. von L a u e n s t e i n) besetzte die Stellung Burgstall-Schellaboden, die 3. (Oblt. d. R. G r i e b e n o w) die Waldstellung bis zur Kreuzbergstraße, die 2. (Lt. d. R. S e e l) die Kreuzbergstraße bis zum Seikofel-Klammbachboden. Der Bataillonsstab verblieb in Bad Moos.

Die besetzte Stellung verlief von den schwer ersteigbaren Felshängen des Altsteintales weg, sperrte dieses und das Bacherntal nahe südlich des Gabelpunktes 1540 mit einer Vorstellung bei der Zsigmondy-Hütte, zog sich auf die schwer gangbaren Hänge der Höhe 2649 hinauf und verlief dann über den Elfer und die Rotwandspitze.

Da die Italiener in diesem Gebiete ziemlich untätig waren, konnten die Leiber sich anfangs eifrig mit dem Stellungsbau befassen. Erst am 4. August wurde die Ruhe durch einen feindlichen Angriff auf die Vorstellung bei der Zsigmondy-Hütte gestört, der jedoch leicht von dem dort befindlichen Zug abgewiesen werden konnte.

Auf italienischer Seite war Oblt. Rean mit seiner 67. Kompagnie des Alpinibataillons Cadore und einer Maschinengewehrsektion zum Angriff angetreten, den die 58. Gebirgsbatterie mit ihren Geschützen vom Büllele- und Giralbajoch zu unterstützen hatte.

Unter Führung des Alpinibataillonskommandanten rückte die Angriffs-gruppe vom Oberbacher Joch gegen die Zsigmondy-Hütte vor. Drei Züge in der Richtung auf die zerstörte Hütte, ein Maschinengewehr nahm Stellung auf dem rechten Flügel, von wo aus die österreichischen Gräben bestrichen und auch die Besatzung auf der Kanzel gehindert werden konnte, der italienischen

Kompagnie in Flanke und Rücken zu fallen. Ein Alpinizug und ein Maschinengewehr nahmen Aufstellung unterhalb der Kanzel.

Um 8.30 Uhr früh erreichte die italienische Angriffsgruppe den Rücken, auf dem die leere Hütte stand, und besetzte ihn. Beim weiteren Vorrücken aber gab es für sie keine Deckung mehr. Sie war gezwungen, angesichts der von den Bayern besetzten Gräben im deckungslosen Gelände den Abstieg zum Angriff durchzuführen. Die Leiber ließen sie nahe herankommen und eröffneten um etwa 11 Uhr vormittags das Feuer, das nach kurzer Zeit den Angriff zum Stehen brachte.

Nach italienischen Angaben sollte er am nächsten Tag fortgesetzt werden. Da jedoch dichter Nebel ein Unterstützungsfeuer der Artillerie nicht zuließ, kam er nicht mehr zur Durchführung.

Die Lage im Oberen Bacherntal änderte sich nicht mehr bis zum Beginn des allgemeinen italienischen Angriffes auf der Zinnen-Hochfläche.

Die 67. Alpinikompagnie (Oblt. Rean), verstärkt durch zwei Züge der 12./56, hielt weiterhin die Stellung besetzt. Ihr gegenüber stand auf österreichischer Seite ein Zug (Lt. van der Heyden) der 1. Leibkompagnie.

Italienischer Angriff am 14. August

Schon einige Tage vor dem Angriffsbeginn am 14. August wurde die österreichische Stellung bei der Zsigmondy-Hütte und die zur Flankendeckung vorgeschobene „Karwache" (zehn Mann) aus der Richtung des Büllele- und Giralbajoches heftig beschossen.

Im Laufe der Nacht auf den 14. August gelang es einem Alpinizug, in die rechte Flanke der österreichischen Vorstellung (Zsigmondy-Stellung) zu kommen. Zwei andere Alpinizüge und zwei der 12./56 schoben sich unter dem Schutze der Dunkelheit von vorne immer näher an sie heran. Am rechten Flügel gelang es den Alpini, nach hartem Kampf einzubrechen. Der übrige Stellungsteil aber blieb in Besitz der standhaft kämpfenden Leiber.

Die in das Einserkar vorgeschobene, zehn Mann starke Karwache war unglücklicherweise bereits in den Morgenstunden umzingelt und abgeschnitten worden. Ihre Lage schien vorerst aussichtslos.

Der Kampf war, nach den beiderseitigen Verlusten gemessen, äußerst erbittert. Von den Italienern waren ein Offizier (Lt. Bellei) und 21 Mann tot und etwa 50 verwundet, von den Leibern drei tot und 15 verwundet. Unter den letzteren war auch der Kompagnieführer Lt. Rauscher, der auf den Gefechtslärm hin mit einer Begleitung vorgegangen war. Während diese zum großen Teil abgeschossen wurde, kam er zwar bis knapp an die Stellung, brach aber dort schwer verwundet zusammen.

Die durch die Verluste stark geschwächte Besatzung erhielt noch am Abend durch einen Zug der 5. Kompagnie (Lt. Mantel) eine Verstärkung.

Die Lage der Vorstellung hatte sich durch die vormittägigen Ereignisse so verschlechtert, daß der Regimentskommandant Obstlt. von Epp ihre Räumung dem Kampfabschnittskommando freistellte. Vorerst sollte jedoch die Karwache in Sicherheit gebracht werden. Man ließ es an Versuchen, sie zu retten, nicht fehlen, doch war alle Mühe vergebens. Erst als ein Mann der Wache (D r e s c h e r) einen Abstieg fand und über die Lage Meldung erstattete, konnte man an die Rettung schreiten. Oberjäger H a p p a c h e r und Patrouillenführer K ö c k (Lsch. III) wurden als ortskundige Führer herangezogen, desgleichen auch Schütze Drescher, der den Abstieg gefunden hatte, und dieser kühnen Kletterpatrouille gelang es, in der Nacht auf den 17. August unter sehr schwierigen Verhältnissen die Wache bis auf drei Mann zu bergen. Ein Mann war gefallen, einer abgestürzt und einer vermißt. Die Rettung der Karwache war eine Glanzleistung der Kletterpatrouille, die auch von allen Kommanden gebührend anerkannt wurde.

Leider aber war die Mannschaft der geretteten Wache erst gegen 4 Uhr morgens, zur Zeit, als es bereits hell wurde, in der Stellung eingetroffen. Die beabsichtigte Räumung der Zsigmondy-Stellung konnte daher nicht durchgeführt werden. Dies wurde — wie wir hören — zum Unglück für einen Teil der Besatzung.

In derselben Nacht waren zwei weitere Gruppe der 5. Kompagnie als Verstärkung in die Stellung abgegangen. Sie kamen aber nur bis zum Sanitätsunterstand, wo sie vorerst als Rückhalt verblieben.

Italienischer Angriff am 17. August 1915

Die Besatzung der Zsigmondy-Stellung bestand am 17. aus einem Zug der 5. Leiberkompagnie unter Vizefeldwebel d. R. L i s t l und einer Gruppe der 1. Kompagnie unter Offiziersstellvertreter v o n M a t t h i e s e n.

Auf italienischer Seite[76] hatten am Tage vorher die 67. Alpinikompagnie und die 12./56 den Befehl erhalten, die Stellung anzugreifen und in Besitz zu nehmen. Beim Morgengrauen des 17. August eröffnete die 58. Gebirgsbatterie vom Giralba- und vom Büllelejoch und mit einem Gebirgsgeschütz auch von der zerstörten Zsigmondy-Hütte aus durch zehn Minuten ein sehr heftiges Feuer. Dann brachen — es war etwa 5.15 Uhr früh — je zwei Züge der genannten Kompagnien zum Angriffe vor, bewarfen die Besatzung mit Handgranaten und überwanden schließlich den nur zugstarken Verteidiger, indem sie einen Stützpunkt nach dem anderen erstürmten. Vergeblich hatte die Batterie von Innergsell ihr Feuer zur Entlastung des kämpfenden Leiberzuges auf die Oberbacherspitzen, auf die Kanzel und auf Hochleist gerichtet. Trotz der vierfachen Übermacht dauerte der Kampf fast 20 Minuten. 17 tote Leiber blieben am Platze, 35 wurden gefangengenommen, darunter sieben Verwundete. Unter den letzteren war auch Offiziersstellvertreter M a t t h i e s e n. Er starb

---

[76] Berti, Guerra in Cadore, S. 138.

am nächsten Tage und wurde von den Italienern südlich der Zsigmondy-Hütte begraben.

Beim Gegner waren fünf Alpini und 13 Infanteristen tot und neun Alpini und mehrere der Infanteriekompagnie verwundet.

Auch die beim Sanitätsunterstand als Rückhalt verbliebenen zwei Gruppen der 5. Kompagnie wurden mit Artilleriefeuer zugedeckt und nachher angegriffen. Doch gelang es dem Unteroffizier F e s e r, die Italiener durch Handgranaten abzuhalten und sich mit seinen Leuten weiter rückwärts und unterhalb nochmals festzusetzen. Von dort wurde er am Nachmittag in die neue Stellung zurückberufen, die durch die Abstürze des Einser und Elfer in den beiden Flanken besser geschützt war als die Zsigmondy-Stellung.

Die Kämpfe der letzten Tage hatten gezeigt, daß der Kampfabschnitt Fischleintal – Burgstall – Seikofel für einen Kommandanten zu umfangreich war, man schied daher den Abschnitt Fischleintal als eigenen Kampfabschnitt II a aus und unterstellte ihn dem Hptm. Frh. v o n F a l k e n h a u s e n. Seine Besetzung wurde folgend geregelt:
Bacherntal: 5. Leiberkompagnie mit einem vorgeschobenen Zug,
Fischleintal: beiderseits der Weggabel Kote 1540 mit einem vorgeschobenen
   Zug an den Südosthängen des Altstein,
P. 2649: ein Halbzug mit einem Maschinengewehr,
Sentinellascharte (2672): ein Halbzug mit einem Maschinengewehr,
Reserve: je zwei Züge beim Dolomitenhof und bei Bad Moos.

c) Angriff der Italiener auf der Zinnen-Hochfläche am 14., 18. und 19. August 1915

Die österreichischen Stellungen auf der Zinnen-Hochfläche waren von drei Kompagnien des XI./Lsch. III unter Kommando des Hptm. V a l e n t i n i besetzt, der mit seinem Bataillon im Laufe der Umgruppierung der Besatzungstruppen im Grenzabschnitt 10 am 7. Juli das IX./Lsch. III, Hptm. Wellean, abgelöst hatte[77].

Die Stellung bestand aus der Hauptwiderstandslinie, die nach dem Gelände in zwei Abschnitte zerfiel, in den rechten (westlichen) vom Wildgrabenjoch bis zum Toblinger Knoten und den linken (östlichen) vom Toblinger Knoten (einschließlich) bis zur Schusterplatte. Der Hauptwiderstandslinie war südlich des

---

[77] Besetzung des Grenzabschnittes 10 am 30. Juli:
Grenzunterabschnitt 10 a (Hptm. S c h m i d X./Lsch. III) Landesschützen, Kaiserjäger, Standschützen.
Grenzunterabschnitt 10 b (Obstlt. v o n E p p Inf.-L.-Regt.) Landsturmbataillon 167, Standschützenbataillon Innsbruck I und II.
Grenzunterabschnitt 10 c (Obstlt. v o n P a s e t t i) Landsturmbataillon 29, Standschützenbataillon Sillian.

Italienischer Angriff am 14., 18. und 19. August

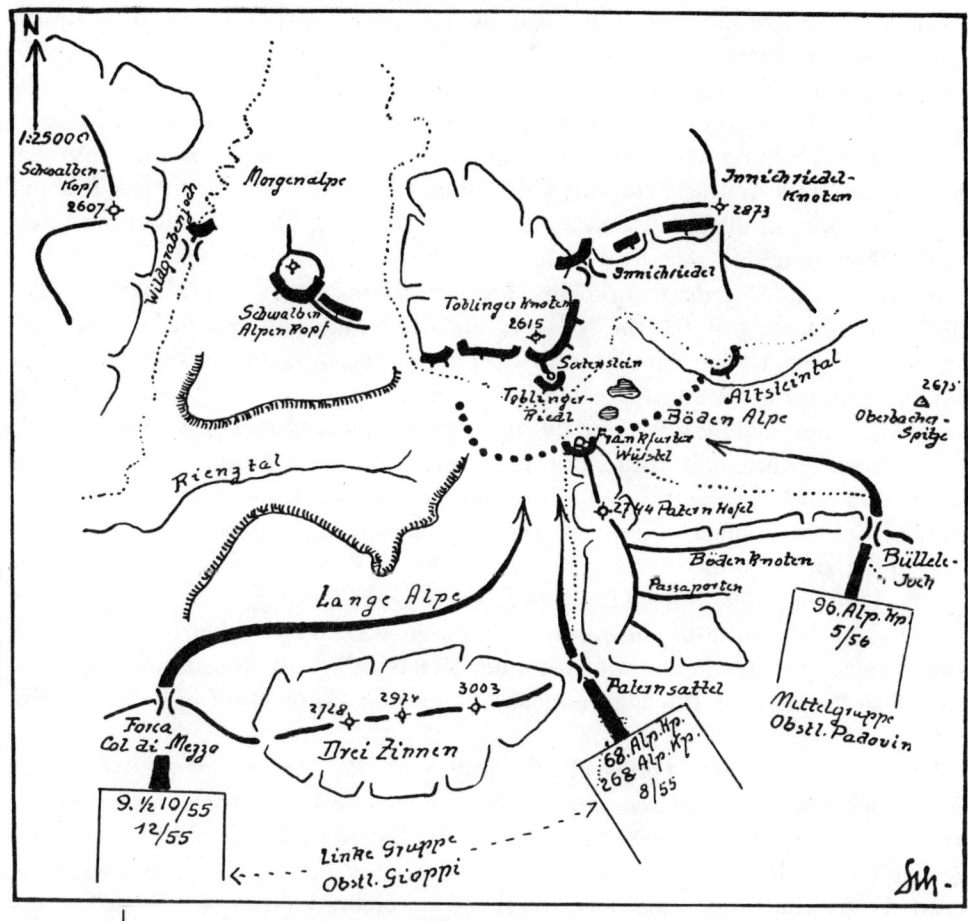

■ österreichische Hauptwiderstandslinie, ... österr. Vorstellung
→ italienische Angriffsrichtung

Toblinger Knotens bogenförmig eine Vorstellung vorgelagert, die einerseits
das Rienztal, andererseits das Altsteintal abriegelte und auch Front gegen den
Paternsattel und gegen das Büllelejoch machte.

Nachdem die italienische Artillerie am 12. und 13. August alle Stellungsteile
der Österreicher unter heftiges Feuer genommen hatte, begann am 14. August
um 2 Uhr früh auf der ganzen Linie die Vorrückung der Italiener zum Angriff[78].

Die unter Kommando des Obstlt. G i o p p i stehende italienische l i n k e
Gruppe begann den Vormarsch aus der Linie Gamsscharte – Paternsattel –
Col di Mezzo in den frühen Morgenstunden.

---

[78] Die Vorgänge auf italienischer Seite sind nach Berti, Guerra in Cadore, S. 109 ff., geschildert. Österreichische Berichte sind nur zum Teil vorhanden.

Von der schon von der Unternehmung am 4. Juli gegen den Paternkofel bekannten Gamsscharte stieg die 267. Kompagnie (Hptm. Dedini) des Alpini-bataillons Val Piave in der nach Nordwesten abfallenden Rinne ab, mußte aber, da sie in den Feuerbereich der Verteidiger der Stellungen beim Frank-furter Würstl und am Sextenstein kam, alsbald hinter Felsen und in kleinen Schluchten Deckung nehmen. Nur einem Zug gelang es, sich bis zu einem vor der Frankfurter-Würstl-Stellung gelegenen Latschengebüsch vorzuschieben. Drei Tage lang mußte die Kompagnie in ihren Deckungen verbleiben und den vorgeschobenen Zug ständig ablösen.

Eine andere Angriffsgruppe, die 68. Alpinikompagnie (Hptm. Giusti), die 268. Alpinikompagnie (Hptm. Nodari) und die 8./55, alle drei unter Führung des Hptm. Neri, traten vom Paternsattel aus gruppenweise die Vorrückung in der Richtung auf die zerstörte Drei-Zinnen-Hütte an. In der Dunkelheit und im schwierigen Gelände kamen sie nur sehr langsam vorwärts und waren, als der Morgen graute, erst etwa einen Kilometer von ihrer Ausgangsstellung ent-fernt. Das jetzt einsetzende Abwehrfeuer zwang sie, die Vorbewegung einzu-stellen und sich hinter den vielen zerstreut umherliegenden Felsblöcken und in Mulden zu decken.

Die Landesschützenbesatzung ließ sie ungehindert vormarschieren und richtete, als sie nahe genug herangekommen war, das Feuer dreier Maschi-nengewehre auf das Ende der Kolonne. Die feindlichen Abteilungen wurden auf diese Weise vom Rückzug abgeschnitten und unter empfindlichen Verlu-sten zersprengt.

Die beiden aus der Gamsscharte und vom Paternkofel vorgebrochenen Abteilungen wurden auch weiterhin vom Feuer der Verteidiger in ihren Dek-kungen niedergehalten. Sie schienen wohl untereinander die Verbindung auf-genommen zu haben, waren aber gezwungen, den ganzen 14. und auch wäh-rend der beiden folgenden Tage in ihren erreichten Räumen zu verbleiben.

Vom Col di Mezzo aus hatte in der Nacht auf den 14. und am 14. selbst die zur linken Gruppe gehörende Abteilung Hptm. Ghedini (9. und halbe 10./55) versucht, die Höhenlinie zu überschreiten, um längs der Langen Alpe vorge-hend die linke Flanke der vom Paternsattel aus vorrückenden Gruppe Hptm. Neri gegen das Tal der Schwarzen Rienz zu decken.

Die österreichische Artillerie jedoch unterdrückte dort jede Bewegung. Erst am 15. gelang es der 10./55 und der noch eingesetzten 12./55, während einer Feuerpause sich nach und nach dem von der Paternsattel-Gruppe erreichten Raum zu nähern.

Die unter Kommando des Obstlt. P a d o v i n stehende italienische M i t t e l - g r u p p e — 96. Alpinikompagnie (Oblt. Cavallari), I./56 und ein Genie-schwarm mit Sprengröhren — stieg am 14. ebenfalls um 2 Uhr früh über das Büllelejoch in die östlich des Toblinger Riedels gelegene Mulde (Bödenalpe) ab, wo sich die von nur zwei Zügen der Landesschützenkompagnie,

Hptm. H ö g l e r , besetzte Vorstellung befand. Hier kam es zu einem sehr harten Kampf gegen die italienische Übermacht[79], der zu ungunsten der Verteidiger ausging, weil die Maschinengewehre der Hauptstellung wegen Gefährdung der Besatzung in das Handgemenge in der Vorstellung nicht eingreifen konnten.

Tapfer kämpfend wurden die zwei Züge von dem zahlenmäßig weit überlegenen Feind bezwungen. Nur ein kleiner Rest von 15 Mann konnte sich langsam zurückziehen. Jetzt erst konnten die Maschinengewehre eingreifen und das Vordringen des Gegners aufhalten.

In den Vormittagsstunden war hier wie auch bei der feindlichen Paterngruppe der Angriff zum Stehen gebracht worden, wobei auf österreichischer Seite nur der Fall eines Teiles der Vorstellung als Verlust zu verzeichnen war.

Trotz dieses verhältnismäßig geringen feindlichen Erfolges war die Lage der übrigen Vorstellung besorgniserregend geworden, da der österreichische linke Flügel gegen das Altsteintal nun geöffnet und die in der Vorstellung beim Frankfurter Würstl und des Toblinger Riedels sich noch haltende Landesschützenbesatzung in ihrer linken Flanke sehr gefährdet war.

Um unnötige Verluste zu vermeiden, wurde dem Kommandanten Hptm. V a l e n t i n i über Antrag des Brigadekommandanten Gm. B a n k o w s k y vom Divisionskommando die Bewilligung zum Rückzug auf die Hauptstellung erteilt. Valentini beabsichtigte die Zurücknahme in der Nacht auf den 15. durchzuführen, vorher aber den in die Vorstellung auf der Bödenalpe eingedrungenen Feind im Gegenstoß zu werfen, um einerseits Zeit für den Rückzug zu gewinnen, andererseits die Toten und Verwundeten bergen zu können. Das Unternehmen gelang vollkommen. Nach einer zweistündigen Artillerievorbereitung griff Lt. S i m o n e k mit einer zusammengestellten Kompagnie den Gegner im Lichte seines Scheinwerfers von der Mittleren Zinne um 23 Uhr energisch an und warf ihn in der Richtung auf das Büllelejoch zurück. Der Kampf war nach den Verlustzahlen sehr hart. Die angreifende Landesschützenkompagie verlor vier Tote, 48 Verwundete und 50 Vermißte. Da nach italienischen Gefangenenaussagen damals nur neun Landesschützen in Gefangenschaft gerieten, ist anzunehmen, daß die restlichen 41 Mann der Vermißten auch den Heldentod erlitten.

Nach dem gelungenen Angriff lösten sich die Landesschützenzüge wieder vom Feinde, sammelten sich und rückten über die Drei-Zinnen-Hütte in die Hauptstellung ein. Damit war die Vorstellung auf der Bödenalpe geräumt. Nur ein Zug blieb zur Sperrung des Toblinger Riedels in den Felsen des Frankfurter Würstls und wurde jede Nacht durch einen Zug abgelöst.

Schon untertags hatte man feststellen können, daß die Italiener auf der ganzen Angriffslinie in sehr starker Übermacht waren. Dem leicht erklärli-

---

[79] Nach dem Gefechtsbericht des Hptm. Valentini.

chen Rufe aus der Front nach einer ausgiebigen Verstärkung konnte jedoch mangels an Kräften nicht entsprochen werden, zumal auch an anderen Stellen des Grenzabschnittes sich heftige Kämpfe abspielten. Nur ein Zug der Maschinengewehrkompagnie (Oblt. S c h u l z e) und eine halbe 7. Kompagnie (Lt. d. R. S t r o b e l) des bayrischen Infanterie-Leibregimentes wurden von der Lanzingersäge durch das Innerfeldtal auf die Hochfläche vorgeschickt. Der Maschinengewehrzug kam zum Einsatz in der Hauptstellung, während die Halbkompagnie die Reserve bildete.

In den beiden folgenden Tagen (15. und 16. August) blieben die italienischen Angriffsgruppen in ihren erreichten Räumen, ohne den Versuch zu machen, den Angriff fortzusetzen. Nur das Artilleriefeuer dauerte unvermindert an und Patrouillen versuchten vergeblich die Hindernisse der Verteidiger zu sprengen. Die Ursache der italienischen Kampfpause schon am ersten Gefechtstag trotz der zahlenmäßigen Überlegenheit ist nicht bekannt.

Als am 17. morgens alle Anzeichen auf eine Fortsetzung des Angriffes der Italiener hindeuteten, dirigierte das Grenzabschnittskommando vom X./Lsch. III eine Kompagnie auf die Zinnen-Hochfläche, eine zur Lanzingersäge, eine Kompagnie blieb in Innichen marschbereit. Um die Besatzung beim Frankfurter Würstl nicht der Gefahr eines nächtlichen Überfalles auszusetzen, beschloß Hptm. Valentini, sie nach Einbruch der Abenddämmerung einzuziehen. Dazu sollte es aber leider nicht mehr kommen. Schon um 17 Uhr wurde sie von einer Alpinikompagnie angegriffen und um 18 Uhr von der Übermacht überwältigt.

Die Italiener nahmen in der Folge die geräumte Stellung am Toblinger Riedel kampflos im Besitz. In der Nacht auf den 18. August setzte sich die 96. Alpinikompagnie auch in den ebenfalls geräumten Stellungen auf dem Sextenstein fest.

Am 18. August frühmorgens beobachteten die Verteidiger die Sammlung von etwa zwei und im Raume südlich des Sextensteines von schätzungsweise vier bis fünf feindlichen Kompagnien. Die Bewegungen konnten von der österreichischen Batterie auf dem Schwabenalpenkopf und von der deutschen Langkanone auf der Plätzwiese wohl unter Feuer genommen und in ihren Bewegungen stark behindert, aber nicht zerstreut werden.

Man glaubte an eine Sammlung zur Besetzung der neueroberten Stellung oder eine Vorbereitung für einen Angriff.

Aus diesem Grunde wurden am Vormittag die Hauptwiderstandslinie mit der zweiten halben 7. Leiberkompagnie unter Oblt. Frh. v o n B e c h t o l d s - h e i m verstärkt.

Trotz der fühlbaren Überlegenheit beim Gegner war die Besatzung zuversichtlich und kampfesfroh. Man beabsichtigte sogar am Abend des 18. eine Vorstoß auf den Sextenstein zu machen, um die Italiener von dort wieder zu vertreiben. hierüber berichtet die Geschichte des Infanterie-Leibregimentes:

„Abends erhielt Lt. S t r o b e l den Befehl, den Sextenstein mit Handgranaten anzugreifen und den dortigen Gegner zu werfen. Auf 70 Meter erhielt der Sturmtrupp heftiges Feuer; auf dem schmalen Felspfad, der nach einer Seite steil abfällt, ist keine Entwicklung möglich. Ein Mann fällt, ein anderer wird verwundet. Der Angriff muß als aussichtslos aufgegeben werden.

Nach Gefangenenaussagen scheint der kleine Vorstoß doch erreicht zu haben, daß der Gegner den für heute abends beabsichtigten Angriff unterließ.

Nach Tagesanbruch beschoß die feindliche Artillerie ohne Rücksicht auf ihre vor der Front liegenden Verwundeten die Stellung."

In den Morgenstunden des 19. August begann tatsächlich ein Angriff der Italiener mit der vermutlichen Absicht, die beiden Flanken der österreichischen Widerstandslinie einzudrücken. Um 3 Uhr morgens griffen an:
die Innichriedel-Stellung das 5./56 und das 2./55,
die Stellung am Wildgrabenjoch drei Kompagnien des III./55,
Reserve 8./55 bei der Drei-Zinnen-Hütte.

Beide Angriffe hatten keinen Erfolg. Die italienischen Kompagnien kamen in das Abwehrfeuer der Verteidiger und wurden bis in den späten Nachmittag zu Boden gezwungen. Während vor der Innichriedel-Stellung 50 gefallene Italiener gezählt wurden, hatte die Besatzung nur fünf Tote und einen Verwundeten.

Um 19 Uhr war der Angriff auf der ganzen Linie abgeschlagen.

Obgleich der Aufwand an Kräften seitens der Italiener sehr groß war, konnten sie nur die Einnahme der österreichischen Vorstellung als Erfolg buchen.

Die Gründe, die die italienische Führung zur Einstellung des Angriffes auf der Zinnen-Hochfläche bewogen, waren der Mangel an Reserven[80] und die Übermüdung der nun schon sieben Tage ohne genügende warme Kost kämpfenden Truppen. Für die linke und die Mittelgruppe auf der Hochfläche erging der Befehl zur Einstellung, für die rechte Gruppe der zur Fortführung des Kampfes im Oberen Bacherntal.

d) Erster italienischer Angriff auf den Sentinellapaß am 7. August 1915

Vgl. Bild 5 (Tafel 4)

Die Besetzung der Hochbrunner Schneid, des Zsigmondy-Grates durch die Italiener, ihre Tätigkeit im Elfergebiet und die Beschießung des Sentinellapasses durch die neuaufgestellten Geschütze auf der Hochbrunner Schneid und dem Paternkofel erweckten den Eindruck eines bald einsetzenden feindlichen Angriffes auf den Paß.

Es war von zwei Unteroffizieren und neun Mann der 5. und 7. Kompagnie

---

[80] Die letzte verfügbare Reserve, drei Kompagnien des 8. Bersaglieriregimentes, die im Bekken Piani di Cengia standen, mußte nach Cortina d'Ampezzo abgehen, wo man Unruhen anläßlich des Geburtstages des Kaisers Franz Josef befürchtete. Berti, Guerra di Cadore, S. 110.

des bayerischen Infanterie-Leibregimentes und von einem Maschinengewehr mit zwei österreichischen Festungsartilleristen als Bedienung besetzt. (Unteroffizier Altweg der 7./L. und Bohl der 5./L., Gfrt. Bartl der 7./L., Leiber Buchwinkel, Kratzmeier, Pfeifentaler, Koller der 5./L. und Mukner, Posse, Schäfer, Kraus der 7./L. Österreichische Maschinengewehrbedienung: Bauer und Jmpler der 3. Kompagnie des FsAB. 1.)

Nach einer mehrtägigen heftigen Beschießung der Paßstellung von der Hochbrunner Schneid und aus der Richtung des Paternkofels, wobei aber der kleine Schützengraben und die spanischen Reiter nur geringen Schaden erlitten, begann zwischen 9 und 10 Uhr vormittags der Angriff der Italiener[81].

Wenn man sich das Angriffsgelände vor Augen hält, erscheint der Angriff schon von vornherein als aussichtsloses Wagnis. Hier konnte nur peinlich genaue Vorbereitung des Angriffes in artilleristischer und infanteristischer bzw. alpinistischer Hinsicht mit vorzüglich ausgebildeten Truppen einen Erfolg erwarten lassen.

Das Gelände war äußerst schwierig zu überwinden. Feindwärts stieg es 600 Meter hoch von der Arzalpe über das Arzkar gegen den Sentinellapaß hinan. Steil und voll von Gerölle war es im Feuer der Paßbesatzung mangels jeder Deckung nicht zu ersteigen. In der eigenen rechten Flanke des Passes lag schützend die schwer gangbare Elfer-Ostwand, die stärkeren Kräften keine Entwicklungsmöglichkeit bot und schwächere wegen der Geländehindernisse nur schwer fortkommen ließ. In der linken Flanke bot die Rotwand die gleichen Schwierigkeiten.

Dem Angriffe gingen persönliche Erkundigungen durch Hptm. C e r b o n e - s c h i (IR. 70) und durch Offizierspatrouillen der 68. Alpinikompagnie voraus. Man stellte dabei fest, daß ein Angriff von der Seite des Elfers oder der Rotwand zu keinem Erfolg führen würde. Auch ein Überraschungsangriff in der Front über das Arzkar war aussichtslos, weil selbst bei größter Vorsicht die abrollenden Steine den Aufstieg verraten würden. Nur einen kombinierten Angriff hielt man für durchführbar, wobei den Geschützen die Aufgabe zufiel, mit größter Genauigkeit den Paß so lange zu beschießen und die Besatzung niederzuhalten, bis die Frontgruppe, über das Arzkar aufsteigend, auf die kürzeste Entfernung an die Paßstellung herangekommen war.

Trotz der so großen Schwierigkeiten wurde die Durchführung des Angriffes vom Kommando der italienischen Brigade Ancona anbefohlen und für den 7. August festgesetzt.

Hptm. Cerboneschi, der Kommandant der 6./70 der im Raume der Arzalpe liegenden Besatzung, entschloß sich auf Grund der Erkundungen, mit seiner Kompagnie und einem Zug Alpini als Hauptgruppe den Paß frontal über das Arzkar und mit einer Nebengruppe über den Elfer anzugreifen. Außerdem

---

[81] Berti, Guerra in Cadore, Kap. XXIV, S. 155 ff.

war die Mitwirkung der Alpini unter Oblt. De Zolt von der Elferseite her beschlossen. Um die Zusammenarbeit festzulegen, schickte er am 6. August morgens eine stärkere Patrouille mit schriftlichen Weisungen an ihn ab, von der zwei Mann mit der Bestätigung des Befehlsempfanges sogleich wieder zurückkehren sollten. Außerdem waren für das Eintreffen der Patrouille optische Zeichen verabredet.

Die Patrouille rückte, um bei Oblt. De Zolt zur Mittagszeit eintreffen zu können, schon um 3.30 Uhr morgens ab. Die Zeit aber verging, und als am späten Nachmittag weder die verabredeten optischen Zeichen sichtbar wurden noch die beiden Meldemänner zurückkamen, schickte Hptm. Cerboneschi noch zwei Alpini mit den gleichen schriftlichen Weisungen der Patrouille nach und gab ihnen eine Leuchtpistole mit Munition zum Signalisieren mit. Wieder verstrich die Zeit, ohne daß die Verbindung mit Oblt. De Zolt hergestellt war. Trotzdem glaubte Hptm. Cerboneschi der Mitwirkung desselben sicher sein zu können und begann den für den 7. August festgesetzten Angriff.

Während die Geschütze der Hochbrunner Schneid und des Paternkofels Granate um Granate auf den Paß schleuderten, rückte er, nachdem er sich in seiner rechten Flanke durch drei Alpinipatrouillen gesichert und vom Sasso Fuoco aus mit einer Patrouille eine Feuerunterstützung seines Aufstieges über das Arzkar eingerichtet und eine Reserve ausgeschieden hatte, mit 18 Mann, die Schutzschilde aus Stahl mitschleppten, längs der Felswände der Rotwand immer höher gegen den Paß hinan. Nach mühsamem Aufstieg kam er schließlich mit seinen Leuten in eine Schuttrinne am Fuße des Absturzes des Bartgrades (Pianoro del Dito) an, wo er, gegen den Paß gedeckt und kaum 150 Meter von der österreichischen Paßstellung entfernt, eine kleine Rast einschalten konnte. An Verlusten hatte er bisher nur einen Verwundeten und einen durch Steinschlag Verletzten zu verzeichnen.

Inzwischen hatte Oblt. De Zolt die schriftlichen Weisungen durch die erste Patrouille des Hptm. Cerboneschi, die den Weg durch die bekannt schwierige „Schusterrinne" genommen hatte, erhalten. Nunmehr war es aber für einen gleichzeitigen Angriff beider Gruppen zu spät, denn Oblt. De Zolt sah um diese Zeit bereits italienische Soldaten in der Nähe des Barthgrates. Um aber Cerboneschi doch noch zu unterstützen, erstieg er mit einer Patrouille die Zeltscharte (Forcella della Tenda) mit der Absicht, von da aus auf den Paß durch Feuer zu wirken.

Aber auch dafür war es zu spät. Der Angriff war schon rettungslos festgelaufen. Von jener Stelle aus, wo Hptm. Cerboneschi rastete, war an ein weiteres Vorrücken gegen den Paß nicht mehr zu denken, da das dort sehr geschickt aufgestellte österreichische Maschinengewehr jede Bewegung unterband. Cerboneschi versuchte nun einen anderen Weg.

Eine Patrouille sollte den Barthgrat erklettern und von dieser Seite aus den Paß umgehen. Kurz nachdem die acht Freiwilligen, die sich für dieses Unter-

nehmen gemeldet hatten, den Aufstieg in die Felsen begonnen hatten, wurden
sie von der Hochbrunner Schneid aus von den Italienern entdeckt, für Feind
gehalten und unter Schrapnellfeuer genommen. Es dauerte einige Zeit, bis der
Irrtum aufgeklärt werden und die Patrouille weitersteigen konnte. Kaum aber
hatte sie den Grat erreicht, als ein zweites Hindernis in der Gestalt einer nicht
zu überwindenden Schlucht vor ihnen lag. Da außerdem eine Felsnadel das
österreichische Maschinengewehr und die Besatzung auf dem Paß verdeckte,
war eine Beschießung nicht möglich.

Hptm. Cerboneschi mußte somit den Angriff als gescheitert ansehen und
den Rückzug anordnen, der bald darauf unter dem Schutz der noch immer
feuernden Geschütze und des Feuers der Patrouille Oblt. De Zolt aus der Zeltscharte am selben Wege angetreten wurde. Um 20 Uhr war die Angriffsabteilung wieder auf der Arzalpe angekommen.

Die bayerische und österreichische Besatzung, die den Paß geschickt verteidigt hatte, hatte drei Mann an Verlusten zu beklagen. Der Festungsartillerist
der Maschinengewehrbedienung B a u e r war tot, die Leiber M u k n e r und
P o s s e waren verwundet.

Da man österreichischerseits gesehen hatte, daß der Gegner sich nicht
scheute, auch den sehr schwer anzugreifenden Paß anzugehen, wurde diesem
Höhengebiet ein größeres Augenmerk zugewendet.

Man stellte aus österreichischen und bayerischen gebirgskundigen Leuten
ein eigenes Patrouillenkommando zusammen, das die Besatzung samt der
Ablösung für diesen Raum zu bestreiten hatte. Es bestand aus 53 Leibern,
zwölf Landesschützen, acht Mann des Patrouillenkommandos Hptm. P i t t -
n e r [82] und sechs Standschützen, die alle sehr mutig und gebirgstüchtig waren.

Die Hälfte der Abteilung lag auf der Anderteralpe und stellte die Besatzung
der Höhenstellungen, die andere Hälfte bildete die Ablösungsstaffel und war
in Bad Moos untergebracht. Das Kommando führten abwechselnd die Leutnants d. R. B a r t h und S e e l.

Die Staffel in der Anderteralpe besetzte mit Ablösung den Sentinellapaß
und die Elferscharte mit je einem Unteroffizier und elf Mann und einem
Maschinengewehr (der Reserve-Maschinengewehrabteilung 4, später der
Gebirgs-Maschinengewehrabteilung 205).

Auf dem Nordgipfel des Elfer (3098) stand eine Patrouille von zwei Mann
mit 24stündiger Ablösung.

Der Rotwandgipfel wurde von der 4. Leiberkompagnie gehalten, denen

---

[82] Diese Abteilung bestand schon seit Kriegsbeginn mit Italien und war zusammengesetzt aus
Gendarmen und Finanzwachleuten, die von ihrem Beruf her die Gegend sehr gut kannten, auch
aus gebirgstüchtigen, zum Militärdienst eingerückten Bewohnern der Sextner Gegend und aus
Landesschützen der Besatzung der aufgelassenen Werke. Kommandant war Hptm. i. d. R. P i t t -
n e r.

sechs Standschützen der Innsbrucker Akademischen Legion zugeteilt waren, von ihnen waren ständig drei Mann auf dem Gipfel[83].

e) Zweiter italienischer Angriff auf den Sentinellapaß vom 13. bis 15. August 1915[84]

Die Ruhe dauerte kaum eine Woche. Dann versuchten die Italiener, zu gleicher Zeit mit dem Angriff auf der Zinnen-Hochfläche und im oberen Bacherntal, nochmals den Sentinellapaß zu erobern und in das Fischleintal einzudringen.

Der Kommandant des Alpinibataillons Fenestrelle, Mjr. G a z a g n e, erhielt den Auftrag, den Angriff am 13. August zu wiederholen.

Man versuchte es diesmal auf andere Art, den Paß in die Hand zu bekommen. Eine 52 Mann starke Frontgruppe, bestehend aus Teilen der 28. und 29. Kompagnie des Alpinibataillons Fenestrelle und 17 Mann der 68. Kompagnie des Alpinibataillons Cadore, hatte den Paß frontal anzugreifen, während eine andere Gruppe, bestehend aus Teilen der 68. und 29. Alpinikompagnie — zusammen 117 Mann —, den Angriff von der Rotwand her zu unterstützen hatte.

Auf österreichischer Seite war die Besatzung nach Zusammensetzung und Stärke die gleiche geblieben wie beim Angriff vor einer Woche.

Um 7.30 Uhr früh des 13. August begann die italienische Frontgruppe von der Hochbrunner Schneid in das Arztal absteigend die Vorrückung auf den Paß, die wegen der schon vom Angriff am 7. August her bekannten Geländeschwierigkeiten sehr langsam vonstatten ging. Erst um 16 Uhr traf von einer ausgesandten Erkundungspatrouille die Meldung beim Leiter des Unternehmens, Mjr. Gazagne, ein, daß der Paß und die anschließende Platte des Elfer stark besetzt seien. Um diese Zeit hatte sich die Unterstützungsgruppe von der Rotwandseite her noch nicht fühlbar gemacht. Sie war zwar schon in der Nacht auf den 14. aufgebrochen, hatte aber große Geländeschwierigkeiten zu überwinden und war schließlich, von den österreichischen Rotwandschützen aufgehalten, nicht mehr vorwärtsgekommen.

So schien dem Mjr. Gazagne, als er um 16 Uhr die Meldung seiner Erkundungspatrouille erhalten hatte, die Zeit zur Fortsetzung der Vorrückung der Frontgruppe gegen den Paß zu weit vorgeschritten. Er gab Befehl zur Unterbrechung des Angriffes.

Am nächsten Tag (14. August) begann die Frontgruppe die Vorrückung neuerdings. Die Geschütze des Paternkofels unterhielten indessen ein heftiges Feuer auf den Paß und auf die Rotwand.

---

[83] Siehe Abschnitt 8 d.
[84] Berti, Guerra in Cadore, Kap. XXIV, S. 160 ff.

Das genauere Feuer der bayerischen Besatzung jedoch hielt die Alpini vollkommen nieder. Sie konnten auf dem von ihr bestrichenen Kar keinen Schritt, auch nicht kriechend, vorwärtskommen. Auf italienischer Seite traten bald Verluste ein. Der Leiter der Unternehmung wurde verwundet, ein Offizier (Lt. Roscio) war gefallen. Auch der feindlichen Rotwandgruppe ging es nicht besser. Sie wurde als Unterstützung für die Frontalgruppe überhaupt nicht fühlbar.

So blieb der Angriffsleitung nichts übrig, als das Unternehmen abzubrechen. Die Frontalgruppe zog sich um 13 Uhr, die Rotwandgruppe erst am nächsten Tag (15. August) zurück.

Damit war auch der zweite Angriff auf den Paß gescheitert. Ungenügende Vorbereitung, mangelndes Zusammenarbeiten der beiden Angriffsgruppen, die zahlenmäßig dem Verteidiger weit überlegen waren, waren die Hauptursachen des Mißlingens.

Die den Paß tapfer verteidigenden Bayern hatten keine Verluste.

f) Aufklärungspatrouille des Feldkuraten Hosp auf den Elfergipfel vom 22. bis 24. August 1915

Inzwischen war es auf der Elfergipfel-Wache immer ungemütlicher geworden. Unsere Besatzung schoß tüchtig auf den „Elferaugust"[85], der das Feuer erwiderte. Man stellte auch fest, daß der „Elferaugust" aus einer Wache von sechs bis acht Mann bestand, die täglich von der Lagerbaracke im „Inneren Loch" den Elfer-Südgrat überquerte.

Feldkurat H o s p stieg am 22. August wieder zur Gipfelwache auf, um dort nach dem Rechten zu sehen. Über diesen Patrouillengang schreibt er:

„Wieder war ich abends im engen Hüttchen auf der Sentinellascharte und unterhielt mich mit den Leibern.

Diesmal brauchten wir weniger lange auf den Mond zu warten und wir konnten uns Zeit lassen, zumal der eine Begleiter, der Ötztaler Bergführer F i e g l, den Leiber am Seil hatte und ich bloß voranzusteigen hatte. Noch in der Nacht waren wir schon am Ziel und ging ich diesmal mit den Begleitern auf dem Südgrat vor; zur Schuttrinne, wo die Gratroute und anschließend die alte Elferroute auf den Gipfelgrat einmündet. Wenn irgendwo, lauerte hier die Gefahr! Wir bauten übereinander zwei Steinlawinenfallen und erst der beginnende Tag zwang uns zur Arbeitseinstellung. Das Wetter war wechselnd, so daß wir zeitweilig bei Nebel uns frei auf dem Gipfelgrat ergehen konnten. Hinter den Drei Zinnen war das Gros der Zelte verschwunden, aber immer noch eine erkleckliche Anzahl geblieben . . .

In der Abenddämmerung (23. August) machten sich meine beiden Kameraden an den Abstieg. Ich selbst wollte noch zwei Tage heroben bleiben. Infolge eines Mißverständnisses rechnete die Ablösung erst mit der nächstfolgenden Nacht und ich blieb allein. Vielleicht hatte doch der Feind auf dem Südgrat mit einem lichtstarken Glase den Vorgang beobachtet . . .

---

[85] „Elferaugust" = Alpinipatrouille auf der Zeltscharte, einer Scharte südöstlich des Elfer-Südgipfels.

Über die dunkle Reisenmauer des ‚Zwölfer' kommt eben der Mond aufgezogen, mit seinem Silberlicht alles überflutend ...

Auf einmal ein infernalisches Geheul, aus dem das ‚Avanti Savoja' deutlich zu hören ist. Gewehrsalven, Maschinengewehrgeknatter ... Leuchtkugeln und Raketen steigen auf und beleuchten taghell dort im Bachernkar das Kampfgetümmel. Kaum eine Minute vergeht und schon spricht die Artillerie mit Donnerstimme darein — ein Getöse, ein feuerdurchglühter Dampf als wären alle Furien der Unterwelt entfesselt. Bald aber läßt die Heftigkeit nach, nur mehr vereinzelt fallen Schüsse, die Mündungen der Kanonen verstummen, der Angriff ist in sich zusammengebrochen.

Gegen Morgen (24. August) erst finde ich im Zelte einige Stunden der ersehnten Ruhe. Die heraufsteigende Morgensonne weckt mich aus dem leisen Schlafe und neugierig schaue ich um mich. Die Ablösepatrouille mußte doch schon da sein. Niemand sichtbar!

Na! Bis morgen werde ich's schon schaffen, Proviant und Munition ist ja vorhanden. Aber wenn der Feind ... Ich beginne zu überlegen, was ich zu machen hätte, wenn die Steinlawinen das Herankommen des Feindes anzeigten. Ach was! Der hat sich doch noch nie herübergetraut, wird nicht gerade heute kommen müssen. Aber doch lege ich mir einen Aktionsplan zurecht.

Und das war gut gewesen! Schon hatte die Sonne den Zenit überschritten. Ich dachte an keine Bedrohung mehr und studierte mit dem Glas und der Karte das Bachernkar. Da höre ich Steine fallen von der Gegend der Rinne her. Erst zweifle ich, ob es nicht die Schneeschmelze wäre, die oft die Steine löst ... jetzt wieder das Poltern viel stärker als früher.

Nahkampf auf Leben und Tod gegen mehrfache Übermacht! Das Herz schlägt hörbar und stößt mir das Blut gegen den Kopf, daß die Halsadern zu springen drohen. Trotzdem tue ich fast mechanisch, was ich mir früher zurecht gelegt hatte. Heraus aus der Mausefalle des Zeltes und mit Vermeidung der vom ‚August' bestrichenen Ostseite westlich herum auf ein steiles Schuttfeldchen mit einem Grätchen darüber. Der Liegeplatz ist wahrlich kein Diwan und Knie und Ellbogen reiben sich wund an den Steinkanten, aber das Grätchen schützte von vorne und die luftigen Abgründe von hinten gegen Handgranaten. Fieberhaft breche ich Felsbrocken aus dem morschen Gestein und schichte sie ans Grätchen mit Sicht gegen den Feind.

Da fliegt schon die erste Handgranate rauchend heran gegen die südseitige Zeltmauer ... ebenso eine zweite ... Krach! Die Steine fielen über mich hinweg zur Tiefe. Der Feind vermutet mich im Zelt, dessen Mauer halb zusammengestürzt war. Das benütze ich zum Angriff von der Seite.

Schneller als es hier geschildert werden kann, erhebe ich mich, den Mannlicher hart an der Wange, und sehe zwei Alpini am Grat wenige Schritte vor mir, der eine aufrecht stehend und abziehend, der andere halbgedeckt. Abziehen und wieder niedersinken war eins. Ein markerschütternder Schrei, ein Aufschlagen des rückwärts stürzenden Schädels ... der ist erledigt!

Eine Handgranate flog rauchend, diesmal richtig auf mich zu, aber zu weit, fort mit Schaden in den Abgrund! Eine weitere geht zu kurz vor das Felsgrätchen nieder. Kaum sind Splitter und Steine über mich hinweg gegangen, erhebe ich mich wieder. Der Feind hatte sich in der Ostseite geduckt und nur der Oberkörper ist sichtbar. Das genügt auf diese paar Schritte Distanz. Während er wieder eine Handgranate wirft, stürzt er schon getroffen in die Tiefe. Daß der ‚Elferaugust' auch schoß, sowie ich mich erhob, achtete ich kaum mehr.

Damit war die größte Gefahr vorüber. Es war zu wetten, daß noch zwei, drei Patrouilleure im Schärtchen auf Anschlag waren. Denen war schwer beizukommen, zumal ich keine Handgranaten zur Verfügung hatte. Ich richtete zunächst im Grätchen eine ganz schmale Ritze her, um ungefährdet hinübersehen zu können. Richtig, da schaut eine Gewehrmündung gerade auf mich her — — — aber kein Kopf darüber. Der wird schon noch kommen, dachte ich mir, im Kriege ist Zeit nicht Geld! Tatsächlich verging eine bange halbe Stunde — es konnten vielleicht auch nur zehn Minuten gewesen sein — als wiederum Handgranaten, diesmal aber drei Stück gleichzeitig, rauchend herüberflogen. Lautlos fallen sie hinter mir in den Abgrund, um dort unschädlich zu krepieren.

Scharf äuge ich hinüber, denn es war zu wetten, daß dort jetzt jemand neugierig sein würde. Tatsächlich tauchte ein Haarbüschel auf über der Gewehrmündung und zwei Luchsaugen darunter. Schuß! . . . der saß! Kaum war der der Rauch verzogen, schaue ich wieder hinüber, Kopf und Gewehr sind verschwunden, dafür höre ich lautes Fluchen und einen Höllenspektakel von Steinen. Der Körper des Stürzenden hatte die untere unserer Steinlawinen gelöst. Lange noch rollt das Getrümmer nach und eine Staubwolke qualmte aus der Rinne.

Das war der rechte Moment zum Angriff. Wenn nur der dumme ,August' nicht gewesen wäre! Ah, bah! Bis der schoß, war ich lange in der Deckung. Ein Sprung auf den Grat, einige wilde Sätze und ich liege am oberen Ende der Rinne in Deckung. Ein paar massive Steintrümmer habe ich bald herbeigezerrt und bewerfe nun jeden Winkel der mir wohlbekannten Rinne. Nichts rührt sich! Das Gewehr in Anschlag, tauche ich auf über die Rinne. Alles leer! Sie hatten Fersengeld gegeben.

Nun die Gefahr vorüber war, macht sich die furchtbare Nervenanspannung fühlbar und ich mußte mich setzen, unfähig jeder Bewegung, und in langer Pause Herz und Nerven sich beruhigen lassen.

Vom Rest der Patrouille ist wenig mehr zu sagen. Bei einfallendem Nebel konnte ich das zerstörte Zelthüttchen wieder aufbauen, die Ablösung konnte bei Tag aufsteigen. Anderntags schneite es leicht, so daß ich ungehindert auch wieder bei Tageslicht absteigen konnte, nachdem ich die Ablöser mit den Gefahren des Gratweges und deren Verhinderung vertraut gemacht hatte."

11. Italienische Angriffe Ende August und im September 1915

a) Allgemeine Lage

Mitte August war man italienischerseits zur Erkenntnis gekommen, daß der gleichzeitige Angriff gegen die beiden Sperrgebiete Landro und Sexten auch in Zukunft keinen Erfolg bringen werde, weil die zur Verfügung stehenden Kräfte für die Ausdehnung der Angriffsfront zu gering und die Truppen durch die vorhergehenden Kämpfe zu stark ermüdet waren. Auch schien die Jahreszeit zu weit vorgeschritten, um größere Operationen im Hochgebirge durchzuführen.

Bei einem Angriff aber auf nur eines der beiden Sperrgebiete konnte die Wahl nur auf das Gebiet der Sperre Sexten fallen, weil über dieses die kürzeste Stoßrichtung in das Puster- und Drautal verlief und das Gelände der Sohle des Sextner Tales und dessen östlicher Hang für Truppen und Nachschub geeigneter war als im engen Höhlensteiner Tal. Auch war mit einer rascheren, wenn auch nur moralischen Wirkung der italienischen Artillerie in das Puster- und Drautal zu rechnen. Bei dieser neuen Stoßrichtung konnte ferner der wegen der vorgeschrittenen Jahreszeit schwierige und entbehrungsvolle Aufenthalt der Truppen in den Höhenlagen vermieden werden.

Diese Erwägungen lagen dem Entschluß des italienischen I. Armeekommandos zugrunde, als es befahl, sich vorerst die Vorausstzungen für diesen

Stoß durch die Eroberung des Elfers, der Rotwand und des Felsspornes Burgstall für einen Angriff gegen die Linie Seikofel–Frugnoni zu schaffen.

Östlich der Zinnen-Hochfläche bestand das Angriffsziel in der Beseitigung
des lästigen Druckes auf die linke Flanke der 10. Division, der durch die
Besetzung des Elfer, der Rotwand und des Sentinellapasses durch die Österreicher fühlbar war.

Das Schwergewicht des Gesamtangriffes der Italiener lag im Kreuzberg-
Gebiet in der Linie Burgstall–Frugnoni.

Im Cristallo-Gebiet sollten die Schönleitenschneid erobert, der Monte Piano
durch Umgehung zu Fall gebracht werden und dadurch nicht nur österreichische Kräfte gebunden, sondern auch der Verkehr auf der Straße Ospidale–
Schluderbach unterbrochen werden.

Die Durchführung der beiden letzten Aktionen im Cristallogebiet war
jedoch erst nach dem Hauptangriff im Raume Kreuzberg vorgesehen.

So entwickelte sich im Zeitraum der zweiten Hälfte August bis Ende September auf der Front des österreichischen Grenzabschnittes 10 ein großer italienischer Angriff auf breiter Front mit nur nahe gesteckten Zielen.

Die Leitung jener Operationen, die die linke Flanke der italienischen
10. Division von dem durch die österreichische Besetzung der Rotwand, des
Sentinellapasses und der Elferscharte herrührenden Druckes befreien sollte,
wurde dem Gm. F a b b r i übertragen, der dem Kommandanten des Alpinibataillons Cadore, Mjr. B u f f a d i P e r e r o, den Befehl gab, die österreichischen Stellungen im Bachern- und Altsteintal anzugreifen und den Gegner bis
zum Zusammenstoß der beiden Täler zurückzuwerfen. Ferner sollte eine
alpine Abteilung die Elferscharte und die benachbarte Kote 2649 in Besitz
nehmen.

Der Angriff auf den Sentinellapaß und die Rotwand fiel den Truppen der
italienischen 10. Division zu. So entwickelten sich vier zeitlich nicht zusam-
menfallende Unternehmungen gegen den Kampfabschnitt II (Fischleintal) des
Grenzunterabschnittes 10 b[86]. Die Aktionen gegen das Bachern- und Altsteintal kamen Ende August, die gegen die Elferscharte und den Sentinellapaß
Anfang September zur Durchführung.

Österreichischerseits konnte man, obgleich die übereinstimmenden Gefangenenaussagen einen starken italienischen Angriff in der Linie Fischleintal
bis Kreuzberg erwarten ließen, wegen Mangel an Reserven nur kleinere Verschiebungen vornehmen.

---

[86] Die Vorgänge auf italienischer Seite sind den Schilderungen von Berti, Guerra di Cadore,
Kap. XXIII, S. 145 ff., entnommen. Österreichischerseits standen keine authentischen Unterlagen
für die Darstellung der Kämpfe in diesem Gebiet zur Verfügung. Nach Tagebuchaufzeichnungen
österreichischer Mitkämpfer stimmt die italienische Darstellung örtlich und zeitlich mit den
Ereignissen im Bacherntal überein.

Im Fischleintal wurde eine halbe 7./L. unter Lt. d. R. M e n g von der Lanzingersäge nach Bad Moos vorgezogen. Die bisher dort befindliche halbe 5./L.
rückte bis zum Dolomitenhof vor. Ein Zug der Maschinengewehrkompagnie
Oblt. P e c h m a n n kam in die Lanzingersäge, ein Zug in das Fischleintal, das
nunmehr mit vier Maschinengewehren genügend ausgerüstet schien.

b) Italienischer Angriff im Bacherntal
vom 26. bis 30. August 1915

Die Stellungen in diesem Tale waren noch die gleichen, wie sie nach dem
Falle der Zsigmondy-Stellung am Nachmittag des 17. August bezogen wurden
und jetzt von Teilen der 5./L. besetzt waren.

Vorerst nahmen Alpini der 68. Kompagnie unter Lt. C a s a l i in der Nacht
auf den 26. August die von den Leibern nicht besetzte Kanzel in Besitz. Von
da aus erstieg und besetzte nachts eine Alpinipatrouille den Einser und voll-
brachte damit eine anerkennenswerte alpine Leistung.

In der nächsten Nacht nahm die 4. Kompagnie des 12. Bataillons des 8. Bersaglieriregimentes Stellung auf der Vorkanzel, während die 67. und 68. Alpinikompagnie unter Oblt. R e a n von der Zsigmondy-Hütte aus auf dem
schmalen, in das Bacherntal führenden Fußsteig abstiegen, um die bayerischen Talstellungen anzugreifen. Die im Einzelmarsch sich abwärts bewe-
gende Kolonne wurde von den Leibern gesichtet und durch wohlgezieltes
Infanterie- und Maschinengewehrfeuer zur Umkehr gezwungen.

Erst in der kommenden Nacht auf den 28. gelang es den beiden italienischen Kompagnien die Talsohle zu gewinnen, wo ihnen aber für die Entwicklung zum Gefecht jeglicher Raum fehlte. Sie mußten wieder, einer hinter dem
anderen, in dem engen, von dem Wildbach ausgewaschenen Bachbett gegen
die bayerischen Stellungen vorrücken.

Die aus Pionieren und Sappeuren bestehende, vorne befindliche italienische Patrouille stieß bald auf das der Leiberstellung vorgelegte starke Drahthindernis und mühte sich stundenlang ab, in dasselbe eine Lücke zu schnei-
den. Man sah bald ein, daß die Hinderniszone zu breit und zu tief war und daß
auch die Gebirgsgeschütze vom Giralbajoch und von der Zsigmondy-Hütte,
die allein dorthin wirken konnten, zu schwach waren, um Breschen in die
starke Verdrahtung zu legen. Auch hatte der aufgehende Mond die Arbeiten
an dem Hindernis verraten. Das dadurch von der Besatzung und der Artillerie
des Verteidigers ausgelöste Abwehrfeuer brachte den italienischen Angriff
zum Scheitern.

Nun versuchten italienische Offizierspatrouillen durch Ersteigen der Felsen
den linken bayerischen Flügel zu umgehen. Sie konnten jedoch in den
geschickt an die Elferwände angebauten Stellungen nirgends Lücken finden.

Als letztes Mittel versuchte in der Nacht auf den 30. ein Teil des Zuges der

68. Alpinikompagnie, sich von der Kanzel in einem Kamin herabzulassen, um auf diese Weise in die Flanke der Leiber zu kommen. Als auch dieser Versuch mißlungen war, stellten die Italiener die Angriffe in diesem Gebiete ein.

c) Italienischer Angriff im Altsteintal vom 27. bis 31. August 1915

Gleichzeitig mit dem Unternehmen im Bacherntal kam auch das im Altsteintal zur Durchführung. Die Besatzung bestand aus der 1./L.

In der Nacht auf den 27. August wurde die 96. Alpinikompagnie aus ihrer Ruhestellung im Val Marzon herausgezogen und stieg mit der 6. Kompagnie des Bersaglieriregimentes 8 über das Büllelejoch zum Angriff in das Altsteintal ab. Während die Bersaglierikompagnie rückwärts in zweiter Linie verblieb und ein Zug der Alpinikompagnie sich als Reserve beim Wasserfall eingrub, rückten die anderen drei Alpinizüge im engen Talgrund vor und schickten Patrouillen zur Sprengung oder zum Zerschneiden der das Tal absperrenden Hindernisse voraus.

Im grauenden Morgen aber wurden diese und die Alpinikompagnie von den bayerischen Altsteinwachen entdeckt und unter heftiges, meist flankierendes Feuer genommen. Die Alpinikompagnie wurde zersprengt und mußte hinter Felsen oder in Mulden bis zum Eintritt der Dunkelheit in Deckung bleiben.

Dann erst gelang es ihr, bis zum Wasserfall sich zurückzuziehen. Ein halber Alpinizug konnte erst in den Nachtstunden auf den 29. zu seiner Kompagnie zurückfinden.

Nach dem mißglückten Angriff versuchten es die Alpini so wie im Bacherntal auch hier mit einem Umgehungsversuch in die rechte Flanke der Leiber. Die Wachsamkeit der Altsteinwache aber, die von der Absicht der Italiener durch Standschützenoberjäger Goller verständigt worden war, wehrte den Versuch ab. Übrigens war auch das ganze Tal von den Geschützen der Gebirgsbatterie 4/8 der Anderteralpe bestrichen und nachts von der Scheinwerferabteilung des Oblt. Köfinger beleuchtet.

Die Italiener gaben nun, so wie im Bacherntal, auch hier den Angriff auf.

Die Verluste der Leiberbesatzung waren gering. Unteroffizier Rüger (1. Kompagnie) wurde schwer, ein Leiber leicht verwundet.

Am 26. August war die halbe 30,5-cm-Mörserbatterie 9 800 Meter südlich Moos in Stellung gegangen. Von hier aus hatte sie die schwere italienische Artillerie im Raume Paternkofel – Cima di Colesei – Quaterna – Col Rosson und die auf die Zinnen-Stellung wirkende feindliche schwere Artillerie im Raume Cengia und Büllelejoch zu bekämpfen. Am 31. August beschoß sie vorerst mit 21 Bomben die italienischen Batterien am Büllelejoch, am 1. September um 6 Uhr früh die italienische Stellung am Sextenstein mit mehreren Bomben, während der Gebirgshaubitzzug auf der Morgenalpe und der

Gebirgskanonenzug auf der Anderteralpe die fliehende Besatzung unter Feuer nahm und ihr den Rückzug abschnitt.

Am 3. September legte ein starker Wettersturz jede Gefechtstätigkeit lahm. Die 1. Leiberkompagnie (Oblt. v o n S p e i d e l) wurde von der 7. Leiberkompagnie abgelöst.

Die weiteren Tage verliefen im Altstein- und Bacherntal ruhig. Von der Oberbacherspitze und vom Einser gaben italienische Höhenposten auf die Talstellungen in bestimmten Zeitabschnitten ein lästiges Einzelfeuer ab. Besonders der „Bachernsepp" — Kosenamen für das auf der Oberbacherspitze in der Richtung Fischleintal eingespannte italienische Maschinengewehr — machte den Aufenthalt in der Stellung unsicher und mußte schließlich durch einige Artillerieschüsse vertrieben werden.

Vor der Front der 5. Kompagnie in der Bachernstellung wurden Tretminen gelegt, wobei leider ein Unteroffizier der 5./L. und ein österreichischer Korporal tödlich verunglückten.

Am 19. September suchten sich italienische Patrouillen der Talstellung im Altsteintal zu nähern und die vor derselben liegenden Latschen in Brand zu setzen. Das Gewehrfeuer der wachsamen Besatzung trieb sie jedoch wieder zurück. Am gleichen Tage explodierte das Munitionsdepot bei der Anderteralpe, wobei fast 6000 Gewehrpatronen zugrundegingen. Menschenverluste waren nicht zu beklagen.

d) Dritter italienischer Angriff auf den Sentinellapaß am 3. September 1915

Im Rahmen der vom italienischen I. Korpskommando angeordneten Aktion zur Beseitigung des Druckes auf die linke Flanke der 10. Division fand auch der dritte Angriff auf den Sentinellapaß und der auf die Elferscharte statt. Leiter der überfallsartig gedachten dritten Unternehmung gegen den Sentinellapaß war Mjr. C h e s s a, Kommandant der Angriffskompagnie wieder wie am 7. August 6./70 Hptm. C e r b o n e s c h i.

Da über die Abwehr dieses Angriffes auf österreichischer Seite Kriegsakten fehlen, sei der Verlauf des Angriffes aus einer italienischen Schilderung[87] entnommen.

Das zweimalige Mißlingen der Unternehmungen gegen den Paß und das Bewußtsein, daß die Österreicher nunmehr noch aufmerksamer sein würden und ihre Stellung noch besser ausgebaut sei, war für die Italiener nicht sonderlich ermutigend. Dazu kam, daß der Angriff in der Nacht stattfinden sollte und unglücklicherweise in eine Schlechtwetterperiode fiel.

Um Mitternacht des 3. Septembers begann es, während die italienische

---

[87] Berti, Guerra di Cadore, Kap. XXIV, S. 163.

Kolonne langsam im steilen felsigen Kar zum Sentinellapaß sich empormühte, heftig zu schneien. An der Spitze stieg Oblt. M o d u g o mit einer Abteilung von 15 Alpini und 28 Mann der 6./70. In einer halben Stunde Entfernung folgte die Hauptkraft (zweieinhalb Züge der 6./70) unter Hptm. Cerboneschi. Die Gebirgsgeschütze und Maschinengewehre schwiegen, waren aber bereit, wenn notwendig, sofort einzugreifen.

Der Aufstieg ging trotz aller Vorsicht nicht ohne Geräusch vor sich. Losgelöste Steine polterten das Kar hinunter und alarmierten die bayerische Paßbesatzung. Leuchtraketen gingen hoch, doch vom Gegner war noch nichts zu sehen.

Als Oblt. Modugo mit seiner Vorpatrouille vor der bayerischen Paßstellung anlangte, begann es eben Tag zu werden. Er sah, daß es nur mehr ein „bis daher und nicht weiter" gab. Jeder, der auch nur einen Schritt vorwärts machte, kam in den Bereich der Gewehre der Besatzung. Die Geschütze der Hochbrunner Schneid und die Maschinengewehre vom Sasso Fuoco konnten nicht feuern, da der Paß im dichten Nebel steckte.

Zudem meldete eine unter dem italienischen Bergführer Megus auf den Barthgrat aufgestiegene Patrouille, daß von hier jeder Versuch einer Umgehung aussichtslos sei.

Da die Fortsetzung des Angriffes somit keine Aussicht auf einen Erfolg bot und außerdem die Mannschaft durch Nässe und Kälte bereits stark entkräftet war — acht Mann hatten bereits Hände und Füße erfroren — entschloß sich Mjr. Chessa, um 9 Uhr vormittags den Angriff abzubrechen.

So war auch der dritte Angriff abgeschlagen und bewies den Italienern neuerdings, daß der Paß im frontalen Angriff nicht zu nehmen sei.

e) Italienischer Angriff auf die Elferscharte vom 7. bis 10. September 1915[88]

Der Kommandant des Alpinibataillons Cadore, Mjr. B u f f a d i P e r e r o, der die Unmöglichkeit eines Angriffes vom Bacherntal über die Hänge bergauf auf die Elferscharte einsah, beabsichtigte, unmittelbar östlich der Kote 2645 vom Nordwestgrat des Elfers die Elferscharte überraschend anzugreifen. Ein plötzlicher Wettersturz mit heftigem Schneegestöber ließ jedoch den bereits für den 2. September festgesetzten Angriff einige Tage lang nicht zu. Er kam zugleich mit einem solchen gegen die Bachernstellung vom 7. bis 10. September zur Durchführung.

Trotz ausgiebiger Artillerieunterstützung von zehn Gebirgsgeschützen — es wirkten zwei Geschütze vom Monte Popera, vier vom Giralbajoch und zwei vom Büllelejoch, ferner zwei von der Zsigmondy-Hütte mit — kam der Angriff

---

[88] Berti, Guerra in Cadore, Kap. XXIII, S. 150.

der Alpini nirgends vorwärts. Die Besatzung, besonders die der Elferscharte, war von der Bereitstellung durch die Spuren im Schnee aufmerksam gemacht worden und konnte die angreifende 67. Alpinikompagnie mühelos abweisen.

Im Bacherntal machte sich der Angriff überhaupt nicht fühlbar. Der österreichische Gefechtsbericht spricht nur von feindlichen Patrouillen, die zögernd vorgingen. Die Mulde, in der der Gegner sich sammelte, wurde mit Gewehrgranaten belegt.

Die Alpinigruppe vor der Elferscharte versuchte am 8. September nochmals ihr Glück, indem sie in der Nacht den Angriff wiederholte. Nur ein Teil kam bis an die Hindernisse und wurde rasch abgewehrt. Während des Angriffes suchte eine Seilpartie eine Scharte in der linken Flanke der Besatzung zu ersteigen. Eine losgelassene Steinlawine machte der kühnen Kletterpartie bald ein Ende.

Weitere Versuche am 9. und 10. September wurden unter Mitwirkung eines flankierenden Maschinengewehres, eines Gebirgsgeschützes vom Altstein und einer 10-cm-Haubitze aus dem Raume von Moos ebenfalls abgewiesen.

Nun gaben die Alpini ihre Angriffsversuche auf und zogen sich zurück.

Die Offensive der italienischen Truppen des Gm. Fabbri war zu Ende.

12. Abmarsch des bayerischen Infanterie-Leibregimentes und der deutschen Artillerieformationen. Einsatz des k. u. k. 2. Regimentes der Tiroler Kaiserjäger im Grenzunterabschnitt 10 b

Der Monat Oktober brachte der Dolomitenfront ein Ereignis von besonderer Wichtigkeit. Am 4. Oktober wurde bei der Division FML. Goiginger bekannt, daß die in ihrem Bereiche eingesetzten deutschen Truppen abgezogen und durch drei Kaiserjägerregimenter der 8. Infanterietruppen-(später Kaiserjäger-)Division ersetzt würden.

Der Abzug des Deutschen Alpenkorps[89] wurde von den k. u. k. Truppen aufrichtig bedauert. Hatten sie doch Freud und Leid, Not und Tod zu enger treuer Kameradschaft vereint. In der ersten Notzeit bildeten die jungen kräftigen und kampferprobten Leute des Alpenkorps die Stütze der aus älteren, weniger frontdiensttauglichen zusammengesetzten Landsturmbataillone des k. u. k. Heeres und der aus oft ungedienten alten oder ganz jungen Leuten gebildeten Standschützenbataillone Tirols und Vorarlbergs. Die deutschen Truppen wieder haben sich von den gebirgsgewohnten österreichischen Soldaten die für den Krieg im Hochgebirge unentbehrlichen alpinen Kenntnisse in hohem Grade erworben.

---

[89] Über die Ablösung der deutschen Truppen der Dolomitenfront siehe auch Schemfil, Col di Lana, S. 97.

Der Abzug des Alpenkorps erfolgte in einer sehr ungünstigen Zeit, weil dadurch namentlich die in voller Entwicklung begriffenen Wintervorsorgen eine starke Verzögerung erlitten. Besonders unangenehm machte sich der Abgang der deutschen Batterien fühlbar, für die kein gleicher Ersatz gestellt werden konnte. Der Ausfall im Divisionsbereich betrug eine Feldkanonenbatterie, zwei Gebirgskanonen- und drei Feldhaubitzbatterien, zusammen 24 Geschütze. Nur die deutschen Gebirgsmaschinengewehrabteilungen 201 bis 210, das Fußartilleriebataillon 104 (10-cm-Langkanonen) und die schwere Haubitzbatterie 102 (Hptm. Rose) blieben über Antrag des Kommandanten des Deutschen Alpenkorps Glt. von Krafft zurück, der der Ansicht war, daß die Überlegenheit der italienischen Artillerie jetzt schon sehr groß sei und daß sie mit dem Abgehen des Alpenkorps für die k. u. k. Truppen voraussichtlich bis über die Grenze des Erträglichen wachsen würde.

Nach Abzug des Deutsche Alpenkorps hatte die Pustertaler Division folgende Gliederung angenommen:

Divisionskommandant FML. L. v. Goiginger, Generalstabschef Mjr. von Hüttenbrenner, Artilleriebrigadier Obst. von Pengow.

Gronzabschnitt 0: (06. Infanteriebrigade) Obstbrigadier Vonbank, Glstbhptm. Bajuoczy.
Grenzunterabschnitt 9a: Obst. Lauer, I., II., III./3. TJR., Lstb. 162, St. Sch. B. Enneberg.
Grenzunterabschnitt 9b: Obst. v. Kriegshaber, I., II. III./1. TJR., Alpines Detachement Hptm. Baborka und Zeyer.

Grenzabschnitt 10: (56. Gebirgsbrigade) Gm. Englert, Glstbhptm. Harwalik.
Grenzunterabschnitt 10a: Obst. Schönherr, II., III., IV./Lsch. III, Alpines Detachement Oblt. Brunner, St. Sch. B. Welsberg, Fknbt. 8/41 und 8/36, ¾ Fhbt. 1/14, Gbknbt. 2/2, ½ deutsches Fußartilleriebataillon 104, ½ 30,5-cm-Mörserbatterie 19, ¼ 24-cm-Mörserbatterie 10B.
Grenzunterabschnitt 10b: (51. Gebirgsbrigade) Oberstbrigadier von Sparber, Oblt. von Fischer-Poturzyn, Artilleriekommandant Obstl. Bruckner, II., III., IV./2 TJR. (Obst. Tschann). X./59, St. Sch. B. Innsbruck I und II und Silz. Fknbt. 9/41, Gbknbt. 6/8, Fhbt. 1/14 (ein Geschütz), Gbknbt. 2/8, ½ deutsches Fußartilleriebataillon 104.
Grenzunterabschnitt 10c: Obst. von Zach, Lstb. 165, 24, 29, St. Sch. B. Sillian, Gbknb. 4/8, 6/11, Gbhbt. 5/14, 1 — 24-cm-Mörserbatterie 10B.
Divisionsreserve: Lstb. 167 und I./Lsch. III.

Besetzung des Grenzunterabschnittes 10b Ende November 1915

Kampfabschnitt I	X./59 Hptm. Burger	
3. Komp.	Oblt. Stuppöck	Wildgrabenjoch
1. Komp.	Oblt. Mitterwallner	Rienzstellung
2. Komp.	Hptm. Plammer	Toblinger Knoten
5. Komp.	Oblt. Brunner	Innichriedlstellung
Kampfabschnitt II	III./2. TJR. Hptm. Thuma	
11. Komp.	Hptm. Morawetz	Bacherntal
9. Komp.	Oblt. Leide	Altsteintal
MGA. III	Lt. Sonntag	Bacherntal
Alp. Det.	Hptm. Graf Taxis	Scharterwache
MGA. VII		

Kampfabschnitt III   IV./2. TJR. Mjr. von Cordier
    10. Komp.   Hptm. Richter . . . .   Burgstall
    16. Komp.   Oblt. von Appel . . . .   Schellaboden
    15. Komp.   Oblt. Kirschner . . . .   Kreuzberg
    14. Komp.   Hptm. Sperlich . . . .   Seikofel
    MGA. III   Lt. Brunner . . . .   Seikofel
    13. Komp.   Oblt. Singer . . . .   Villgrat, Reserve

Kampfabschnitt IV   II./2. TJR. Hptm. von Gasteiger
    5. Komp.   Hptm. Homa . . . .   Pfandleck
    MGA. VI   Hptm. Gleißenberger . . . .   Pfandleck
    6. Komp.   Oblt. von Tschurtschentaler . . . .   Roteck
    7. Komp.   Hptm. von Falkhausen . . . .   Diemut
    8. Komp.   Oblt. Dr. Walter . . . .   Tonrast, Reserve

Regimentskommando 2. TJR. (Obst. Tschan) in Wildbad Innichen.

Für den Grenzabschnitt 10 (56. Gebirgsbrigade) kam nur die Ablösung des Bayerischen Infanterie-Leibregimentes und der im Abschnitt eingeteilten Artillerieformationen in Betracht.

Man sah dieses prächtige bayerische Regiment sehr schwer scheiden. „Die Leiber", so ist in der Festschrift Osttirol zu lesen, „waren im Mai 1915 mit dem Deutschen Alpenkorps nach Tirol gekommen; sie erwarben sich, wo immer sie eingeteilt waren, im Nu allgemeine Sympathie und größte Achtung sowohl durch ihre liebenswürdige Kameradschaft als auch durch größte Schneid, die sie in vielen kritischen Situationen bewiesen."

Am 12. und 13. Oktober fand der Wechsel der Leiberbataillone mit den Bataillonen des 2. Tiroler Kaiserjägerregimentes[90] statt.

Nicht nur im Grenzunterabschnitt 10b, sondern auch im Grenzunterabschnitt 10c machte der Abgang der Leiber eine Umgruppierung der Besatzungstruppen und eine Neubesetzung der Kommandostellen notwendig.

Das Kommando über den Grenzunterabschnitt (GUA) 10b, übernahm Oberstbrigadier von Sparber als 51. Gebirgsbrigade (Adjutant Oblt. F. von Fischer-Poturzyn), den im Grenzunterabschnitt 10c Obstlt. von Zach.

Nach erfolgter Ablösung standen zur Besetzung den beiden Grenzunterabschnitten zur Verfügung:

GUA. 10b: 2. TJR., X./59, Stsch.-B. Innsbruck I und II und Silz.
GUA. 10c: Lstb. 165, 24, 29, Komp. Hptm. Vlasic, Stsch.-B. Sillian.

Artilleriekommandant im GUA. 10b war Obstlt. Bruckner, dessen Artillerie in folgende Gruppen eingeteilt war:
KA. I (Zinnen-Hochfläche): 5 Hb. der Gbhbt. 2/8 (Oblt. Teßmann), 4 Fk. der Fkbt. 9/41 (Hptm. Petritsch), 1 Revolverkanone 47 mm (Fwk. Kammerstädter).

---

[90] Stand des 2. TJR.: 173 Offiziere und Offiziersaspiranten, Verpflegsstand 4909, Gefechtsstand 4159, Feuergewehrstand 3458.

KA. II (Fischleintal) Oblt. Porzer: 2 — 12 cm Knbt. Innergsell (Oblt. Timmel), 3 — 10-cm-Panzerhaubitzen Innergsell (Lt. Thomay), 2 — 9 cm M 75/96 Fknbt. Weißlahn (Fwk. Kehrer), 2 — 7 cm M 99 Knbt. Anderteralpe (Oblt. Günther).

KA. III (Kreuzberg) kgl. pr. Hptm. Rose: 2 — 15-cm-Fußartilleriebataillon 104 (Lt. Behe), 4 — 8 cm M 5/8 Fknbt. Rotwandwiese (Oblt. Fasching), 2 — 12 cm Knbt. Kreuzbergstraße (Oblt. Malke), 2 — 15 cm Hbbt. Schellaboden (Lt. Seidler), 2 — 8 cm Fknbt. Seikofel (Kadett Schumacher).

KA. IV (Roteck) Oblt. Berger: 3 — 12 cm Mitterberg (Lt. Siebeneicher), 3 — 10-cm-Panzerhaubitzen (Oblt. Strowick), 2 — 12 cm Knbt. Hahnspiel (Oblt. von Tiesenhausen), 2 — 8 m M 75 Fknbt. Tonrast (Fwk. Hirsch), 2 — 7 cm M 99 Gbknbt. 1/2 Schöntalhöhe, 2 — 10 cm M 15 Fhbbt. 1/14 Klammbachboden (Oblt. Sims).

Beobachter auf Innergsell Oblt. Timmel, auf Burgstall Kdt. Mattausch, auf Hornischeck Oblt. Berger.

Das 2. Regiment der Tiroler Kaiserjäger verblieb bis Ende des Jahres 1915 in diesem Grenzunterabschnitt und kam dann in das Col-di-Lana-Gebiet.

Im Zeitraum von Mitte Dezember bis 2. Jänner 1916 wurde es abgelöst, und zwar:

im KA. II (Fischleintal–Burgstall) das II./2. TJR. (Hptm. Tuma) durch das II./Lsch. III (Hptm. Müller),

im KA. III (Schellaboden–Seikofel) das IV./2. TJR (Mjr. Cordier) durch das V./Lsch. III (Hptm. Valentini),

im KA. IV (Klammbachboden–Roteck–Diemut) das II./2. TJR. (Mjr. Gasteiger) durch das Lstb. 162.

13. Unternehmungen des X. Marschbataillons des Infanterie-Regimentes Nr. 59 („Rainer") gegen den Sextenstein am 30. Oktober und 1. November 1915

a) Unternehmung am 30. Oktober 1915

Vgl. Bilder 7, 8, 10, 13 (Tafeln 5 bis 8)

Am 5. September um 23 Uhr hatte das X./59 unter Kommando des Obstlt. von Paumgarten die Kompagnien des V./Lsch. III[91] bei starkem Schneefall im Kampfabschnitt der Drei Zinnen abgelöst. Die bezogene Stellung war etwa vier Kilometer lang und hatte ihren rechten Flügel beim Großen Wildgrabenjoch (2296 m), verlief über den Schwabenalpenkopf (2684 m), den Toblinger Knoten (2615 m), zum Innichriedl-Knoten (2873 m), der den linken Flügel bildete. Für den rechten Teil der Stellung, der vom Schwabenalpenkopf steil in das Rienztal abstürzte, genügte eine Kompagnie (die 3. Kompagnie). Die Mitte bis zum Toblinger Knoten besetzten die 1. und 2. Kompagnie. Bei

---

[91] Vom 6. Juli bis 5. September war das V./Lsch. III in den Stellungen der Zinnen-Hochfläche Stellungsbesatzung und verlor in dieser Zeit 36 Tote, 76 Verwundete und 87 Vermißte.

Lage des X. Marschbataillons JR. 59

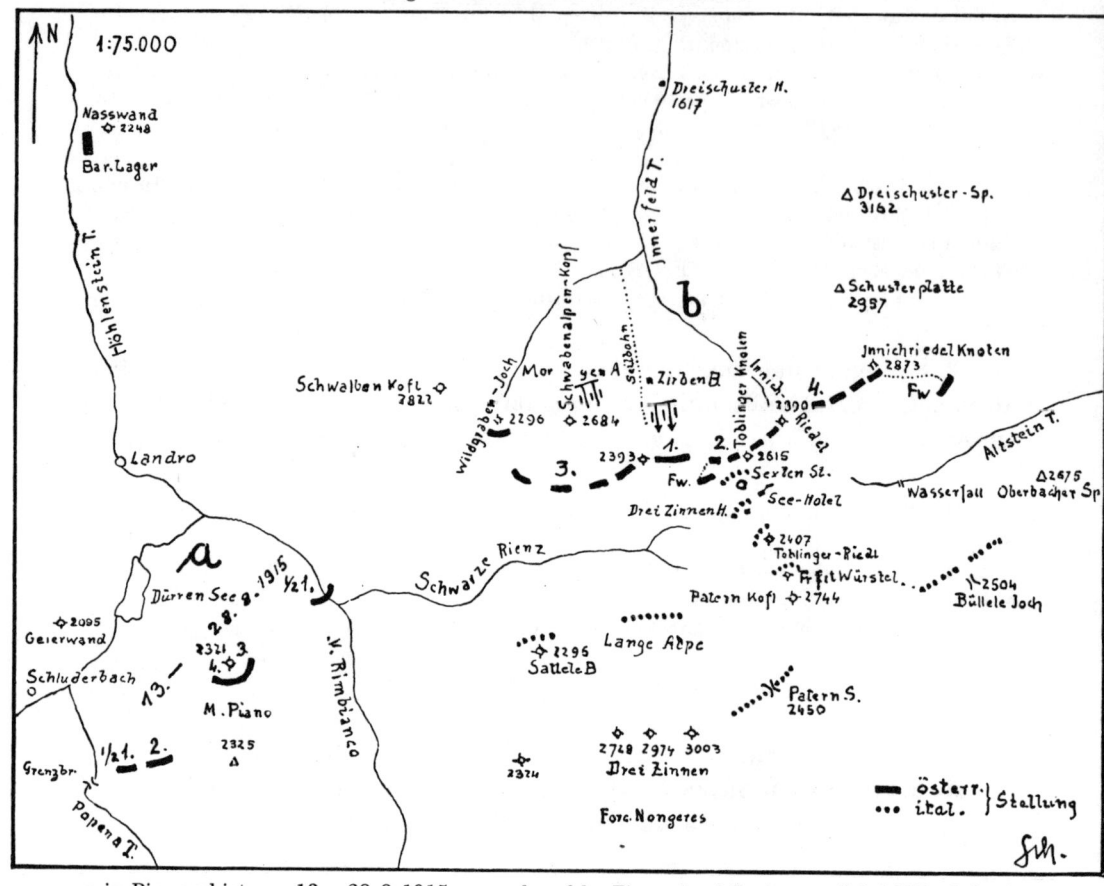

a im Pianogebiet vom 13.—28. 8. 1915   *b* auf der Zinnenhochfläche vom 6. 9. 1915—3. 3. 1916

Kote 2393 war eine Revolverkanone eingebaut. Von einem Zug der
Fknbt. 9/41 stand ein Geschütz östlich des Toblinger Knotens, eines nord-
westlich bei P. 2449 und eine MGA. im mittleren Teil der Stellung. Den linken
Flügel hatte die 4. Kompagnie mit der MGA. des Bataillons übernommen.
Jede Kompagnie schied außerdem für sich eine Reserve aus. An Artillerie
standen noch zwei Gebirgskanonen auf der Morgenalpe, zwei Haubitzen der
Gbhbbt. 2/8 östlich des Schwabenalpenkopfes.

Da die vorgeschobenen Abteilungen der Italiener erst in der Linie Satteleberg, Lange Alpe und Frankfurter Würstel lagen, waren die beiden Frontli-
nien so weit voneinander abgesetzt, daß eine Bekämpfung nur durch Artillerie
in Frage kam.

Nur am Sextenstein hatten sich die Italiener nahe vor der 2. Kompagnie schon seit den Augustkämpfen festgesetzt. Hier kam es auch öfters zu
Patrouillenkämpfen und Infanterie-Angriffen.

So stieß Oblt. Brunbauer der 2. Kompagnie mit einer Patrouille am 9. September bis an die Stellungen am Fuße des Sextensteins vor, fand sie aber leer und nahm Gewehre, Bajonette und wichtige Schriftstücke mit. Neun Tage später versuchte eine italienische Patrouille einen Vorstoß, der jedoch im Feuer der Besatzung abgewiesen wurde. Drei Tote lagen vor der Stellung.

Um diese Zeit fand auch beim Feinde ein Besatzungswechsel statt. Ein aus mehreren Kompagnien des 8. Bersaglieriregimentes zusammengesetztes Detachement unter Hptm. Caporali bezog die Stellung auf Sextenstein, Frankfurter Würstel und Paternsattel, Paternkofel, Cengia und Büllelejoch.

Auf beiden Seiten traf man mit großer Eile und Tatkraft Vorsorge für die Überwinterung, denn die Jahreszeit war bereits weit vorgeschritten. Während inzwischen die Infanterietätigkeit allmählich abflaute, hörte die Artillerietätigkeit nie ganz auf.

Nur der Gegner auf dem Sextenstein erforderte wegen seiner Nähe ein stetes Augenmerk. Da auch der Ausblick auf das Gebiet der Zinnen-Hütte und das Frankfurter Würstel verhindert war, so lange der Sextenstein im Besitze des Gegners war, faßte man den Entschluß, je nach dem Resultat einer Erkundungspatrouille über Stärke und Art der Besetzung der feindlichen Stellung noch vor Einsetzen des Hochgebirgswinters den in den Augustkämpfen verlorenen Sextenstein wieder in Besitz zu nehmen.

Das Divisionskommando genehmigte die Durchführung des Unternehmens und gab am 3. Oktober dem Hptm. Burger, der das Bataillonskommando von Obstlt. Paumgarten übernommen hatte, hiezu den Befehl.

Die Aufgabe war nicht einfach. Vorerst mußte das vor der Stellung liegende Minenfeld, dessen Lageplan nicht vorhanden war, entfernt werden. Auch war es fraglich, ob die angreifende Abteilung nach geglücktem Angriff sich rasch genug werde eingraben können, um Deckung vor dem zu erwartenden feindlichen Artilleriefeuer finden und die Stellung halten zu können. Man faßte den Plan, das Minenfeld und die feindliche Besatzung mit dem in der Stellung der 2. Kompagnie befindlichen 28-cm-Minenwerfer unter Feuer zu nehmen und dann anzugreifen. Doch schon der erste Schuß war ein Rohrkrepierer. Der Angriff mußte also aufgegeben werden.

Kurz darauf entdeckte man einen Weg, auf dem, begünstigt durch die hohe Schneelage, das Minenfeld überschritten werden konnte. Die Durchführung eines neuen Angriffsplanes wurde am 27. und 28. Oktober in allen Einzelheiten besprochen und festgelegt.

Lt. Schuh hatte sich als rechte Gruppe mit der halben 2. Kompagnie in der dem rechten Stellungsflügel vorgeschobenen Feldwache bereitzustellen, unter dem Schutze des Artilleriefeuers gegen den Südteil des Sextensteines vorzugehen und auf diese Weise die Aufmerksamkeit des Gegners auf sich zu lenken. Sobald sich hier ein Gefecht zu entwickeln begann, sollte Lt. Steiner als Mittelgruppe über den Grat die feindliche Stellung auf dem Sextenstein angreifen. Als linke Gruppe hatte zur Deckung der linken Flanke Offz.-Stv. W a g n e r mit 50 Mann die bei den Ruinen der Drei-Zinnen-Hütte stehende italienische Feldwache anzugreifen. Die 1. Kompagnie war beauftragt, die Annäherung italienischer Verstärkungen aus der Richtung Paternsattel oder Frankfurter Würstel zu verhindern. Die Artillerie sollte teils mit Vorbereitungsfeuer auf den Sextenstein, teils mit Sperrfeuer auf die möglichen Anmarschwege wirken.

Der rührige Artilleriekommandant Hptm. P e t r i t s c h hatte sich vorher schon den Erkundungspatrouillen der Rainer angeschlossen, um das Gelände genauer kennen zu lernen.

Der Angriff hatte zwar unmittelbaren Erfolg, der Sextenstein wurde erobert, leider konnte er aber gegen die sofort einsetzenden Gegenangriffe nicht behauptet werden.

Über die Durchführung des für die Nacht vom 29. zum 30. Oktober angesetzten Angriffes schreibt die Regimentsgeschichte des IR. 59[92]:

„Planmäßig kam der Angriff Schlag Mitternacht zum 30. Oktober zur Durchführung. Es war mondhell, doch schützten Schneemäntel vor allzu raschem Erkennen der Angreifer. Kurz nach 1 Uhr trat die Halbkompagnie Lt. S c h u h ins Gefecht, worauf Lt. S t e i n e r die Vorrückung begann, den Zug in vier Gruppen geteilt, deren vorderster aus Handgranatenwerfern bestand. Rasch ging es über den Grat gegen die Spitze vor. Gfrt. Johann P u t z warf als erster Handgranaten in die Stellung, worauf Zgsf. Robert H o l z i n g e r, dichtauf gefolgt vom Infanteristen Josef S c h w a b, an der Spitze der beiden vorderen Gruppen, in den Graben eindrang. Die Bersaglieri vom 8. Regiment ließen sich nicht so leicht unterkriegen. Es erhob sich ein wildes Ringen, Infanterist Ludwig B e r g h a m m e r, heldenhaft raufend, fiel, Anton H a s l e r wurde schwer verwundet. Schon brausten jedoch die beiden rückwärtigen Gruppen, von Zgsf. Johann D e m m e l b a u e r im richtigen Augenblick angesetzt, heran und halfen den Kameraden. Lt. Schuh ließ nun auch seine Halbkompagnie energisch vorgehen. Gfrt. Josef S c h ö n säuberte einen flankierenden Laufgraben, so daß Fhr. M ö s e n b a c h e r mit dem vorderen Zuge ohne bedeutende Verluste in den gut ausgebauten, sehr schwer zugänglichen Schützengraben am Hang eindrang. Ein kritischer Augenblick, als plötzlich Handgranaten auf die weiterstürmenden Rainer niedersausten, wurde durch die Energie des Einj.-Freiw. Paul R e i n i n g e r überwunden.

Noch versuchten kleine Gruppen der Bersaglieri in den Unterständen Widerstand zu leisten. Korporal Martin M a i l i n g e r spürte einen solchen versteckten Posten auf und vernichtete ihn. Infanterist Josef M a i e r drang in einen von sieben Italienern besetzten Unterstand ein, machte vier nieder, worauf sich die übrigen ergaben. Besonders taten sich noch hervor Schwarmführer Zgsf. Alois K i r c h m a y e r, Einj.-Freiw. Korporal Anton W i l t s c h k o, Gfrt. Johann R e i t e r, dann Infanterist Martin F e h r i n g e r, August G r u b e r, Georg J e t z b e r g e r, Johann R e n n e r und Anton S c h w a i g e r. Nur wenige Italiener vermochten zu entkommen, etwa 30 deckten die Wallstatt, 13 wurden gefangen, darunter mehrere verwundet, von denen drei während des Rücktransportes starben. Die Rainer hatten insgesamt einen Toten und acht Verwundete.

Der Kampflärm hatte die Italiener auf der Langen Alpe und auf den Frankfurter Würsteln alarmiert und alsbald knatterten Gewehre und Maschinengewehre. Der Feind wußte aber nicht, wohin er seine Schüsse eigentlich richten sollte. Oblt. Mitterwallner hatte den Zug Fhr. F r a n i e k der 1. zunächst gegen den Toblinger Riedl vorgesendet. Der mit den Handgranatenwerfern vor-

---

[92] S. 325.

ausgehende Korporal Johann Schmitzberger stieß dort auf einen gut befestigten Posten, doch schon war Infanterist Franz Migelli bis auf fünf Schritte herangekommen und richtete mit einer Handgranate Verwirrung unter den Feinden an. Infanterist Sebastian Pirnbacher bearbeitete sie auf zwanzig Schritte mit Gewehrgranaten vortrefflich. Der Posten wich. Franiek sandte nun seinen Halbzug unter Zgsf. Donatus Kühleitner gegen die Frankfurter Würstel vor, während er mit den anderen gegen den Paternsattel sicherte.

Zgsf. Kühleitner nahm die Maschinengewehre auf den Frankfurter Würsteln von der einen, Korporal Ferdinand Entfellner mit einer Patrouille der 4. von der anderen Seite unter Feuer, dazwischen trat Offz.-Stv. Wagner, von Korporal Ferdinand Bergthaler und Johann Loidl schneidig unterstützt, vom Seehotel her gegen die Drei-Zinnen-Hütte ins Gefecht, so daß die Italiener an einen allgemeinen großen Angriff glaubten und keine Hilfe gegen den Sextenstein zu senden wagten. Sie begnügten sich mit regelloser Feuerabgabe, die keine Verluste verursachte. Nur bei der Patrouille Entfellner wurden zwei Mann verwundet.

Gleich nach der Eroberung des Sextensteins brachten die von Hptm. Plammer bereitgestellten Träger Matrial zum Stellungsbau heran. Lt. Hirsch sollte den Posten mit zwanzig Mann besetzt halten, die übrigen traten um 4 Uhr früh den Rückmarsch in die Stellung an. Die entkommenen Italiener hatten aber inzwischen ihren Leuten Aufklärung gebracht, um was es sich beim ganzen Spektakel eigentlich gehandelt hatte, worauf die Artillerie ein mächtiges Feuer teils auf die Stellung beiderseits des Toblinger Knotens, hauptsächlich aber auf den Sextenstein legte, auf den die Batterien vorzüglich eingeschossen waren. Namentlich vier Geschütze auf dem Büllelejoch[93], die sich seit Ende September nicht mehr hatten hören lassen, setzten der Gruppe Lt. Hirsch sehr zu. Bald verlor sie einen Toten und vier Verwundete. Die eilig errichteten Deckungen erwiesen sich als unzureichend und man mußte die völlige Vernichtung des Postens fürchten. So erhielt auch Lt. Hirsch den Befehl zum Rückzug."

Noch in derselben Nacht um 2.30 Uhr hatte der italienische Armeekommandant Gl. Piacentini von Auronzo aus befohlen, daß Alpinihauptmann Neri, der sich zur Zeit auf der Forcella Longieres befand und der beim Angriff im August auf den Sextenstein die Hauptkolonne führte, daher die notwendige Geländekenntnis besaß, sofort die Wiedereroberung vorbereite.

Neri besprach den Angriffsplan mit dem Kommandanten des Bersaglieridetachments am Zinnen-Plateau, Hptm. Caporali, und dem Kommandanten der 4. Batterie des 8. FAR., Hptm. Fietta.

In den Stellungen südlich des Sextensteins, im Raume des Toblinger Riedls, stand ein Bersaglierizug unter Oblt. Lazzari. Dorthin wurde in der Nacht auf den 31. eine Bersaglierigruppe vom Paternsattel herangezogen, die die Wiedereroberung des Sextensteins durchzuführen hatte.

Unterdessen lag andauerndes Geschützfeuer, namentlich aus der Richtung des Büllelejoches (Batterie Hptm. Fietta) auf der Besatzung des Sextensteins, die sich — wie in der Regimentsgeschichte angegeben — noch im Laufe des 30. befehlsgemäß auf die Hauptstellung zurückgezogen hatte. Das Feuer dauerte jedoch unentwegt an und lag somit auf der bereits verlassenen Stellung.

Nach seinem Abflauen in der Nacht vom 30. auf den 31. Oktober begann die Beschießung neuerdings mit großer Heftigkeit und Genauigkeit, um um

---

[93] 4. Batterie (Hptm. Fietta) des italienischen 8. Feldartillerieregimentes.

11 Uhr vormittags zu verstummen. Jetzt schritten die Bersaglieri unter dem Schutze dichten Nebels zur Wiedereroberung des Sextensteins, trafen auf die geräumten Gräben und nahmen sie um 13 Uhr in Besitz.

b) Unternehmung am 1. November 1915

Nachdem die eigene Besatzung des Sextensteins am 30. Oktober zurückgenommen werden mußte, faßte man den Plan, die Stellung nur bei Nacht zu besetzen.

Die für die Nacht zum 31. Oktober bestimmte Besatzung traf die Gräben noch vom Feinde frei.

Am 31. Oktober aber benützten die Italiener Nebel und Schneetreiben und setzten sich bei Tag in den Stellungen fest. Die für die Nacht zum 1. November bestimmte Besatzung wurde, als sie die Gräben übernehmen wollte, von den eingedrungenen Italienern heftig angeschossen und mußte sich auf die Hauptstellung zurückziehen.

Um nun dem Gegner den Aufenthalt unmöglich zu machen, entschloß man sich die Stellung und die Unterstände zu sprengen.

Dem Unternehmen war folgender Plan zugrunde gelegt.

Am 1. November um 19.30 Uhr sollte ein Zug unter Fhr. Jurčič mit der Pionierabteilung (Fdw. Ebner) aus der Ausgangsstellung 300 Schritte südlich Toblinger Knoten nach einem Feuerüberfall der Artillerie, den Angriff durchführen und die feindliche Besatzung zurückwerfen. Inzwischen hatte die Pionierabteilung die Sprengmunition an die Unterkünfte anzulegen. Dann sollte die Angriffsabteilung samt den Pionieren sich in die Ausgangsstellung zurückziehen, von wo aus mit den vorbereiteten Zündschnüren die Sprengung durchzuführen war.

Ein Geschütz der Fknbt. 9/41 hatte das Unternehmen zu überwachen und gegebenenfalls einzugreifen.

Zwei Geschütze einer Gbknbt. begannen um 20.30 Uhr den Feuerüberfall auf die feindlichen Gräben des Sextensteins. Die Haubitzen gaben Sperrfeuer auf den Raum Toblinger Riedl und Frankfurter Würstel ab. Die Revolverkanone hatte Feuerbereitschaft mit der Wirkung auf den Weg zum Paternsattel und auf diesen selbst.

Nach halbstündiger Beschießung griff Fhr. Jurčič mit seinem Zuge an, erhielt aber kurz vor der feindlichen Stellung heftiges Feuer. Die Rainer ließen sich trotzdem nicht aufhalten, drangen nach kurzem Handgranatenkampf in die Gräben ein und warfen die sich kräftig wehrenden Bersaglieri gänzlich aus der Stellung hinaus. Drei Mann wurden unverwundet gefangen genommen, der Rest meist im Kampfe getötet oder in die Flucht geschlagen.

Unter dem Schutz des Zuges Fhr. Jurčič, der vom Toblinger Riedl, von den Südhängen des Sextensteins und von einem Mg. aus der Richtung des Frank-

furter Würstels heftig beschossen wurde, legte Fw. E b n e r mit seinen Pionieren die Sprengmunition (30 kg Ekrasit und 12½ kg Dynamon) in die Unterkünfte, worauf sich die Angriffsgruppe programmäßig in die Hauptstellung
zurückzog.

Als von dort aus die Zündschnüre in Tätigkeit gesetzt wurden, erfolgte,
obgleich sie doppelt gelegt waren, keine Explosion. Das Unternehmen war
mißglückt und hatte leider beim Rückzug in die Hauptstellung einige Opfer
gekostet, weil beim Überschreiten des Minenfeldes durch die Explosion von
drei Minen ein Mann getötet und drei verwundet wurden. Die Ursache des
Explodierens der Minen dürfte darin zu suchen gewesen sein, daß der Weg,
der auf der Schneedecke über das Minenfeld führte, durch den öfteren
Gebrauch der letzten Tage stark ausgetreten war, so daß die Kontaktdrähte
entweder bloßgelegt waren oder die Minen durch das Gewicht der darüber
Schreitenden ausgelöst wurden. Diese Explosionen hatten auch nach einer
anderen Richtung schwere Folgen, indem sie die von den Pionieren zur
Sprengladung in die feindlichen Unterkünfte gelegten Zündschnüre zerrissen
und dadurch das Unternehmen zum Scheitern brachten. Man versuchte die
für künftige Unternehmungen gefährlichen Minen durch Handgranaten zur
Explosion zu bringen, aber auch dies mißlang.

An eine ständige Besetzung des Sextensteins war nun nicht mehr zu denken. Man beabsichtigte, nur die Besatzung desselben andauernd durch Artilleriefeuer zu beunruhigen.

Die Verluste der Unternehmung:

1 Toter und 6 Verwundete durch feindliches Feuer,
1 Toter und 3 Verwundete durch eigene Minen und 13 Mann gefangen.

Die feindlichen Verluste dürften wahrscheinlich größer gewesen sein. Die
Gefangenen entstammten dem 12. Bataillon des 8. Bersaglieriregimentes.

Die italienische Kriegsliteratur spricht noch von einem dritten österreichi-
schen Angriff am 28. November. An diesem Tage soll Hptm. Rossi durch
Abbrennen einer gelben und grünen Leuchtrakete um 18.30 Uhr das Zeichen
für einen beginnenden österreichischen Angriff gegeben haben, worauf der
Kommandant der Kampfzone, Mjr. Carrara, sogleich die notwendigen
Abwehrmaßnahmen traf. Die italienische Artillerie legte ihr Sperrfeuer auf
den Rücken, der vom Toblinger Knoten zum Sextenstein führte, und in den
Raum östlich und westlich desselben. Patrouillen der Österreicher, die sich
den Drahthindernissen näherten, wurden durch Artillerie- und Gewehrfeuer
abgewiesen.

Über diese Episode heißt es in dem Kriegstagebuch des X./59:

„Um 18 Uhr des 28. November marschierte die Ablösung der 1. und 2. Kompagnie in die Stellung. Auf der Langen Alpe begannen die Italiener, die die Ablösung sahen, sofort alles zu alarmie-
ren in der Meinung, es sei von uns ein Angriff geplant. Es entstand bald heftiges Infanterie-,

Maschinengewehr- und Artilleriefeuer, das bis 19.30 Uhr anhielt. Die italienische Artillerie feuerte bis 20 Uhr weiter, allerdings weniger heftig. Dann trat vollkommene Ruhe ein."

Von da ab beschränkte der Hochgebirgswinter die infanteristische Tätigkeit auf beiden Seiten sehr stark.

Das X./59 blieb noch bis 3. März 1916 in dieser Stellung.

14. Der Toblinger Knoten und sein Ausbau als Beobachtungsstation
Vgl. die Bilder 9, 12, 13, 14, 16, 17, 20, 21 und 25 (Tafeln 6 bis 15)

Der Schlüsselpunkt der österreichischen Verteidigungsstellung auf der Zinnen-Hochfläche war der Toblinger Knoten[94]. Er machte einen frontalen Angriff des Gegners von der Südseite her unmöglich. Nur ein feindlicher Durchbruch an den östlich und westlich an ihn anschließenden Stellungen und seine Umgehung hätte ihn zu Fall bringen können.

Bis November 1915 war er in den Ausbau der seit den Ereignissen des 14. August zur Hauptverteidigungslinie gewordenen zweiten Linie nicht einbezogen worden. Eine in den Felsen des Ostfußes errichtete Wache, die sogenannte „Adlerwache", war die einzige vorerst noch notdürftig ausgebaute Kampfanlage in diesem mächtigen Dolomitzacken.

Das Verdienst, ihn dem Beobachtungs- und Abwehrdienst erschlossen zu haben, gebührt dem tapferen Dolomiten-Feldkuraten J. H o s p .

Wie es zur Erschließung dieses Gipfels kam, entnehmen wir seinem Kriegstagebuch. Wir lassen seine Schilderungen auszugsweise folgen:

„Wieder war ich, wie gewohnt, zum Zinnen-Plateau hinaufgestiegen, um dem Marschbataillon der Rainer, die keinen eigenen Feldkuraten mithatten, Gottesdienst zu halten. Am ersten Tage bei der Kommandohütte, am zweiten am Toblinger Knoten. Die Nacht dazwischen beschloß ich, den Toblinger Knoten anzugehen, um im Mondlicht auf den Feind am Sextenstein — etwa 300 Meter Distanz — zu spekulieren. Das Kommando war einverstanden und Hptm. Plammer verständigte die Adlerwache von meinem Kommen. Nach dem Abendessen (am 24. November) machte ich mich auf den Weg zur genannten Wache. Über steile Schuttstreifen geht das Steiglein im Zickzack empor auf ein nordseitiges Sekundärgrätschen. Unter dessen Felszähnen wechselnd herum zum Wachhüttchen an überhängender, gelbbrauner Wand — echtes Dolomitenmilieu!

Rasch die Steigeisen angezogen und Schneemantel mit Haube, dann aus dem warmen Unterstand hinaus und auf rohen Leitern zwischen Stufen hinauf zum Postenstand. Ein Felsschild gewährt natürlichen Schutz, der später solide ausgebaut wurde.

Da beginnt der Anstieg in die Felsregion. Über kleine Wände und entlang flachen, rinnenartigen Eintiefungen und wieder Felsstufen erreicht man die große Rinne, die — schief südlich ansteigend, den Schlüssel der usuellen Anstiegsroute bildet. War sie auch schwer verschneit, so war es mehr mühsam als schwierig, ihr zu folgen. Sie endet an luftiger Scharte zwischen dem Ost-gipfel und dem viel niedrigeren Südostgipfel. Schnee war hier weggeweht und ich kletterte so weit

---

[94] Der Toblinger Knoten wurde zum erstenmale am 22. Juli 1892 von Sepp Innerkofler sen. mit seinem Bergfreund Treptow erstiegen.

als möglich auf den Südostgipfel, da er den besten Beobachtungspunkt bildet. Mit dem Trieder schaue ich auf den Sextenstein. Leider war der Himmel diesmal stark bewölkt und ich konnte nur so allgemein beobachten und hören, daß dort ‚Großbetrieb‘ war im Legen von Drahtverhau und Bohren und Mauern.

Befriedigt von dem Gesehenen und noch mehr neugierig auf eine klare Mondsicht, kletterte ich auf dem gleichen Wege wieder zurück und erzählte dem Kommando von der Absicht, bei besserem Licht die Patrouille zu wiederholen. Da es im Laufe des Tages aufhellte, blieb ich am Zinnen-Plateau und wiederholte die Patrouille in der folgenden Nacht (vom 25. auf den 26. November). . . . Es leuchtete ein Scheinwerfer um den anderen vom Büllelejoch, Paternsattel und den Drei Zinnen herüber. Ich war diesmal nicht mehr exponiert auf dem äußersten Ostgipfel, sondern in sicherer Scharte zwischen den ersten Zacken südlich der Scharte. Ich ließ mir darum das Anleuchten ruhig gefallen und schaute nur auf meine Taschenuhr, die im Scheinwerferlicht die elfte Nachtstunde zeigte.

Den Plan, den Hauptgipfel betreff Möglichkeit eines Unterstandsbaues zu rekognoszieren, ließ ich aber lieber fahren und vertröstete mich auf das nächstemal. Mein Plan, ein Gipfelhüttchen samt Weg dazu zu bauen, fand aber Sympathie und die Vermessung wurde auf mein nächstes Kommen festgesetzt.

Der Monatszeiger war inzwischen einen Ruck weitergegangen, als ich wieder am ‚Plateau‘ oben war. Hptm. Plammer, der Knotenkommandant, interessierte sich persönlich für die Patrouille und nahm einen Zimmermann seines Bataillons mit. Da wir ungestört sein wollten, verzichteten wir auf die Mitnahme von Gewehren. Die Route war inzwischen schwieriger, weil verschneiter, geworden, aber um 10 Uhr (des 27. Dezember) waren wir wieder in der wohlbekannten Scharte. Mit dem Trieder schauten wir zum Feind und Hptm. Plammer bedauerte, sein Zielfernrohr nicht doch mitzuhaben.

Mühsam erkletterte ich den Absatz zum Hauptgipfel-Südgrat, der in wenigen, exponierten Schritten über den Grat nördlich fort zum Gipfel führt. Bald war der Hüttenplatz gefunden, eine nordseits engetiefte Mulde mit Schutz gegen den Feind und Möglichkeit einen Drahtseilaufzug über die senkrechte Nordwand zu bauen. Wir vermaßen das Quadrat ca. drei zu drei Meter, wobei freilich Arbeiten mit dem Brecheisen unbedingt nötig waren. Auf dem Rückwege wurden die nötigen Leitern und Drahtseile vermessen, um den ‚Weg‘ herauf für Mindergeübte gangbar zu machen. Ich hatte mich erbötig gemacht, denselben zu bauen.

Der Dezember ging bereits zu Ende, als endlich das Hüttchen fertig abgebunden bei den Pionieren der Lanzingersäge stand und auch die nötigen Leitern, Drahtseile und Eisenstifte nicht bloß angefordert, sondern auch geliefert waren. Nun begann der Herauftransport auf das Plateau, der sehr langsam fortschritt, da alles andere Nötige den Vorrang hatte. Ich hatte inzwischen eine Patrouille auf die Schusterplatte gemacht und sagte mich auf Dreikönigen bei den Rainern an, da unser Bataillon[95] in Innichen auf Retablierung lag.

In der Nacht vom 4. auf den 5. Jänner 1916 begann ich mit zwei Bergführern von den Rainern mit dem Wegbau. Es waren klare, bitterkalte Nächte ohne Mondlicht. Das Bohren der Löcher für die Eisenstifte mit dem Steinmeißel war natürlich weithin hörbar. Der Feind war bald aufmerksam geworden und der Scheinwerfer vom Büllelejoch — uns gerade gegenüber — leuchtete ständig das Terrain ab. Hätte er uns endeckt, wären wir erledigt gewesen, da wir gegen die Büllelejoch-Geschütze keinerlei Deckungsmöglichkeit hatten. Aber merkwürdig! Während wir im hellsten Lichte standen, sahen uns die Binokel der Feinde nicht, da wir ganz weiß eingehüllt und absolut ruhig an die Felsen gedrückt standen, so daß wir von den vielen Schneeflecken nicht zu unterscheiden waren.

Aber die Arbeit ging auf diese Weise nur langsam vonstatten, da wir fast die halbe Zeit ‚Habtacht‘ stehen mußten wegen des Scheinwerfers. Immerhin hatten wir die Wandstellen bis zur gro-

---

[95] Standschützenbataillon Innsbruck I.

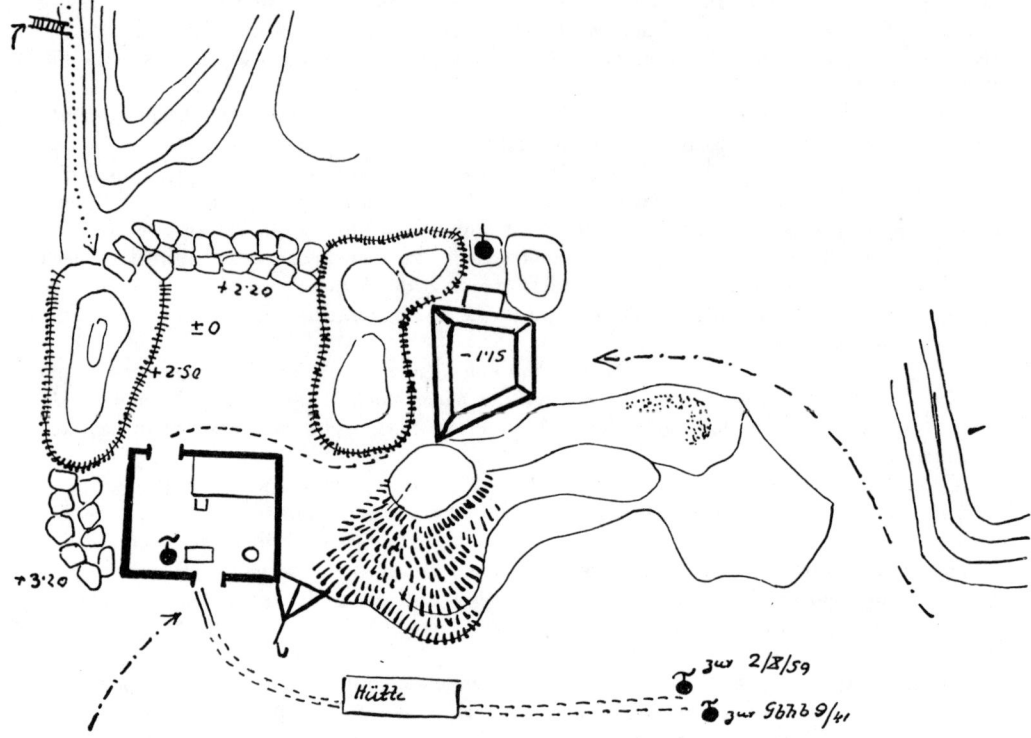

Infanterie- und Artilleriebeobachtungsstand auf dem Gipfel des Toblinger Knotens

ßen Rinne ausgebaut, als wir um 3 Uhr früh ermüdet und erfroren die Arbeit einstellten und in wenigen Minuten auf dem gebauten Leiterwege abstiegen.

Die folgende Nacht vor Dreikönigen war für uns wirklich eine ‚Rauchnacht'. Denn die Anbringung von Drahtseilen in der Rinne und der großen Leiter an der Scharte war eine ‚Raucharbeit'. Der Scheinwerfer konnte uns diesmal nur wenig aufhalten, da wir in der Rinne und Scharte Deckungsmöglichkeit hatten.

Nachdem ich nach dem Dreikönigs-Gottesdienst fast den ganzen Tag geschlafen hatte, ging ich zeitig nach Dunkelwerden die Hauptarbeit an. Die ganze Knotenkompanie stieg hinter uns dicht weiß vermummt, den neuen Weg hinan und auf Balkenlänge blieb je ein Mann stehen bis zum Gipfel hinauf. Die Pioniere von der Lanzingersäge waren mit mir ganz hinaufgestiegen und begannen, die von mir bezeichnete Stelle sofort mit Brecheisen zu bearbeiten. Sonst war äußerste Stille angeordnet und der Mannschaft wegen Scheinwerfer- und Granatengefahr Verhaltungsmaßregeln gegeben. Wir erhielten wohl einigemale Licht, aber der Feind erkannte uns trotz der großen Zahl nicht. Ein Balken nach dem anderen wurde von Hand zu Hand gereicht; an der obersten Leiter stand ich selbst und bugsierte Balken und Läden herauf. Bald stand der Rost und das Gerüst und da nun das Lärmmachen unbedingt nötig war, schickten wir die Mannschaften nach Erledigung des ganzen Transportes zu Tal. Dann begann das Zimmern und Nageln. Der Feind mochte ahnen, worum es ging und leuchtet uns gehörig ab, konnte aber die Baustelle nicht sehen. Um 5 Uhr früh stand das Hüttchen ohne Menschenopfer glücklich an Ort und Stelle. Ein solches sollte uns allerdings später nicht erspart bleiben. Beim Bau des Aufzuges trat ein Pionier zu weit an die Wand heraus und stürzte ab. Selbstredend kam er nur in Stücken herunter, da die Wand an 300 Meter hoch und fast senkrecht ist.

Der Winter war inzwischen vorgerückt und die Wahrscheinlichkeit, daß der Feind auch Kletterer herübersende und den Knoten besetze, war angesichts der Schneemassen fast Null.

Die Rainer hielte darum das Gipfelhüttchen im Tiefwinter nicht besetzt. Aber für das Standschützenbataillon Innsbruck I, das anfangs März die Rainer in der Zinnenstellung ablöste, wurde die Gipfelbesetzung wieder aktuell . . .

Bald hatte auch, fährt Feldkurat Hosp weiter fort, die feindliche Artillerie den ungefähren Platz des Hüttchens heraus und begann eine ausgiebige Beschießung. Als Schutzmaßnahme wurde eine Sandsackmauer aufgebaut, deren Sand aus dem Schuttreißen am Fuße herauf getragen werden mußte. Manchmal war es lustig anzusehen, wie unter den feindlichen Granaten die Sandsäcke nur so im Tanze in der Luft herumwirbelten. Das mit Schutzschilden belegte Dach des Hüttchens bewahrte die Besatzung vor Schaden.

Aber noch ein anderer Feind trat auf, die Luftelektrizität. Wie man aus den Bildern sieht, steht der Toblinger Knoten wie ein Kirchturm auf den hohen Schuttsockeln des Zinnen-Plateaus. Die Folge ist natürlich, wie bei einer Kirchturmspitze, daß sich die Luftelektrizität an den Gipfelzacken des Knotens entladet. So lange es eine stille Entladung ist, ist die Sache ja amüsant. So erzählten die Posten, daß öfters bei schwülen Nächten im Sommer den Leuten buchstäblich die Haare zu Berge standen und an jeder Haarspitze spielte ein kleines Flämmchen, ebenso auf der Spitze des Bajonetts, an den Felsen, alles war in magisches Licht getaucht. Die Leute hatten das ihnen unbekannte Elmsfeuer gesehen.

Schlimmer war die Sache bei einem Hochgewitter. Die Blitze fuhren in die Gipfelfelsen und in das Hüttchen. Es blieb nichts anderes übrig, als irgend einen Blitzschutz anzubringen. So wurde auf dem höchsten Felsen ein Blitzableiter angebracht und das ganze Hüttchen mit einem Drahtnetz überzogen und von beiden ein Ableiter über die Wände gelegt, der aber durch die Schuttreißen hinabgeleitet werden mußte bis zur einzigen Quelle tief unter dem Innichriedl. Dann hatte die Besatzung Ruhe.

Im Sommer 1917 wurde der Leuchtkaminweg über die Nordwand gebaut, der die Ablösung bei Tag zu einer amüsanten Kletterübung machte. Dann folgte der Ausbau der Felsenkammer für das Maschinengewehr. Kaum war sie fertig, machte der Tag von Karfreit alle diese ungeheuren Anstrengungen überflüssig und die Touristen von heute werden an den Überbleibsen ersehen, welche Mühen und Gefahren die Soldaten von anno dazumal für die Verteidigung ihrer Heimatscholle auf sich genommen hatten."

Der rührige Batteriekommandant der Fkbt. 9/41, Hptm. Petritsch, nahm an dem Ausbau des Toblinger Knotens regen Anteil und verlegte dorthin einen Artilleriebeobachtungsposten.

15. Das Kriegsjahr 1916/17

a) Der Winter 1916

Die italienischen Offensivstöße des Jahres 1915 wurden zwar stets mit dem Ziele eines Durchbruches in das Pustertal unternommen, doch waren sie weder in genügender Breite noch mit den zur Auswertung eines Durchbruches notwendigen Kräften angesetzt. Oft war auch ihre Aufgabe nur die Fesselung österreichischer Kräfte gelegentlich der Isonzo-Schlachten. Kleine Unternehmungen hatten nur örtlichen Charakter mit dem Ziele, sich in den Besitz taktisch wichtiger Geländeteile zu setzen. Die Schwierigkeiten und Eigentümlichkeiten der Kampfführung im Hochgebirge steigerte beim Angreifer wie beim Verteidiger die Heftigkeit der Gefechtshandlungen und die Verluste beträchtlich.

Die Jahre 1916 und 1917 brachten für den Grenzabschnitt 10 keine größere zusammenhängende Offensive der Italiener mehr.

Seit Mitte Feber 1916 waren die Vorbereitungen für die große österreichische Offensive aus dem Raume zwischen der Etsch und der Valsugana nach Oberitalien im Gange. Im Rahmen der hiezu notwendigen Neuordnung der Befehlsbereiche wurde Tirol in einen Angriffs- und einen Verteidigungsraum gegliedert. Den Befehl über den ersteren erhielt General der Infantrie D a n k l, den über den Verteidigungsraum der bisherige Kommandant des 14. Korps General der Infanterie R o t h   v o n   L i m a n o w a - L a p a n o w als Landesverteidigungskommandant mit dem Standorte in Bozen.

Zur Formierung der Kräfte wurden auch aus der Dolomitenfront eine Anzahl von Feldformationen herausgezogen, darunter im Grenzabschnitt 10 das Landesschützenregiment III, das X./59 u. a. m.

Infolge der außerordenlich großen Lawinengefahr in der ersten Hälfte des Monats März mußte die Ablösung der Truppen eine Zeitlang eingestellt werden. Der mit aller Macht wieder einsetzende Winter brachte besonders in den Hochgebirgsgegenden katastrophale Lawinenstürze, die auch die Gebiete der Zinnen-Hochfläche, des Bachern- und Altsteintales heimsuchten und viele Menschenopfer forderten.

Am 15. Februar verschüttete bei der rechten Bachernstellung eine Lawine 20 Träger, von denen nur drei, jedoch bereits tot, die übrigen überhaupt nicht geborgen werden konnten.

Am 5. März ging vom Sentinellapaß über die Unterkünfte auf der Anderteralpe eine Lawine nieder, die sämtliche unter hohen Schneemassen begrub. Von den Verschütteten waren trotz sehr rasch einsetzender Bergungsarbeiten einer bereits tot, drei schwer verletzt.

Die Baracke des Kampfabschnittskommandos Fischleintal wurde von einer Lawine zerdrückt. Der Kampfabschnittskommandant Hptm. L. v o n   S c o t t i, Lsch. III, drei Landesschützen, ein Ziviträger waren tot, Lt. K a r g l leicht, zwei Landesschützen schwer verletzt.

Am 7. März wurde zwischen der Höhenwache 2 und 3 ein Mann von einer Lawine begraben, konnte jedoch noch gerettet werden.

Von einer zur Ablösung auf die Altstein-Sattelwache in großen Abständen aufsteigenden Abteilung geriet das Ende derselben in eine mächtige Lawine. Von den 19 Verschütteten konnte nur ein Mann tot, vier lebend geborgen werden; der Rest blieb vermißt.

Am 8. März begrub beim Hilfsplatz der Zinnen-Hochfläche eine Lawine 22 als Träger verwendete Russengefangene, die aber bei den sofort einsetzenden Bergungsarbeiten bis auf zwei noch lebend geborgen werden konnten. Auch im Altsteintal wurden an diesem Tage zwei Mann schwer und einer leicht von einer Lawine verletzt.

Am 14. März wurden bei einer Ablösung der Wachmannschaft im Altsteintal zehn Mann verschüttet, aber noch lebend geborgen. Von einer 33 Mann starken Trägerabteilung zur Versorgung der Altsteintal-Sattelwache konnten bei den Bergungsarbeiten nur vier lebend geborgen werden, elf waren tot, die übrigen blieben in den Schneemassen vermißt.

Am 15. März wurden durch die Weißlahnlawine 33 Träger verschüttet, davon vier lebend und elf tot geborgen, der Rest blieb vermißt.

Das Landsturminfanteriebataillon II und das Standschützenbataillon Innsbruck I, die schon seit 25. Jänner 1916 zur Erholung in Innichen lagen, waren Ende Februar als Ablösung staffelweise in das Lager Schusterhütte im Innerfeldtal verlegt worden. Die Ablösung der Stellungsbesatzung auf der Zinnen-Hochfläche und im Fischleintal erfolgte erst nach der Schlechtwetterperiode im März.

Vom Standschützenbataillon Innsbruck I[96] gelangte am 15. März die 1. Kompagnie (Stsch.-Hptm. H a t z l) in die Wildgrabenjochstellung und mit dem Zug des Stsch.-Lt. S a n o l l in die Schwabenalpenkopfstellung (später Sanollstellung bezeichnet); die 2. Kompagnie (Stsch.-Hptm. M ü l l e r) in die Innichriedl-Stellung bis zum Innichriedlkopf; die 3. Kompagnie (Stsch.-Hptm. v o n W a l l p a c h) in die Gratstellung beim Toblinger Knoten (vgl. Bild 26 auf Tafel 16).

Lage Mitte März in den beiden Kampfabschnitten Zinnen-Hochfläche und Fischleintal:

Zinnen-Hochfläche: drei Kompagnien des Standschützenbataillons Innsbruck I, zwei Kompagnien des Landsturmbataillons II mit drei Maschinengewehren, eine Kompagnie der Standschützen als Reserve auf der Schusterhütte.

Kampfabschnittskommandant: Kdt. des Lstb. II Hptm. Kajaba D e m i a n.

Fischleintal: vom Landsturmbataillon 171 eine Kompagnie im Altsteintal, eine im Bacherntal, eine beim Dolomitenhof als Kampfabschnittsreserve, eine bei der Lanzingersäge als Grenzunterabschnittsreserve.

Kampfabschnittskommandant: Kdt. des Lstb. 171 Mjr. S t u r m.

---

[96] Standschützenmajor Gotthard Frh. v. Anderlan.

b) Vierter Angriff und Eroberung des Sentinellapasses durch die Italiener am 16. April 1916

Nach dem erfolglosen Angriff der Italiener auf den Sentinellapaß am 3. September 1915 trat im Fischleintal allgemeine Ruhe ein. Der Hochgebirgswinter mit seiner Kälte, der hohen Schneedecke und den katastrophalen Lawinenstürzen erstickte jede infanteristische Tätigkeit. Die Italiener benützten diese Zeit zur Ausarbeitung eines großzügigen Planes für einen neuen Angriff auf den Sentinellapaß. Noch im tiefen Winter begannen sie mit umfangreichen und mit Rücksicht auf die Jahreszeit außerordentlich mühseligen und schwierigen Vorbereitungsarbeiten, deren wichtigstes Ziel vorerst die Geheimhaltung und Tarnung des Unternehmens war. Die Arbeiten wurden unterbrochen, als Ende Februar bis Mitte März 1916 der Winter nochmals mit aller Kraft einsetzte. Gewaltige nicht enden wollende Schneefälle ließen alles wieder im tiefen Schnee versinken. Für die Höhenbesatzungen bedeutete dies oft wochenlang die Unmöglichkeit einer Ablösung der Besatzung und des Zuschubes von Lebensmittel, Munition und Heizmaterial. Die Lawinengefahr stieg von Tag zu Tag. Im Kampfabschnitt Fischleintal zerdrückte am 5. März — wie bereits erwähnt — eine Lawine die Kommandobaracke. Drei Schwerverletzte und vier Tote, darunter der Abschnittskommandant Hptm. von Scotti waren als Opfer zu beklagen. Als sein Nachfolger wurde am 11. März Mjr. Sturm bestimmt. Eine andere Lawine ging über die Anderteralpe nieder und brachte drei Tote und zwei Verletzte.

Nach dieser Unterbrechung schritten die italienischen Vorbereitungen für den Angriff auf den Sentinellapaß unentwegt vorwärts und waren in der ersten Hälfte des April schließlich beendigt.

Die Italiener hatten aus der Erfolglosigkeit der bisherigen drei Angriffe die Lehre gezogen, daß der Paß im frontalen Angriff nicht zu erobern sei. Sie beabsichtigten daher, ihn im überraschenden Angriff von vorne und von den beiden Flanken zu nehmen, und vor den hiebei zu überwindenden alpinistischen Schwierigkeiten nicht zurückzuschrecken. Die erste Phase war, den Elfer Scharte für Scharte zu besetzen und das Unternehmen auch vom Barth-Grat her vorzubereiten.

Mit größter Mühe und Ausdauer wurden auf dem Elfer die Scharten besetzt und ausgebaut, Zugangswege und Vorratslager angelegt und dabei oft anerkennenswerte alpinistische Leistungen vollbracht. Die italienischen Stellungen unterstanden dem Alpinihauptmann Giovanni Sala, der auch das Kommando über den späteren Angriff führte. Angriffstruppe war das Alpinibataillon Fenestrelle.

Der Angriffsbeginn war auf den 16. April (Palmsonntag) festgesetzt. Nach einem äußerst heftigen, sechs Stunden andauernden Vorbereitungsfeuer aus sieben Gebirgsgeschützen auf den schmalen Paß, das die österreichische

Besatzung in die schützenden Unterstände zwang, setzte der italienische Angriff ein. Er wurde frontal von der Arzalpe und gleichzeitig von links vom Barth-Grat und von rechts über den Firnhang des Elfers geführt. Nach kurzer Zeit des Artilleriefeuers war der im österreichischen Graben zurückgelassene Beobachtungsposten gefallen, die Telephonleitung zerschossen und das einzige Maschinengewehr unbrauchbar geworden.

Die unterhalb der Paßhöhe in einer Unterkunft vor dem Geschützfeuer Schutz suchende österreichische Besatzung konnte nach dem Einstellen des italienischen Vorbereitungsfeuers nicht mehr rechtzeitig die gänzlich zerschossene Stellung besetzen. Der Paß wurde um 1.15 Uhr nachmittags von den Alpini genommen, die sich aber glücklicherweise mit der Einnahme begnügten und ihren Erfolg nicht ausnützten, sondern sich zur Abwehr eines erwarteten Gegenangriffes der Österreicher einrichteten.

Ein Vorstoß in das Fischleintal und die Eroberung der Rotwand als Erfolg der Besitznahme des Sentinellapasses wäre unschwer möglich gewesen.

Genaue Vorbereitungen, einheitliche geschickte Führung, ferner anerkennenswerter Mut der Alpini brachten diesmal den Erfolg, der allerdings nur ein örtlicher geblieben war[97].

c) Unternehmung gegen den Sextenstein
am 11. September 1916

Schon die beiden Unternehmungen der Rainer[98] am 30. Oktober und am 1. November des vergangenen Jahres hatten gezeigt, daß der Sextenstein wohl zu überfallen und zu erobern, wegen des von drei Seiten auf ihn wirkenden feindlichen Artilleriefeuers aber nicht zu halten sei. Aus seinen die österreichischen Stellungen überhöhenden Gräben sahen die Italiener die Stellungen der Standschützen zum großen Teil ein, störten und verhinderten dort den Verkehr. Maschinengewehre und Scharfschützen forderten im Laufe der Zeit schwere Opfer unter der Landsturm- und Standschützenbesatzung. Hauptsächlich aus diesen Gründen glaubte der Kampfabschnittskommandant und zugleich Kommandant des Landsturmbataillons Innsbruck II Hptm. Kajaba D e m i a n , den Sextenstein den Italienern entreißen zu müssen. Trotz der bisherigen Mißerfolge genehmigte das Brigade- und Divisionskommando die Durchführung der Aktion.

---

[97] Der Verlauf des italienischen Angriffes mit seinen umfangreichen Vorbereitungen, die österreichische Abwehr und der darauffolgende Kampf um die nach dem Falle des Sentinellapasses schwer gefährdete Rotwand sind eingehend in den mit vorzüglichem Bildermaterial versehenen Büchern „Kampf um die Sextner Rotwand" von Ebner, S. 61 f., und „Guerra in Cadore" von Berti, Abschn. II, geschildert.

[98] X. Marschbataillon des IR. 59.

Eine für den 11. September 1916 angesetzte Unternehmung, die wegen ihrer ungenügenden Vorbereitung schon im Vorhinein zum Mißlingen verurteilt war, wurde im Stadium der Durchführung abgesagt. Nach einem Vorbereitungsfeuer eines 30,5-cm-Mörsers, auf dessen zerstörende Wirkung die ganze Aktion aufgebaut war, sollte eine aus Landstürmern und zwölf Standschützen bestehende Sturmabteilung des Sextenstein in Besitz nehmen. Aber das verhältnismäßig kleine Ziel des Stellungssystems auf demselben einerseits und die große Streuung des bereits ziemlich ausgeschossenen Mörserrohres andererseits waren die Ursachen, daß auch bei längerem Feuer eine zufriedenstellende Wirkung nicht zu erwarten war. Nach drei Mörserschüssen stellte man die Unternehmung ein.

d) Unternehmung am 12. April 1917

Hptm. Demian gab seinen Plan nicht auf. Die außerordentlich hohe Schneelage des Winters 1915/16 brachte ihn auf den Gedanken, einen Stollen bis an die feindliche Stellung vorzutreiben und von dort aus ohne Feuervorbereitung überfallsartig sich der feindlichen Stellung zu bemächtigen. Über die Durchführung dieses Planes schreibt der Adjutant des Standschützenbataillons Innsbruck I Leutnant Dr. A. von Mörl in seinem Buche „Die Standschützen im Weltkriege"[99]:

„Für die Unternehmung . . . wurde eine Sturmabteilung von 60 Mann aus lauter jungen, schneidigen Burschen unseres und des Landsturmbataillons Innsbruck II und eine Sturmstaffel von 120 Mann zusammengestellt und entsprechend mit allen Nahkampfmitteln vertraut gemacht. Der Stollenbau begann anfangs April 1917. Der Stollen wurde in Mannshöhe und so breit angelegt, daß sich zwei Mann in voller Rüstung bequem ausweichen konnten. Den Boden des Stollens bildete der Felsen. Beim Stollenbau war die Arbeit anfangs sehr leicht, je länger sie aber dauerte, desto schwieriger und gefährlicher wurde sie. Der ausgestochene Schnee mußte in Rucksäcken und Körben aus dem Stollen gebracht werden. Bei der Arbeit mußte größte Ruhe herrschen, damit die Italiener nicht vorzeitig aufmerksam wurden.

Durch Sondieren mit einem dünnen Draht wurde die Richtung des Stollens immer wieder von der Gratstellung aus überprüft, trotzdem geriet der Vortrieb zu weit rechts in den Felshang hinein. Nach mühseliger Suche mußte ein Teil des Stollens wieder mit Schnee zugestopft und der Vortrieb mehr nach links ungefähr entlang des vom Toblinger Knoten zum Sextenstein führenden Grates verlegt werden. Endlich wurde das unter dem Schnee liegende italienische Drahthindernis erreicht und mit äußerster Vorsicht entfernt. Der Stollen traf glücklicherweise gerade auf die feindliche Spitzenstellung. Man hörte die Italiener deutlich sprechen. Nun wurde mit äußerster Vorsicht noch ein acht Meter langer und einen Meter breiter Querstollen mit sechs bis acht Sturmlöchern ausgebrochen, in jedes Sturmloch eine zwei bis drei Meter lange Sturmleiter angelehnt und die Schneedecke ober den Sturmlöchern bis auf eine Dicke von 20 bis 30 Zentimeter entfernt. Munition und Telefonapparate wurden bereitgestellt. Die Angriffsgruppe, die wochenlang im Stollen schwer gearbeitet hatte und außerdem fleißig im Waffengebrauche gedrillt worden war, sollte einige Tage vor dem Angriff sich erholen. Tatsächlich schliefen einige der übermüdeten Leute einen Tag und eine Nacht hindurch.

---

[99] S. 208 ff.

Am 11. April hieß es, ein Ruthene des Landsturmbataillons sei zu den Italienern übergelaufen; tatsächlich ist der Mann abgestürzt und wurde später als Leiche aufgefunden.

Auf das hin wurde der Angriff sofort angesetzt. Feldkurat H o s p erteilte der aus 25 Landstürmern und 25 Standschützen bestehenden Sturmabteilung, der von den Leutnants S c h a t e k, B e c k e r und F u c h s geführten Sturmgruppe und der unter dem Kommando des Landsturmoberleutnants T s c h a m l e r stehenden Staffel Generalabsolution; dann verschwand die lange Reihe der Stürmer im Schneestollen. Bald standen auf jeder Leiter zwei Mann bereit, damit möglichst viele Stürmer gleichzeitig in die italienische Stellung einbrechen konnten."

Um 10.55 Uhr nachts stießen die auf den Leitern zu oberst Stehenden mit den Köpfen und den Schultern die dünne Schneedecke durch und wollten vor dem Einbrechen in die feindliche Stellung Handgranaten in diese werfen. Zu ihrem großen Erstaunen aber sahen sie, daß die italienische Stellung kaum zwei Meter von ihnen entfernt und der Handgranatenwurf nicht mehr nötig war. Die Sturmgruppe drang rasch in die Gräben ein, die Staffel folgte nach. Die überraschten Italiener wurden entweder niedergemacht oder gefangengenommen.

Nur in den tiefer gelegenen Kavernen, wo die Insassen durch den Kampflärm schon aufmerksam gemacht worden waren, gelang die Überraschung nicht. Doch wurde auch hier der Widerstand bald überwunden. Um Mitternacht war der Sextenstein bis zu den untersten Kavernen in der Hand der Angreifer.

Ein Leutnant und 70 Mann der feindlichen Besatzung waren gefangen genommen worden. Am Sextenstein trat nun Ruhe ein. Nur die eigenen Stellungen auf dem Toblinger Knoten und die Gratstellungen links und rechts desselben lagen unter heftigem feindlichen Artilleriefeuer.

Die Sturmgruppe und ein Teil der Sturmstaffel richteten sich zur Verteidigung gegen einen voraussichtlichen Gegenangriff ein, ein großer Teil der Staffel mußte Tote und Verwundete aus der eroberten Stellung und Munition, Sandsäcke in dieselbe schaffen.

In den Morgenstunden begann nach einem kurzen Vorbereitungsfeuer der Artillerie der Gegenangriff der Italiener. Sie schienen aus den tief gelegenen Kavernen des Sextensteins, die die Angreifer im Dunkel der Nacht nicht entdeckt und ausgeräumt hatten, einen Vorstoß gemacht zu haben und nahmen allmählich die zerstreut im rückwärtigen Stellungssystem sich aufhaltenden Landstürmer und Standschützen gefangen. Die übrigbleibenden wurden in der Gipfelstellung zusammengedrängt und warteten vergeblich auf eine Verstärkung und insbesonders auf Munitionsersatz. Die auf etwa 30 Mann zusammengeschmolzene Schar hielt sich tapfer. Es war bereits Mittag als ein sehr heftiges Artillerie- und Minenwerferfeuer wieder einen italienischen Angriff ankündigte. Die feindliche Übermacht drängte die kleine tapfere Schar aus der Gipfelstellung bald hinaus in den zum Toblinger Knoten führenden Schneestollen. Dort erwartete die Zurückgehenden die überraschende Aufklärung, warum der Munitionsnachschub nicht funktionierte. Eine große Zahl von Munition und Handgranaten lagen im Quer- und Hauptstollen umher. Tschechische Landstürmer hatten diese hieher geschafft und, ohne die Besatzung des Sextensteins zu verständigen, waren sie wieder in die Stellung zurückgekehrt.

Die nunmehr schon mehrmals versuchte Eroberung des Sextensteins war abermals mißglückt. 30 Landstürmer und ein Standschütze waren in Gefangenschaft geraten. Über die Zahl der blutigen Verluste fehlen authentische Daten.

16. Auswirkungen der großen österreichischen Herbstoffensive im Jahre 1917 am Isonzo auf die Dolomitenfront

Unmittelbar vor der deutschen und österreichisch-ungarischen Herbstoffensive des Jahres 1917 an der Isonzofront waren zur Ablenkung der Aufmerksamkeit der Italiener auch in den Dolomiten demonstrative Angriffe vorgesehen. Im Bereiche der 49. Division[100] begann zu diesem Zwecke am 18. Oktober ein auffälliges Einschießen der Artillerie des Divisionsabschnittes auf die italienischen Infanterie- und Artilleriestellungen. Kurz darauf fanden bei den drei Brigaden der Division Demonstrationen statt, und zwar:
bei der 21. Gebirgsbrigade in der Nacht vom 19. auf den 20. Oktober ein
    Patrouillenangriff in der Linie vom Paternkofel bis zur Seikofelstellung,
bei der 96. Infanteriebrigade am 21. Oktober eine Unternehmung im Zusam-
    menhang mit der Sprengung des Knotz-Sief,
bei der 56. Gebirgsbrigade am 22. Oktober ein Angriff auf dem Monte Piano.
    Er war die größte Demonstration im Divisionsabschnitt[101].

Der Kampfabschnitt Zinnen-Hochfläche war an den geplanten Demonstrationen nur insoferne beteiligt, als die an die Rienztal-Stellung anschließende Besatzung (8./2. TJR. und Stsch.-Komp. Sillian) mit einem alpinen Zug sich der Croda d'Arghena bemächtigen sollte. Die Vorbereitungen waren vom Stellungskommandanten Stsch.-Hptm. G o l l e r mit gewohnter Genauigkeit getroffen worden. Die Aktion sollte aber erst dann begonnen werden, wenn der erste Teil der Piano-Unternehmung, die Säuberung der Nordkuppe, gelungen war. Nach Eroberung der Croda hatte die Rienztal-Besatzung die italieni-

---

[100] Der Subrayon V (Infanteriedivision Pustertal) führte ab 26. September 1917 die Bezeichnung 49. Infanterietruppendivision. Ihr unterstand die 96. Infanteriebrigade (Generalmajor K o r z e r) mit den Regimentsgruppen Pralongia und Travenanzes, die 56. Gebirgsbrigade (Oberst v o n K r a m e r) mit den Regimentsgruppen Stuva und Cristallino, die 21. Gebirgsbrigade (Oberst v o n M a e n d e l) mit den Regimentsgruppen Kreuzberg und Karnischer Kamm.
[101] Vgl. Schemfil, Die Kämpfe am Monte Piano und im Cristallogebiet, S. 124 ff.

sche Rimbianco-Stellung anzugreifen und gegen Misurina vorzustoßen. Außerdem waren die Batterien und Stellungsmaschinengewehre des Kampfabschnittes beauftragt, mit Angriffsbeginn auf dem Piano die gegnerischen Stellungen der Zinnen-Hochfläche unter Feuer zu nehmen.

Da aber das Vortäuschen eines größeren österreichischen Angriffes durch die Unternehmung auf dem Piano am 22. Oktober bereits gelungen war und die dort eingesetzten deutschen Truppen zu anderweitiger Verwendung abgezogen werden konnten, wurde die Fortführung des Angriffes auf dem Piano eingestellt und damit auch der Angriff auf die Croda d'Arghena abgesagt.

Am 24. Oktober brach an der Isonzofront die große Offensive los. Im raschen Siegeszug eilten die Truppen der verbündeten deutschen und österreichischen Armeen durch Oberitalien und bedrohten den Rücken der an der Kärntner und Dolomitenfront stehenden italienischen Verteidiger, so daß auch dieser große Abschnitt im Gebirge ins Wanken kam und seine Front von Osten nach Westen allmählich abbröckelte.

Am 3. November um 17 Uhr räumten die italienischen Truppen den Monte Piano und in der Nacht auf den 4. November den Sextenstein und schließlich die ganze Zinnen-Front.

Zur Zeit der schwersten Kämpfe in der zweiten Hälfte des Jahres 1915 waren es die Kompagnien des heimatlichen Landesschützen-(später Kaiserschützen-)Regimentes III, dann im Jahre 1916/17 die tapferen Rainer (IR. 59) und nicht zuletzt die Landstürmer und die Kompagnien des bewährten Standschützenbataillons Innsbruck I, die die Verteidigung der Zinnen-Hochfläche, und die Kompagnien der Landsturmbataillone 167 und 171, des I. Bataillons des bayerischen Infanterie-Leibregimentes, des III. Bataillons des 2. Regimentes der Tiroler Kaiserjäger, die die des Fischleintales übernahmen und mithalfen, das strategisch wichtige Pustertal zu schützen.

Sie alle nehmen einen Ehrenplatz in der Geschichte der Landesverteidigung Tirols ein.

Anhang

1. Besatzungstruppen der beiden Kampfabschnitte Zinnen-Hochfläche und Fischleintal

Die Verteidigung der Zinnen-Hochfläche war während der Kriegsjahre 1915 bis 1917 Landes-schützen, 59ern Landstürmern und Standschützen anvertraut, und zwar:

vom 12. Mai bis 7. Juli 1915 dem IX. Marschbataillon Lsch. III (Hptm. Jaschke, ab 1. Juli Hptm. Wellean);

vom 7. Juli bis 6. September 1915 dem V./Lsch. III (Hptm. Valentini);

vom 6. September 1915 bis 28. Februar 1916 dem X. Marschbataillon IR. 59 (Hptm. Burger);

vom 28. Februar bis 14. März 1916 dem II./Lsch. III (Obstlt. Busch);

vom 14. März bis November 1917 den Standschützenbataillonen Innsbruck I (Stsch.-Mjr. Frh. von Anderlan) und dem Landsturminfanteriebataillon II (Hptm. Kajaba Demian).

Im Fischleintal fungierten als Besatzung:

vom 12. Mai bis 7. Juli 1915 Teile des IX./Lsch. III,

vom 7. Juli bis 31. Juli 1915 Lstb. 167,

vom 31. Juli bis 14. Oktober 1915 I./L.,

vom 14. Oktober bis 30. Dezember 1915 III./2. TJR.,

vom 30. Dezember 1915 bis 15. März 1916 II./Lsch. III,

vom 15. März 1916 bis November 1917 Lstb. II, 171 und Teile des Stschb. Sillian.

Die Stände der Standschützenkompagnien waren sehr schwach und betrugen oft kaum 40 bis 50 Mann per Kompagnie.

Das rasche Schwinden der Stände bei allen Standschützenformationen Tirols hatte seine Ursachen einerseits in den Gefechtsverlusten, Erkrankungen und Enthebungen von der Dienstleistung, andererseits im vollständigen Fehlen eines Ersatzes. Aus den Bataillonen mußten Kompagnien gebildet werde.

Nachstehende Aufstellung zeigt die ständige Verringerung der Stände bis zum Kriegsende (Tiroler Standschützen insgesamt):

	Verpflegsstand	Gefechtsstand
19. 5. 1915	24.137	23.700
20. 7. 1915	20.500	19.386
15. 10. 1915	19.000	17.605
1. 2. 1916	16.375	14.481
1. 11. 1916	14.034	10.814
19. 5. 1917	11.142	9.146
19. 5. 1918	7.732	6.357

2. Quellen

Operationsakte, Lageberichte und Tagebücher des Subrayons V bzw. der Division Pustertal, später 49. Inf.-Trupp.-Division, aus dem Kriegsarchiv in Wien.
Berichte der Mitkämpfer: Hptm. Jaschke, Lt. V. von Tepser, Fähnriche Bradacs, Kargl, Oblt. Striberski, Stsch. J. Taibon, Frz. von Rapp, A. Piller und Fortif.-Werkm. A. Trixl.
Tagebuch des Oblt. Trnozka und des Stsch.-Objgr. Bergführer Sepp Innerkofler.
V. Feurstein, Dolomitenkämpfe, Mil.-wiss. u. -techn. Mitt. Wien 1925.
A. von Mörl, Die Standschützen im Weltkriege, Verlagsanstalt Tyrolia Innsbruck.
V. Schemfil, Col di Lana, Verlag J. N. Teutsch, Bregenz 1937.
V. Schemfil, Monte Piano, Schlern-Schriften, Bd. 61, Univ.-Verlag Wagner, Innsbruck 1949.
Antonio Berti, Guerra in Cadore, Edito 10. Reggimento Alpini, Roma 1936.
Giovanni Sala, Antonio Berti, Cedam Casa Editrice, Dott. Antonio Milani, Guerra per Crode, Padova 1933.

3. Abkürzungen

GA.	= Grenzabschnitt
GUA.	= Grenzunterabschnitt
2. TJR.	= 2. Regiment der Tiroler Kaiserjäger
Lsch. III	= Landesschützenregiment III
I./Lsch. III	= I. Bataillon des Landesschützenregimentes III
9./Lsch. III	= 9. Kompagnie des Landesschützenregimentes III
IR.	= Infanterieregiment
L.	= Bayerisches Infanterie-Leibregiment
I./59	= I. Bataillon des Infanterieregimentes 59
Lstb. IV/2	= Landsturmbataillon IV/2
Stsch.	= Standschützen
Stschb.	= Standschützenbataillon
Komp.	= Kompagnie
MGA.	= Maschinengewehrabteilung
9 cm Fk.	= 9-cm-Feldkanone
10 cm Gbhb.	= 10-cm-Gebirgshaubitze
30 cm M.	= 30-cm-Mörser
Fkbt.	= Feldkanonenbatterie
Gbkbt.	= Gebirgskanonenbatterie
Gbbt. 6/8	= 6. Batterie des Gebirgsartillerieregimentes 8

FML.	= Feldmarschalleutnant	Ka.	= Kadettaspirant
Gm.	= Generalmajor	Objgr.	= Oberjäger
Obst.	= Oberst	Zgsf.	= Zugsführer
Obstlt.	= Oberstleutnant	Utjgr.	= Unterjäger
Mjr.	= Major	Ptrlf.	= Patrouilleführer
Hptm.	= Hauptmann	Jgr.	= Jäger
Oblt.	= Oberleutnant	Stschmjr.	= Standschützenmajor
Lt.	= Leutnant	Stschhptm.	= Standschützenhauptmann
Fhr.	= Fähnrich	Stschptrf.	= Standschützenpatrouillenführer

4. Italienische Orts- und Geländebezeichnungen

Altsteintal	Val Pietravecchia
Altsteinspitzen	Cime Pietravecchia
Andertertal	Vallon della Sentinella
Äußeres Loch	Busa di fuori
Bacherntal	Alta Val Fiscalina
Bödenalpe	Alpe dei Piani
Bödenknoten	Crode dei Piani
Bödenseen	Laghi dei Piani
Büllelejoch	Forcella Pian di Cengia
Burgstall	Casteliere
Drei Zinnen	Tre Cime
Einser	Cima Una
Einserkar	Cadin di Cima Una — Plateau verde
Einserscharte	Forcella di Cima Una
Elfer	Cima Undeci
Elferscharte	Forcella di Cima Undeci
Frankfurter Würstel	Salsiccia
Fischleintal	Val Fiscalina
Gamsscharte	Forcella del Camoscio
Giralbajoch	Forcella di Giralba
Hochbrunner Schneid	Monte Popera
Hochleist	Forma
Innichriedlknoten	Monte Novale
Inneres Loch	Busa di dentro
Lange Alpe	Grava longa
Morgenalpenkopf	Sasso Novale
Kanzel	Pulpito
Oberbacher Spitze	Cime Rio di Sopra
Oberbacher Joch	Passo Rio di Sopra
Passaportenkar	Cadi del Passaporto
Passaportenkopf	Croda del Passaporto
Paternkofel	Paterno
Paternsattel	Forcella di Lavaredo
Rotwandköpfe	Croda Rossa
Sandebühel	Collerena
Schwalbenkopf	Croda dei Rondoi
Toblinger Knoten	Torre di Toblin
Toblinger Riedl	Passo di Toblin
Wildgrabenjoch	Passo dei Rondoi
Sextenstein	Sasso di Sesto
Zsigmondy-Grat	Cresta Zsigmondy
Zwölfer	Corda dei Toni
Schwarzes Rienztal	Val Rimbon
Vorkanzel	Antipulpito

2. Teil

Die Kämpfe am Kreuzberg in Sexten
1915—1917

Einleitung

Die Abwehr der italienischen Angriffe an der Dolomitenfront vom Pordoijoch bis zur Kärntner Grenze ist eines der wichtigsten und interessantesten Kapitel der Verteidigung der Tiroler Landesgrenze im ersten Weltkriege.

Wenn auch die mit den größten Blutopfern verteidigten Gebiete von Südtirol heute vom Mutterlande abgetrennt sind, darf ihre heroische und erfolgreiche Verteidigung nicht der Vergessenheit anheimfallen und muß in der Landesgeschichte den ihr gebührenden Platz finden.

Die von den Alliierten voreilig betriebene Zerreißung der österreichischungarischen Monarchie und die damit verbundene Auflösung ihrer jahrhundertealten Armee waren hauptsächlich die Ursachen, daß nach dem Kriege eine eingehende Darstellung der Verteidigung der Landesgrenze nicht zustandekamen. Denn außer den deutschsprachigen Truppenkörpern nahm eine große Anzahl anderssprachiger Truppen des Völkerheeres der Monarchie an ihr teil, über deren Tätigkeit keine Regimentsgeschichten Auskunft geben. Zu alldem kam noch der Verlust der Feldakten höherer Kommanden, so daß eine Geschichtsschreibung außerordentlich erschwert wurde.

Es dauerte lange Jahre, bis sich langsam eine Literatur über die kriegerischen Ereignisse an der Tiroler Front und besonders in den Dolomiten entwickelte. Sie bestand meist nur aus einzelnen, in großen Zügen gehaltene Geschichten, Aufsätzen und Darstellungen.

Mit einer genauen zusammenhängenden Schilderung der kriegerischen Begebenheiten an einem Frontabschnitt in der Zeit von 1915 bis 1917 begann zuerst Dr. Guido Burtscher mit seinem Werke „Die Kämpfe in den Felsen der Tofana". Ihm folgten vom Verfasser die Monographien „Col di Lana" 1935, „Monte Piano" 1947, „Kämpfe im Drei Zinnen-Gebiet" 1955, „Kämpfe im Cristallo-Gebiet" 1957 — endlich schließen sich ihnen im vorliegenden Buch die „Kämpfe am Kreuzberg in Sexten" an[1].

---

[1] Die Kämpfe in den Felsen der Tofana 1915 bis 1917 von Guido Burtscher, J. N. Teutsch, Bregenz 1933.

Damit ist die Reihe der Monographien über die Kämpfe im Dolomitengebiet vom Col di Lana bis zur Kärntner Grenze geschlossen.

Es soll aber nicht vergessen werden, daß noch weite Gebiete der Südtiroler
Grenze zu gleicher Zeit gegen schwerste feindliche Angriffe verteidigt wurden,
wie z. B. auf der Hochfläche von Folgaria und den Sieben Gemeinden, der
Zugna torta und an der westlichen Verteidigungsfront Tirols. Auch sie würden
es verdienen, in der Landesgeschichte verewigt zu sein.

Am Ende dieser der ruhmvollen Landesverteidigung Tirols im ersten Weltkriege gewidmeten Arbeit, die in ihrer Gesamtheit die Kämpfe in den Dolomiten darstellt, drängt es mich, allen in den Einleitungen der bisher erschiene-
nen Monographien über den Cristallo, den Monte Piano, das Drei-Zinnen-
Gebiet und den Kreuzberg bereits genannten Ämtern, Stellen und Personen
meinen Dank für ihre bereitwillige Unterstützung und Hilfe auszusprechen, so
der Landesregierung von Tirol in Innsbruck und dem Landesausschuß für die
Provinz Bozen für die Druckkostenbeiträge, dem Herrn Professor Dr. R. v.
Klebelsberg für das stete Entgegenkommen bei Übernahme der vier Monographien in die Schlern-Schriften, wodurch er die Darstellung der kriegerischen
Ereignisse an der Dolomitenfront ermöglichte und sich so für die Tiroler Landesgeschichte besonders verdient gemacht hat.

Dankbar bin ich auch dem Universitätsverlag Wagner in Innsbruck, der die
Arbeiten zum Druck und zur Herausgabe übernahm.

An dieser Stelle will ich auch dankbar des Verlages J. N. Teutsch in Bregenz gedenken, der bald nach dem ersten Weltkriege gleichfalls eine Anzahl
von Werken über die Landesverteidigung 1915 bis 1918 herausgab und so mit
der Drucklegung der geschichtlichen Darstellung der Verteidigung Tirols, im
besonderen des Dolomitenabschnittes, den Anfang machte[2].

Es ergab sich später, daß zwei Verlage an der Herausgabe der Dolomitenkämpfe beteiligt waren, für die westliche Hälfte der Front der Verlag Teutsch
in Bregenz und für die östliche der Universitätsverlag Wagner in Innsbruck
bzw. die Schlern-Schriften.

Col di Lana 1915 bis 1917 von V. Schemfil, J. N. Teutsch, Bregenz 1935.
Der Kampf um die Sextner Rotwand von O. Ebner, J. N. Teutsch, Bregenz 1937.
Monte Piano 1915 bis 1917 von V. Schemfil, Schlern-Schriften 61, Universitätsverlag Wagner,
Innsbruck 1949.
Die Kämpfe im Drei Zinnen-Gebiet 1915 bis 1917 von V. Schemfil, Schlern-Schriften 129, Uni-
versitätsverlag Wagner, Innsbruck 1955.
Die Kämpfe im Cristallo-Gebiet 1915 bis 1917 von V. Schemfil, Schlern-Schriften 161, Univer-
sitätsverlag Wagner, Innsbruck 1957.
Die Bände „Monte Piano" und Cristallo-Gebiet" erschienen 1984 in zweiter Auflage zusammen als
Band 273 der Schlern-Schriften. Der Band „Drei Zinnen-Gebiet" ist der erste Teil dieser Neuauflage.
    [2] Außer den schon oben genannten Darstellungen:
    „Das k. u. k. 3. Regiment des Tiroler Kaiserjäger im Weltkriege 1914 bis 1918", „Das Stand-
schützenbataillon Bregenz", „Der Kampf um die Sextner Rotwand" von O. Ebner.

Ich sage nochmals Dank allen Mitkämpfern, auch den italienischen, die durch wertvolle Beiträge und Auskünfte mithalfen, über die wegen Verlustes authentischer Akten entstandenen Lücken in der Ereignisfolge hinwegzukommen.

Die vorliegende Schilderung der Kämpfe im Kreuzberg-Gebiet umfaßt die Kampfabschnitte „Burgstall" und „Hornischeck", später „Seikofel", und den Karnischen Kamm mit den Kampfabschnitten „Eisenreich" und „Filmoorhöhe". Von diesen versprach das Kreuzberg-Gebiet einem feindlichen Durchbruch in das Pustertal am ehesten Erfolg, weil einerseits die über den Kreuzberg-Sattel führende Straße Padola - Sexten - Innichen den kürzesten Weg von der Grenze in das Pustertal bildete und weil andererseits das Sextental einigermaßen die Möglichkeit zur Entwicklung stärkerer Angriffskräfte bot[3]. Hier erwartete man daher auch zu Beginn des Krieges einen kräftigen feindlichen Angriff, dem die erst im Entstehen begriffene Verteidigungsstellung mit dem Schleier der schwachen Besatzung kaum hätte standhalten können. Denn auch die beiden Sperren Haideck und Mitterberg waren ihrer Bauart nach veraltet und ungenügend bestückt[4]. Einen festeren Rückhalt bot nur der feldmäßig ausgebaute Stützpunkt Innergsell (2059 m).

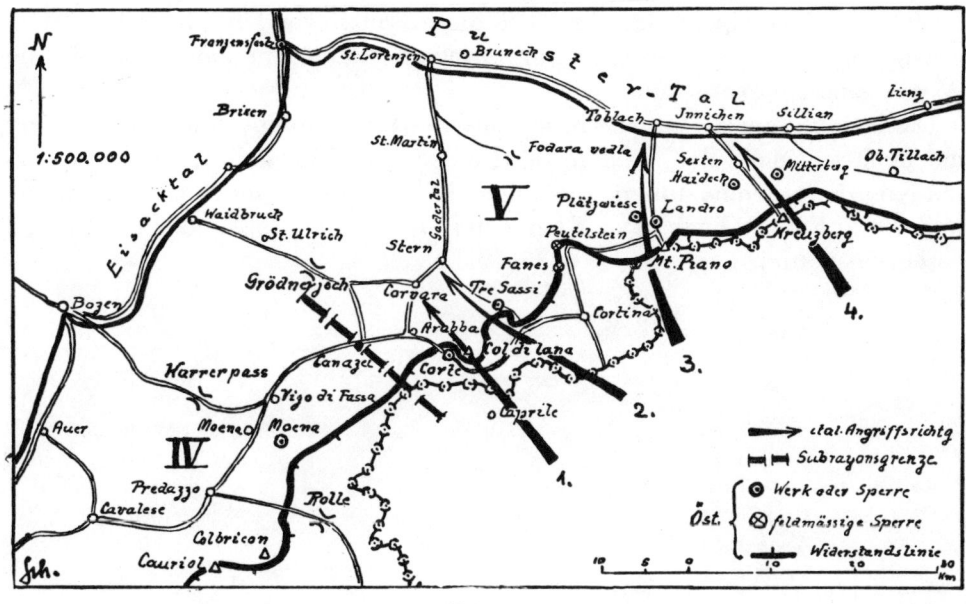

Skizze 1

---

[3] Skizze 1.
[4] Bild 2 und 3.

Als die Italiener für die Herbeischaffung des Belagerungsparkes zur Bekämpfung der Sperren wertvolle Zeit vorübergehen ließen, entschloß sich der Divisionär FML. Goiginger, die Kampfstellungen, so wie an der Schluderbach-Front, auf den Kreuzberg vorzuverlegen. Hiezu wurden unter dem Schutze vorgeschobener Patrullen Stützpunkte ausgehoben und nachher ohne Störung durch den Feind zu einer neuen Hauptkampflinie verbunden.

Der erste feindliche Angriff erfolgte im August, er wurde ebenso wie die schwächeren im September, Oktober und November abgeschlagen.

Diese Angriffe trafen gleichzeitig auch den vom Hornischeck (2250 m) bis einschließlich des Winkler-Joches an der Kärntner Grenze verlaufenden Karnischen Kamm. Auf ihm waren zu Kriegsbeginn noch keine Stellungen ausgehoben. Die Besatzung bestand aus einer äußerst dünnen Aufstellung von Beobachtungsposten. Nur beschwerliche Saum- und Fußwege führten über diesen Hochgebirgskamm[5], wie das Kartitscher und Tilliacher Joch, die jedoch für größere Truppenbewegungen nicht in Betracht kamen. Daher war dieses Gebiet zu Kriegsbeginn nur Schauplatz kleinerer örtlicher Kampfhandlungen, die meist nur den Zweck verfolgten, die Italiener von jenen Stellen zu vertreiben, von wo aus ihnen der Einblick in das Lesach-Tal Gelegenheit zur artilleristischen Feuerleitung gegeben hätte.

Auch in den Jahren 1916 und 1917 beschränkte sich die Gefechtstätigkeit hier auf eine rege Patrouillierung und die nie aussetzenden feindlichen Artilleriebeschießungen. Sie erfuhr nur durch die dauernde Lawinengefahr im Winter eine Unterbrechung.

Die Kämpfe um die in den Kampfabschnitt Fischleintal fallende Rotwand mit dem Sentinella-Paß als dem taktisch sehr wichtigen Eckpfeiler der Sexten-Kreuzberg-Front sind in die folgende Darstellung nicht aufgenommen, weil die in Ebners Buch „Der Kampf um die Sextner Rotwand" erschöpfend beschrieben sind.

---

[5] Siehe Skizze 3 auf Seite 134.

1. Österreichische Grenzschutzvorbereitungen bis zum Kriege mit Italien

Hiezu Skizze 1 und 2

Schon vor der Kriegserklärung Italiens an die österreichisch-ungarische Monarchie war die Tiroler Verteidigungsfront in fünf Subrayone eingeteilt[6]. Der Dolomitenabschnitt bildete den Subrayon V mit dem Grenzabschnitt 9 und 10. Er reichte vom Pordoijoch bis zur Kärntner Grenze und hatte eine Ausdehnung von fast 90 Kilometer. Jeder Grenzabschnitt zerfiel in Grenzunterabschnitte, diese wieder in Kampfabschnitte. Das Gebiet der Kämpfe am Kreuzberg in Sexten, von denen hier erzählt wird, fiel in den Grenzunterabschnitt 10 b und c (vgl. Schema S. 130).

Die Tiroler Grenze war zu Kriegsbeginn meist offen und an der Dolomitenfront nur durch gänzlich veraltete, aus den achtziger Jahren des vergangenen Jahrhunderts stammende und mit alten Geschützen armierte Befestigungen gesperrt. Auch das mobile Artilleriematerial war im allgemeinen alt, bereits ausgemustert und nur in verhältnismäßig geringer Zahl vorhanden.

Mit den Befestigungsarbeiten war man sehr im Rückstande, weil man, um die schon seit längerer Zeit dauernden diplomatischen Verhandlungen mit Italien nicht zu stören, alle auffallenden militärischen Vorbereitungen zurückgestellt hatte. Dadurch ging viel Zeit für die Instandsetzung der Verteidigungslinie verloren.

Vor der italienischen Kriegserklärung verfügte das Landesverteidigungskommando von Tirol nur über geringe Kräfte zur Sicherung der Grenze. Es waren dies einige in Südtirol in Ausbildung begriffene Marschbataillone[7], die zudem noch in kurzer Zeit ihre Abberufung zu ihren Feldtruppenkörpern zu erwarten hatten, ferner acht aus Eisenbahnsicherungsabteilungen zusammengestellte Landsturmbataillone (Nr. 160—167) mit notdürftiger Ausbildung, sieben aus Militärarbeiterabteilungen der Infanterieregimenter 29 (serbisch) und 37 (ungarisch) gebildete Reservebataillone und Gendarmerie- und Finanzwachabteilungen.

Als der Krieg gegen Italien begann, ließen es die außerordentlich schweren Verluste auf dem russischen und serbischen Kriegsschauplatz, die die Blüte des k. u. k. Heeres und eine große Menge von Kriegsmaterial verschlungen hatten, nicht zu, die Tiroler Grenze mit Feldtruppen zu dotieren, zumal der

---

[6] Siehe Skizze 1, S. 127.

[7] Marschbataillone waren Ergänzungseinheiten, die aus den ausgebildeten Mannschaften der Ersatzkader im Hinterland zusammengestellt und zur Vervollständigung ihrer Ausbildung im Felddienste in das Kriegsgebiet hinter die Front verlegt wurden. Im Bedarfsfalle wurden sie ihren Truppenkörpern zugewiesen und dort meist auf die Feldkompagnien aufgeteilt. Oft wurden sie auch, wenn die Gefechtslage es verlangte, als selbständige Bataillone in die Front eingesetzt oder fremden Truppenkörpern zugeteilt.

noch verfügbare Teil derselben an den wichtigsten Abschnitt der neuen Kriegsfront, an den Isonzo, abgestellt werden mußte.

Grenzabschnitt 9

GUA 9 a/[1]			GUA 9 a/[2]			GUA 9 b	
KA	KA	KA	KA	KA	KA	KA	KA
Arabba	Cherz	Col di Lana Sief	Valparola	Lagazuoi	Fanes	Fanestal	Gottres

Grenzabschnitt 10

GUA 10 a			GUA 10 b				GUA 10 c	
KA	KA	KA	KA	KA	KA	KA	KA	KA
Ru- freddo	Gemärk	Landro, später Schlu- derbach	Zinnen- hoch- fläche	Fisch- leintal	Burg- stall	Hornisch- eck ab 23.6. Seikofel	Eisen- reich	Filmoor- höhe

Es blieben daher für die Verteidigung Tirols nur die bereits erwähnten Marsch-, Landsturm- und Reservebataillone übrig, zu denen sich bei der Kriegserklärung noch die Standschützenformationen[8] gesellten, die sich, wie seinerzeit ihre Vorfahren, zur Sicherung ihrer Heimat zur Verfügung stellten und sich hervorragende Verdienste erwarben.

In der Verteidigungslinie des S u b r a y o n s V, dem damaligen Bereiche der 56. Gebirgsbrigade, das ist vom Pordoijoch bis zur Kärntner Grenze, standen, als am 23. Mai 1915 um 19 Uhr die Nachricht von der Kriegserklärung Italiens an die k. u. k. Monarchie eintraf, nur sechseinhalb Bataillone mit zwei mobilen Batterien, und zwar die X. Marschbataillone des Infanterieregimentes Nr. 59, des 1. Regimentes der Tiroler Kaiserjäger und des Landesschützenregimentes Innichen III, ferner die Landsturmbataillone 165 und 167, ein Reservebataillon des Infanterieregimentes Nr. 29, 10 Standschützenbataillone und Gendarmerie- und Finanzwachassistenzen.

Der Bereich des Subrayons V bzw. der 56. Gebirgsbrigade unter Generalmajor B a n k o w s k y [9] zerfiel in die Grenzabschnitte 9 (Major B u s c h , Lsch. III) und 10 (Obstl. H a s l e h n e r , Lsch. III).

---

[8] Trafen erst nach der Kriegserklärung ein.

[9] Seit 15. 3. 1915. Ausführliche Schilderung der Besetzung in Schemfil, Die Kämpfe am Monte Piano und im Cristallo-Gebiet 1915—1917, S. 14 f., Schlern-Schriften 273.

Das Kreuzberg-Gebiet mit seinem nordöstlichen und südwestlichen Anschluß

Skizze 2

Das Cristallo-Gebiet lag im Grenzabschnitt 9, der sich in den Grenzunterabschnitt 9 a (Major Busch) mit zwei Kompagnien und der Maschinengewehrabteilung des Lstb. 165, zwei Kompagnien des Reservebataillons III/29
mit Maschinengewehrabteilung und der Standschützenkompagnie St. Leonhard, ferner Gendarmerie- und Finanzwachassistenzen und in den Grenzunterabschnitt 9 b (Hptm. Andres, Lsch. III) mit einer Kompagnie des
Lstb. 165, einer Kompagnie des Reservebataillons III/29, den Standschützenkompagnien Sand und Cortina d'Ampezzo, ferner Gendarmerie- und Finanzwachassistenzen teilte.

Der Grenzabschnitt 10 (Obstl. Haslehner) war folgend eingeteilt:

Grenzunterabschnitt 10 a (Hptm. Schmid) mit den Kampfabschnitten Rufreddo, Gemärk und Landro (später Schluderbach);

Grenzunterabschnitt 10 b (Obstl. Haslehner) mit den Kampfabschnitten Zinnenhochfläche, Fischleintal, Burgstall und Hornischeck (ab 23. 6. Seikofel);

Grenzunterabschnitt 10 c (Major v. Pasetti) mit den Kampfabschnitten Eisenreich und Filmoorhöhe.

Angriffspläne und Kräfteverteilung der Italiener

Die italienische Führung glaubte, im Falle eines Zusammenstoßes mit dem österreichisch-ungarischen Heer auf heftigen Widerstand zu stoßen und wollte, da die eigenen Armeen die notwendige Schlagfertigkeit noch nicht erreicht hatten, gewagten Unternehmungen ausweichen und mit den vorhandenen Kräften sich begrenzte Ziele stecken.

Demgemäß hatte gegenüber der Tiroler Front die italienische I. Armee in der strategischen Defensive zu verbleiben und nur mit kleinen Offensivstößen ihre Front zu verbessern. Der italienischen IV. Armee des Generalleutnants Nava war als erstes Ziel die Erreichung von Toblach mit dem rechten Flügel (I. Korps) und die Besitznahme der Sellagruppe mit dem linken Flügel (IX. Korps) vorgeschrieben. Die Bekämpfung der Sperren Plätzwiese, Landro und Sexten mit dem Stoß auf Toblach fiel also dem I. Korps zu.

Da aber zu Kriegsbeginn die Belagerungsgeschütze für die Niederringung dieser Sperren noch nicht zur Stelle waren, befahl das italienische IV. Armeekommando, sich sofort jener Räume zu bemächtigen, aus denen später der beabsichtigte Angriff vorgetragen werden sollte. In Durchführung dieses Auftrages besetzte das I. Korps vorerst das Becken von Cortina d'Ampezzo und den Kreuzbergsattel — ohne Kampf, denn diese Räume lagen vor der österreichischen Verteidigungslinie und waren frei von Sicherungstruppen.

Als man italienischerseits dann sah, daß das Heranziehen des Belagerungsparkes und das Einrichten der Stellungen für die schweren Batterien immerhin noch längere Zeit benötigen werde, wartete die italienische Führung die Beendigung des Aufmarsches der schweren Artillerie gar nicht ab, sondern setzte den Beginn des Generalangriffes für den 1. Juni fest. Ihm lag als Plan zugrunde, mit dem I. Korps durch das Val Padola die Sperre Sexten, durch das Val Ansiei die Sperre Landro und Plätzwiese und durch das Val Boite Son Pauses anzugreifen. Das Alpinibataillon Fenestrelle sollte mit der 30. und 83. Kompagnie die Verbindung mit dem rechten Flügel des IX. Korps, der gegen Travenanzes und Valparola angesetzt war, herstellen.

Während die 2. Division des I. Korps in den ersten Junitagen sofort zum Angriff auf Son Pauses schritt, konnte die 10. Division mit der ihr aufgetragenen Bekämpfung der Sperren Landro und Sexten nicht sogleich beginnen, weil — wie bereits erwähnt — die Belagerungsgeschütze noch nicht zur Stelle waren und weil trotz überaus starker infanteristischer und artilleristischer Unterlegenheit in diesem Raum die Österreicher die Initiative ergriffen hatten. Sie nahmen am 3. Juni den Frugnoni und die Pfannspitze (östlich des Kreuzbergsattels) und am 7. Juni den Nordteil des bisher von den Italienern besetzten und vor der Verteidigungslinie liegenden Monte Piano in Besitz.

Diese mit minimalen Kräften durchgeführten kleinen Offensivstöße hatten den Italienern einen stärkeren Gegner vorgetäuscht, der die Initiative an sich gerissen hatte. Die einzige italienische Offensivtätigkeit war der Angriff der 10. Division auf Wildkarleck, Porze und Tilliacher Joch, bei dem nur die beiden ersteren Höhen in ihre Hand fielen.

Auch den anderen italienischen Divisionen blieb ein Erfolg versagt. Es sei gleich erwähnt, daß das Resultat des Generalangriffes der italienischen IV. Armee gering war. Ihre Korps hatten sich nur näher an die österreichische Verteidigungslinie herangeschoben.

2. Lage auf österreichischer Seite zur Zeit der Kriegserklärung Italiens
Hiezu Skizze 1 und Bild 4 und 5

Der Subrayon V (56. Gebirgsbrigade) erstreckte sich über eine schwere zugängliche Gebirgszone mit hochaufragenden Bergen und tief eingeschnittenen Tälern, die den Verteidigern die Lebensbedingungen sehr erschwerten, ihnen dafür aber die Möglichkeit einer Geländebehauptung erleichterten. Für den Angriff bildete diese Hochgebirgsgegend ein schweres Hindernis. Die an den Südhängen operierenden italienischen Truppen hatten den Vorteil einer sonnigen, bald schneefreien Gebirgsseite, während die österreichischen Truppen an den Nordhängen noch lange mit tiefer Schneelage zu rechnen hatten.

Dem Subrayon war die Sicherung der durch das Pustertal führenden Verkehrswege, insbesondere der Bahnlinie übertragen. Wenn man bedenkt, daß von der Reichsgrenze auf dem Monte Piano der Ort Toblach im Pustertal in der Luftlinie nur 14 km und vom Kreuzbergsattel der Ort Innichen nur 13 km entfernt waren, kann man die Gefahr ermessen, in der das Pustertal schwebte[10]. So war die Aufgabe der Truppen des Subrayons eine zwar sehr ehrenvolle, bei den vorhandenen, ganz unzulänglichen Kräften aber eine sehr schwierige. Unter der tatkräftigen Führung der Divisionskommandanten Generalmajor B a n k o w s k y, der Feldmarschalleutnante G o i g i n g e r und P i c h l e r und des Generalmajors S t e i n h a r d und dank der Tapferkeit und der Zähigkeit der eingesetzten Truppen wurden alle von den Italienern mit

---

[10] Siehe Skizze 1.

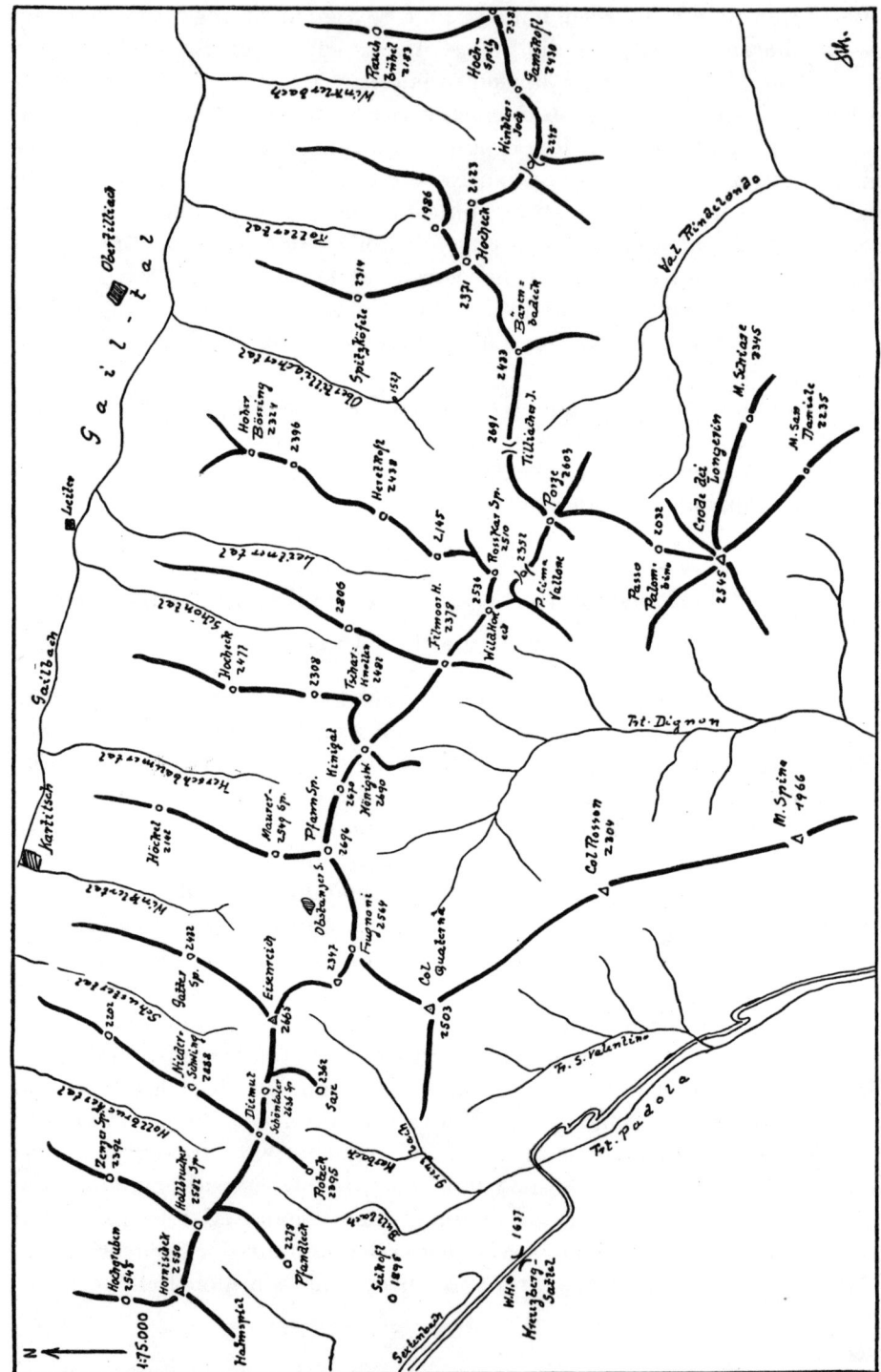

Skizze 3

großer Überzahl und unter großen Opfern versuchten Durchbrüche in das
Pustertal abgeschlagen.

Die österreichische Führung hatte die Hauptwiderstandslinie im allgemeinen in die Linie der Sperren gelegt. Im Grenzabschnitt 10 verlief sie über
den Knollkopf – das Seelandbachtal – die Strudelalpe – die Sperre Landro –
den Rautkopf – die Drei-Zinnen-Hochfläche – die Zsigmondyhütte – die Rotwand – den Burgstall – die Sperren Haideck und Mitterberg – den Hornischek
und längs des Karnischen Kammes bis zur Kärntner Grenze.

Die Besetzung war, so wie an der ganzen Dolomitenfront, auch im Grenzabschnitt 10 eine sehr schüttere und unzulängliche. Zudem waren die Sperren
alter Bauart, was besonders für die Sperren Haideck und Mitterberg[11] galt, so
daß die Lage auf der österreichischen Seite nach der Kriegserklärung Italiens
recht kritisch war. Man verlebte Tage des Hangens und Bangens, da das zwar
noch nicht ganz schlagfertige, aber frische und zahlenmäßig weit überlegene
italienische Heer mit erdrückender Übermacht den dünnen Schleier der
österreichischen Front zerreißen und ungehindert über die Grenzen in das
Land einfallen konnte. Und doch war angesichts des trefflichen Geistes und
des zähen Willens der Truppen des k. u. k. Heeres nicht alle Zuversicht
geschwunden. Die kommenden Ereignisse zeigten, was diese von herrlichem
Soldatengeist beseelte Truppe, trotz der Minderzahl, zu leisten imstande war.

3. Österreichische Teilangriffe nach der Kriegserklärung Italiens im Grenzunterabschnitt 10 b auf den Frugnoni und die Pfannspitze (Monte Vanscuro) von Ende Mai bis 3. Juni 1915[12]

Hiezu Skizze 4 und Bild 6

Während die 2. Division des italienischen Korps schon in den ersten Junitagen sofort zum Angriffe schritt, konnte die 10. Division mit der ihr aufgetragenen Bekämpfung der Sperren Landro und Sexten nicht sogleich beginnen,
weil die Belagerungsgeschütze noch nicht zur Stelle waren und weil trotz starker infanteristischer und artilleristischer Unterlegenheit in diesem Raume die
Österreicher die Initiative ergriffen. Sie griffen am 26. 5. überraschend den
Paternsattel an, nahmen am 3. Juni den Frugnoni und die Pfannspitze (östlich
des Kreuzbergsattels) und am 7. Juni den Nordteil des von den Italienern
besetzten und vor der österreichischen Hauptkampflinie liegenden Monte
Piano in Besitz. Die Kämpfe um den Frugnoni und die Pfannspitze werden im
Nachfolgenden geschildert.

---

[11] Siehe Bild 2 und 3.

[12] Die Schilderung der Vorgänge auf italienischer Seite erfolgt nach Berti, „Guerra di Cadore",
Kap. V, S. 25.

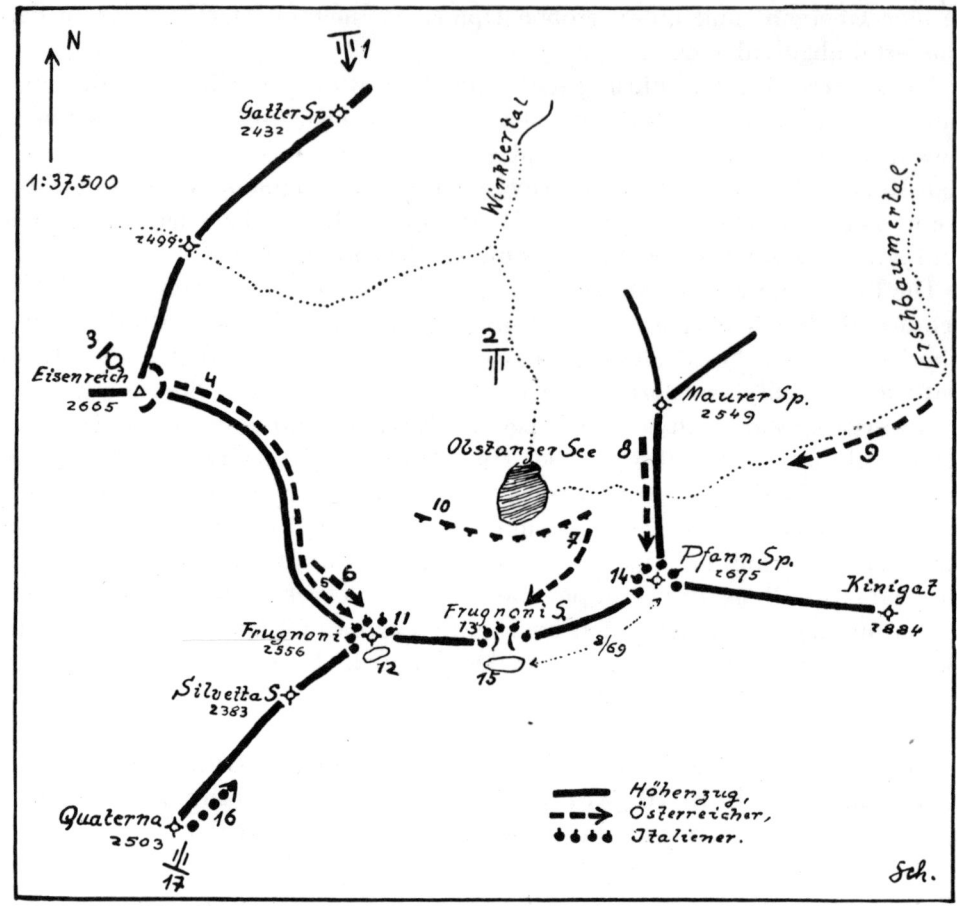

Skizze 4

Noch vor der Kriegserklärung, Mitte Mai, war auf italienischer Seite die 68. Kompagnie (Hptm. Baratta) des Alpinibataillons Cadore als Grenzsicherung auf den Kreuzberg (Monte Croce) vorgeschoben worden. Am 20. Mai übergab sie diesen Raum dem IR. 70 und bezog Stellung auf dem 2507 m hohen Quaternà (Knieberg)[13]. Zu dieser Zeit war die österreichische Grenze und ihr Raum dahinter von Sicherungstruppen vollkommen frei. Nur kleinere Abteilungen von Gendarmerie- und Finanzwachassistenzen oder Standschützen patrouillierten zeitweise an der Grenze.

Eine solche drei Mann starke Patrouille wurde am 22. Mai morgens am Frugnoni von den Alpini am Quaternà gesichtet. In der Meinung, daß die österreichische Patrouille die Grenze überschritten und auf italienischem

---

[13] Siehe Bild 6.

Boden Erkundungen durchgeführt hätte, begab sich ein Alpinizug unter Führung eines Leutnants auf den Frugnoni und stellte nach den Spuren im Schnee eine Grenzüberschreitung fest. Der Zug blieb am Gipfel, grub sich dort ein und schickte, als er am nächsten Morgen wieder eine österreichische Patrouille längs der Schneespur vom Tage vorher herankommen sah, einige Alpini nach Westen mit dem Auftrage, die sich nähernden Österreicher zu umgehen. Der Zug selbst blieb an Ort und Stelle. Als dann die ersten zwei Mann der österreichischen Patrouille wieder die Grenze überschritten, wurden sie gefangengenommen. Der Dritte, der etwas weiter abgeblieben war, konnte nach der österreichischen Seite der Gefangennahme entgehen. Es waren dies die ersten Gefangenen, die die Italiener machten, allerdings noch vor der Kriegserklärung.

Während am 24. Mai, am Tage nach der Kriegserklärung, die ersten Schüsse von Innergsell auf die schanzenden Italiener auf dem Kreuzbergsattel und auf dem Collesei fielen, herrschte auf den Gipfeln und Sätteln des Karnischen Kammes vollkommene Ruhe. Nur am Hahnspiel und auf Hornischeck sah man die Standschützen der 1. und 2. Kompagnie des Standschützenbataillons Innsbruck I und am Frugnoni die Alpini der 68. Kompagnie Schützengräben ausheben. Österreichische und italienische Patrouillen gingen, teils um zu erkunden, teils um Wasser zu holen, bis zum Obstanzersee vor, störten einander aber in ihrer Tätigkeit nicht.

Der Obstanzersee liegt auf einer mageren Weidewiese in einer tiefen Mulde, die auf drei Seiten von Höhenkämmen umgeben ist und nur nach Norden in das Winklertal abfällt, das die Verbindung mit Kartitsch herstellt[14].

Der Höhenunterschied zwischen dem Obstanzersee und den ihn im Dreiviertelbogen umschließenden Höhen beträgt durchschnittlich 300 m.

Daß österreichischerseits nicht sofort nach der Kriegserklärung der ganze Höhenzug des Karnischen Kammes besetzt wurde, hatte seine Ursache in dem bereits erwähnten Kräftemangel. Aber auch die Italiener schienen keine Eile zu haben, sich des Kammes zu bemächtigen. Der Zug der 68. Alpinikompagnie am Frugnoni schickte am 24. Mai nur eine schwache Patrouille von vier Mann zur Besetzung der Pfannspitze ab. Eine andere zur Erkundung bis zur Königswand vorrückende Patrouille kehrte, als sie das Gelände von den Österreichern frei gefunden hatte, wieder zurück.

Die ersten Verteidiger rückten, allerdings in einer verschwindend geringen Zahl, erst am 24. Mai in diesen Raum ein. Hptm. P f u r t s c h e l l e r konnte mit seiner Kompagnie Stubaier Standschützen nur Feldwachen auf Eisenreich, in der Mulde beim Obstanzersee und auf der Filmoorhöhe (Cima Pitturina) aufstellen, denn der Gefechtsstand der Kompagnie betrug nur 100 Mann.

---

[14] Siehe Skizze 4.

Die Untätigkeit der Italiener bewog den Subrayonskommandanten Gm. Bankowsky, einen Offensivstoß in Erwägung zu ziehen mit dem Ziele, die im Raume Kreuzberg – Padola stehenden feindlichen Kräfte zu vernichten. Mit sämtlichen damals zur Verfügung stehenden Truppen (den X. Marschbataillonen der JR. 59, 14 und Lsch. III und mit drei bayerischen Bataillonen) sollte ein Vorstoß aus dem Lesachtal, Kartitsch und Obertilliach über den Karnischen Kamm durchgeführt werden, und zwar mit der Hauptkraft auf den Col Rosson und mit Flügelabteilungen auf den Quaternà und Monte Spin – Kapelle Tamai. Im Laufe des 26. Mai hätten sich die Kräfte knapp an der Grenze zu gruppieren und am 27. früh den Angriff zu beginnen. Das Landesverteidigungskommando von Tirol gab jedoch am 25. Mai nachmittags bekannt, daß es den Plan nicht billige, weil es über die bayerischen Truppen für einen Angriff kein Verfügungsrecht hätte und außerdem Mann und Material für die Abwehr eines möglicherweise einsetzenden feindlichen Angriffes geschont werden müßten.

Generalmajor Bankowsky beschloß nun, mit dem heranmarschierenden X. Marschbataillon des JR. 59 (X/59, Hauptmann B u r g e r) und den vorhandenen Standschützenformationen sich wenigstens des Karnischen Kammes zu bemächtigen. Die zuerst eintreffende 4. Kompagnie (Hauptmann B r u n n e r) besetzte mit dem 2. Zug (Stabsfeldwebel W a g n e r) den Abschnitt von der Kärntner Grenze bis Bärenbadeck, mit dem 3. Zug (Kadettaspirant Dr. K a s t a l y) anschließend bis zum Kinigat (Cavalletto), mit dem 4. Zug (Kadettaspirant F u c h s b e r g e r) den Raum Obstanz und Eisenreich. Bei der großen Ausdehnung und den schwachen Kräften konnte aber nur eine Besetzung mit Feldwachen durchgeführt werden. Immerhin war es der dünnen Kette möglich, zu beobachten und dem Gegner eine Besetzung vorzutäuschen. So bestand die ganze Besatzung des Grenzunterabschnittes 10 c (Lesachtal), dessen Kommando Hauptmann Brunner übernommen hatte, nur aus der 4. Kompagnie X/59 und 450 Standschützen aus Hall, Kartitsch, Tilliach und Steinach, ferner aus einem Zug der 6/41 Feldkanonenbatterie.

Die durch den Einsatz des 4. Zuges der Kompagnie Hauptmann Brunner hervorgerufene Bewegung im Raume Obstanz blieb den Alpini auf Frugnoni nicht verborgen. Zur Aufklärung schickten sie zwei schwächere Patrouillen in der Richtung auf Eisenreich, die mit den dort aufgestellten Feldwachen der Stubaier Standschützen (Zug Leutnant K r ö ß b a c h e r) in ein Feuergefecht verwickelt wurden. Auf beiden Seiten gab es je einen Verwundeten. Der Gefechtslärm aber veranlaßte den auf Quaternà befindlichen Kommandanten der Alpinikompagnie, einen Zug als Verstärkung abzusenden, der von den Stubaier Standschützen bemerkt und unter Feuer genommen wurde.

Dieser erste Zusammenstoß im Raume Obstanz dürfte mit dem in mehreren Veröffentlichungen angeführten Einfall einer 250 Mann starken feindlichen Kompagnie gegen den Obstanzersee gemeint sein, wobei die Stärke des Gegners übertrieben wurde. Nunmehr kann er, da hierüber die Berichte der Gegenseite vorhanden sind, auf das richtige Maß einer feindlichen Patrouillenunternehmung zurückgeführt werden. Man konnte daraus aber entnehmen, daß der Frugnoni in Feindeshand sei, ein Umstand, der den Generalmajor Bankowsky bewog, sich des Frugnoni und der Pfannspitze durch einen Angriff am 28. Mai unter Leitung des Hauptmannes B r u n n e r zu bemächtigen.

Man schätzte, daß der Frugnoni und die Pfannspitze von je zwei feindlichen Zügen besetzt seien. Tatsächlich aber stand nur der 2. Zug (Leutnant Corniani) der 68. Alpinikompagnie seit 22. Mai auf dem Frugnoni und wurde erst am 1. Juni durch den 3. Zug (Leutnant Casali) verstärkt. Auf der Pfannspitze befand sich seit 24. Mai nur eine kleine Patrouille von fünf Mann. Im Raum des Col Quaternà wurde ein großes Lager festgestellt, in dem reges Leben herrschte.

Der Angriff vom Eisenreich her auf den Frugnoni am 28. Mai wurde der 3. Kompagnie (Oberleutnant S t u p p ö c k) übertragen und war von den Haubitzen aus dem Raum Gatterspitz zu unterstützen. Einfallender Nebel ließ an diesem Tag eine Schußbeobachtung nicht zu, weshalb der Angriff verschoben wurde.

Am nächsten Tag (29. Mai) traf die 2. Kompagnie (Hauptmann P l a m m e l) und in den Morgenstunden des 30. Mai der Bataillonskommandant Hauptmann B u r g e r mit seinem Stab, die 1. Kompagnie (Hauptmann D i e s n e r) und die Maschinengewehrabteilung (Leutnant L i e b i s c h) in Kartitsch ein, wo Burger das Grenzunterabschnittskommando übernahm.

Mit diesem Kräftezuwachs und mit dem hinter der Gatterspitze in Stellung gegangenen Zug der Feldhaubitzbatterie 7/14 (Oberleutnant F a u l h u b e r) sollte der Angriff am 1. Juni durchgeführt werden. Da aber Regen und Nebel immer noch eine Schußbeobachtung der Artillerie verhinderten, mußte der Angriff wieder auf den kommenden Tag verschoben werden.

Um die Angriffsverhältnisse auf der Pfannspitze zu erkunden, ging eine alpine Patrouille unter dem Kadettaspiranten K o c h vom Südhang aus vor und konnte nach Überwindung vieler Schwierigkeiten sich nahe an den Feind heranarbeiten. Die Patrouille wurde aber entdeckt und kam bei dem sich entspinnenden Feuergefecht in eine bedrohliche Lage, aus der sie der Bergführer Unterjäger J o h a n n K o f l e r der Gendarmerieassistenz Kartitsch mit großem Geschick herausführte. Eine andere Patrouille stellte fest, daß ein direkter Aufstieg auf die Pfannspitze wegen der Schneeverhältnisse nicht durchführbar sei.   ·

Für den jetzt endgültig auf den 3. Juni festgesetzten Angriff hatte Hauptmann Brunner die Besetzung der Feldwachenlinie am Obstanzersee durch die 1. Kompagnie (Hauptmann D i e s n e r) befohlen. Eine halbe 2. Kompagnie sollte vom Kerschbaumertal aus die Pfannspitze um 8 Uhr früh erreichen, während Oberleutnant Stuppöck mit der 3. und Hauptmann Plammer mit der 2. Kompagnie nach der Artillerievorbereitung von beiden Seiten den Frugnoni anzugreifen hatten.

In der Nacht auf den 3. Juni besserte sich endlich das Wetter. Leutnant Steiner, der von Hauptmann Plammer in den ersten Nachtstunden des 2. Juni mit seinem Zug auf die Pfannspitze befohlen wurde, stieß schon um 4 Uhr früh des 3. Juni auf den Gegner (8. Kompagnie des JR. 69)[15].

In das sich entspinnende Gefecht griffen bald auch die Geschütze einer Sektion der italienischen 24. Gebirgsbatterie vom Quaternà ein. Sie wurden durch die österreichischen Feldhaubitzen bei der Gatterspitze unter Feuer genommen und auf längere Zeit zum Schweigen gebracht.

Der Feldhaubitzzug hatte unterdessen eine Verstärkung erhalten. Dem Hauptmann Kupetz der 6. Batterie des 8. Gebirgsartillerieregimentes war es nach schweren Mühen gelungen, zwei Geschütze um 6 Uhr früh oberhalb der Obstanzerwiese in Stellung zu bringen und damit sogleich in das Gefecht auf der Pfannspitze einzugreifen. Nun warf sich der 59er Zug (Leutnant Steiner) mit einer Abteilung Lesacher Standschützen auf den Gegner und vertrieb ihn.

Auf dem westlich benachbarten Frugnonisattel[16] jedoch war es nicht so rasch gegangen. Hier hatte die feindliche Besatzung anfänglich gegenüber dem Zug des Kadettaspiranten Koch der Kompagnie Plammer Stand gehalten. Erst als die Feldhaubitzen und Gebirgskanonen ebenfalls in das Gefecht eingriffen, wich der Gegner (Teile der 8/69) um 7 Uhr früh und ließ auch sein unterhalb des Sattels aufgeschlagenes Lager im Stich[17]. Der vom Quaternà zur Unterstützung vorgeschickte Alpinizug wurde, als er den Silvella-Sattel überschreiten wollte, vom Artillerie- und Maschinengewehrfeuer erfaßt und zersprengt.

Der auf Frugnoni befindliche 3. Zug der 68. Alpinikompagnie stand unterdessen im ständigen Feuerkampf mit der Besatzung von Eisenreich. Erst als nach der Eroberung der Pfannspitze und des Frugnonisattels die Artillerie und die Maschinengewehre ihr Feuer auf den Gipfel vereinigen konnten, wurde die Abwehr immer schwächer. Der mittags einfallende Nebel zwang zwar, das Artilleriefeuer einzustellen, gab aber der Kompagnie Oberleutnant Stuppöck mit den Stubaier Standschützen Gelegenheit, die Vorrückung gegen den Frugnoni-Gipfel zu beginnen. Die Alpini leisteten anfangs dem vorne befindlichen Zug des Leutnants Kräutler Widerstand, mußten aber

---

[15] Dieser hatte am Abend des 2. Juni die 68. Alpinikompagnie abgelöst und unterhalb des Sattels ein Lager aufgeschlagen.

[16] Forcella Pali degli Orti.

[17] Erbeutet wurden: 50 Zelte, 12 Verschläge Maschinengewehrmunition, Monturstücke und Verpflegung. Die gänzliche Aufräumung des Lagers konnte erst am 7. Juni beendet werden.

schließlich, als der Zug des Kadettenaspiranten G r u n d in das Gefecht eingriff, zurückweichen.

Um 13.30 Uhr war der Gipfel in der Hand der Angreifer.

Am Nachmittag wurde die 3. Kompagnie durch die 1. (Hauptmann D i e s n e r) abgelöst und nahm als Reserve Aufstellung auf der Obstanzerwiese. Der Angriff auf den Frugnoni-Gipfel kostete nur einen Leichtverwundeten. Von den Alpini waren 15 tot am Platze geblieben. Die Verwundeten wurden rechtzeitig geborgen. Ein Alpini wurde gefangengenommen.

Für den Abend des 3. Juni war folgende Besetzung angeordnet:

Frugnoni und Sattel: 3 Züge der Komp. 1/59 und die Lesacher Standschützen,

Pfannspitze: 1 Zug der Komp. 1/59,

Reserve auf der Obstanzerwiese: 3/59,

Artilleriebedeckung: ½ 2/59,

Reserve hinter Eisenreich: MGA X/59 und 1 Komp. X/14.

Ab 5. Juni standen im Abschnitt Hollbrucker Eck bis Eisenreich eine Kompagnie des X/Lsch. III und 80 Standschützen der Kompagnie Hall und von da bis Kinigat drei Kompagnien X/59, ein Zug Hbbt. 7/14 im Winklertal mit 40 Mann X/59 und 20 Standschützen aus Kartitsch als Bedeckung.

4. Italienischer Angriff auf das Wildkarleck (2537 m), die Porze (2603 m) und das Tilliacher Joch in der Zeit vom 9. bis 18. Juni 1915[18]

Hiezu Skizze 5

Die im Juni einsetzende italienische Offensive zog im Grenzunterabschnitt 10 c nur den Teil vom Wildkarleck bis zum Tilliacher Joch in Mitleidenschaft. Im Grenzunterabschnitt 10 b brachte sie nur die Besatzung des Bachern-Tales.

Im Gebiete des Wildkarlecks und Tilliacher Joches standen am Tage nach der Kriegserklärung Italiens nur schwache Feldwachen je eines Zuges der Standschützenkompagnie Lesach. Der Sattel (Forcella Vallone) und die Porze waren unbesetzt und wurden zeitweise von Patrouillen begangen. Einige Tage später bekam dieser Raum einen geringen Kräftezuwachs durch Teile der 4. Kompagnie des X/59 und durch die Tilliacher und Steinacher Standschützen.

So standen am 27. Mai:

Am Tilliacher Joch der 2. Zug der 4. Komp. X/59 mit 37 Obertilliacher und 45 Steinacher Standschützen,

---

[18] Als Unterlagen für die Schilderung der Kämpfe wurden benützt: Die Regimentsgeschichte des Infanterieregimentes 59 und das Kriegstagebuch des X/59, für die Ereignisse auf italienischer Seite Berti, „Guerra di Cadore", Kap. VII und VIII.

je ein Schwarm des 4. Zuges der 4. Komp. X/59 auf Frugnoni, auf der Obstanzerwiese, auf der Filmoorhöhe und einer als Reserve in Hollbruck-
St. Oswald.

Diese Kräfte waren für eine ernstliche Verteidigung dieses Abschnittes zu
gering.

Es fiel daher den beiden am 9. Juni angreifenden Zügen der 29. Kompagnie
(Hauptmann Penati) des Alpinibataillons Fenestrelle nicht schwer, das Wildkarleck und Roßkar zu besetzen. Zuerst wendeten sie sich gegen die kleine
Standschützenfeldwache auf Roßkar, vertrieben sie und nahmen von dort aus
die nichtsahnende Ablösung unter dem Standschützenpatrouillenführer Auer
unter Feuer. Fast zur selben Zeit kam der mit 5 Mann auf einem Patrouillengang befindliche Einjährig-Freiwillige Zugsführer Z e m a n n nach Wildkarleck, erhielt Meldung von den Vorgängen auf Roßkar und sah gleichzeitig eine
Alpini-Abteilung über den Südwesthang gegen Wildkarleck aufsteigen. Er
nahm zwar den Feuerkampf mit ihr auf, mußte aber dann, als sie bereits sehr
nahe gekommen war und auch die Alpini vom Roßkar eingriffen, das Wildkar-

Italienischer Angriff auf die Porze und das Tilliacher Joch vom 15.—18. Juni 1915

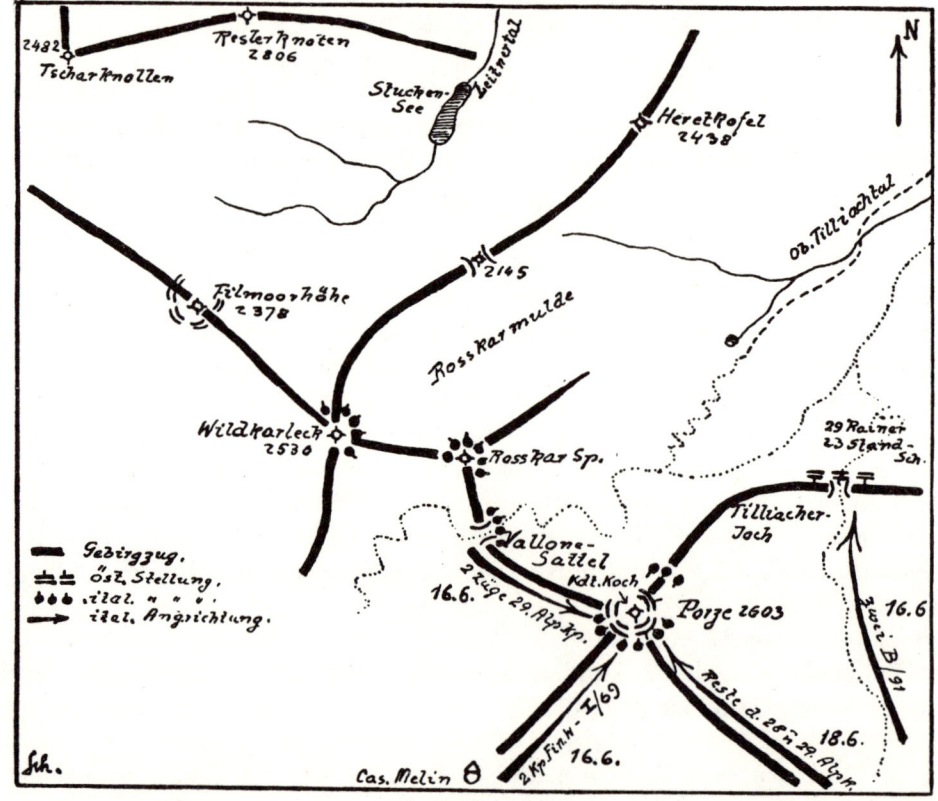

Skizze 5

leck wegen der Gefahr einer Umzingelung und vor der Übermacht räumen. Er rückte wieder ein und erstattete die Meldung, während die Patrouille des Patrouillenführers A u e r mit seinen Standschützen unterhalb von Wildkarleck zur Beobachtung zurückblieb.

Die Italiener hatten nach ihren Angaben in den Abendstunden die ganze Linie vom Wildkarleck – Roßkar und Vallone-Sattel mit zwei Zügen und am nächsten Tage die Stellung mit der ganzen Kompagnie besetzt.

Der Kommandant der Kampfgruppe, Hauptmann B r u n n e r, eilte nach Bekanntwerden des Verlustes von Wildkarleck und Roßkar sofort mit 100 Mann herbei und traf am 10. Juni morgens im Sattel (2145 m) südwestlich des Heretkofels ein.

Zur Wiedergewinnung des verlorengegangenen Gipfels ließ er eine Abteilung (½ Schwarm 59er und 34 Standschützen) über den zum Wildkarleck führenden Kamm vorgehen. Eine andere Abteilung (Stabsfeldwebel W a g n e r mit seinem Zug und einem halben Standschützenzug) hatte von der Roßkarmulde aus direkt den Berggipfel anzugreifen.

Die Abteilung am Kamm konnte sich unter dem Feuer der Alpini nur langsam an das Wildkarleck heranpirschen. Sobald sich ein Mann zeigte, gaben die Italiener auf ihn Salvenfeuer ab. Schließlich stand sie vor einer 400 m breiten Schrofenwand und konnte nicht weiter.

Die Abteilung Wagner war anfangs zwar durch Talnebel begünstigt im ungesehenen Vorrücken, stand aber dann ebenfalls vor den Felsabstürzen der Roßkarspitze. Hauptmann B r u n n e r erkannte nun, daß die feindliche Stellung ohne Artillerieunterstützung nicht zu nehmen sei, zog die beiden Angriffsabteilungen wieder in ihre Ausgangsstellungen zurück und beließ nur zwischen Wildkarleck und der Sattelkote 2145 und auch auf dieser eine Feldwache von je 10 Mann.

Jetzt entschloß sich der Subrayonskommandant, Generalmajor Bankowsky, zur Wiedergewinnung von Wildkarleck stärkere Kräfte einzusetzen. Er zog die 2. Kompagnie (Hauptmann P l a m m e r), zwei Kompagnien des X/ Lsch. III, eine Gebirgshaubitze (7/14) aus dem Winklertal und einen Zug der Gebirgskanonenbatterie 6/8 heran. Die Leitung des Angriffes übernahm Hauptmann S c h m i d (Bataillonskommandant des X/Lsch. III).

Schmid beabsichtigte, am 12. Juni Hauptmann Plammer mit seiner Kompagnie gegen die Roßkarspitze und gegen die Porze anzusetzen, während eine Landesschützenkompagnie vom Tilliacher Joch her, die andere über den Heretkofelkamm der feindlichen Stellung am Wildkarleck und Roßkar in die Flanken fallen sollten.

Das Sammeln dieser Angriffskräfte und die Inmarschsetzung der Landesschützenkompagnien wurde jedoch von den Italienern beobachtet.

Gegenangriff zur Wiedereroberung der Roßkarspitze und
des Wildkarlecks am 12. Juni 1915

Um 1 Uhr früh des 12. Juni begann Hauptmann P l a m m e r den Anstieg
auf die Roßkarspitze und zweigte vorher den Kadetten Koch mit 27 auser-
wählten Leuten seiner Kompagnie mit dem Auftrag ab, die Porze zu besetzen
und durch Flankierung des Gegners auf der Roßkarspitze den Angriff auf sie
zu unterstützen.

Plammer selbst stieg mit seiner Kompagnie im Schutze der Dunkelheit auf
die Roßkarspitze auf und kam, als das Vorbereitungsfeuer der Geschütze
begann, bis an die Felsabstürze. Vergebens suchten eine Sektion des italienischen 20. Feldartillerieregimentes und die 24. Gebirgskanonenbatterie aus
dem Raum Col Quaternà und Col Rosson die einzigen drei feuernden
Geschütze der Österreicher zum Schweigen zu bringen.

Nach Beendigung der Artillerievorbereitung befahl Hauptmann Plammer
dem Kadetten O r t n e r, mit dem 3. Zug die R o ß k a r s p i t z e in Besitz zu
nehmen, während er selbst sich mit dem Rest der Kompagnie längs der Felsen nach Westen vorschob, um das Wildkarleck anzugreifen, sobald Ortner
sich der Roßkarspitze bemächtigt hätte.

Nach Überwindung großer Geländeschwierigkeiten gelang es diesem, an
der Spitze eines Teiles seines Zuges den Oberteil des Gipfels zu erreichen.
Kaum oben angekommen, warf sich ihm eine Abteilung Alpini entgegen, die
aber nach kurzem Kampf geworfen wurde. Der befehligende Offizier (Oberleutnant Tessiori) erlitt dabei durch einen Brustschuß eine schwere Verwundung. Unterdessen waren auch die Reste des Zuges Koch auf den Gipfel nach-
gekommen, suchten hinter Felsblöcken Deckung und nahmen den Feuerkampf mit den Alpini auf, die sich in einen am Grat in der Richtung gegen das
Wildkarleck ausgeworfenen Schützengraben zurückgezogen hatten und dort
heftigen Widerstand leisteten.

Hauptmann P l a m m e r, der den starken Gefechtslärm hörte, beschloß,
dem Kadetten Ortner zu Hilfe zu eilen, kehrte um, konnte aber erst nach zwei
Stunden auf der Roßkarspitze eintreffen. Er setzte alsbald zu einem Angriff
an, drang aber nicht durch, weil auf dem engen Raum für seine Kompagnie
die Entwicklungsmöglichkeit fehlte und außerdem das Feuer der Alpini auf
die kurze Entfernung ihm 20 Mann an Verlusten gekostet hatte. Plammer
stellte daher den Angriff ein, beabsichtigte aber, ihn in der kommenden Nacht
zu wiederholen.

Während sich dies auf der Roßkarspitze abspielte, sollte planmäßig auch
der Angriff auf das W i l d k a r l e c k durchgeführt werden. Dort vermutete
man eine beträchtliche Verstärkung der feindlichen Besatzung, die die westlich benachbarte und nur schwach besetzte Filmoor-Stellung arg bedrohte.
Man sah deshalb von dem Angriff auf Wildkarleck ab und setzte die für diesen

bestimmte Landesschützenkompagnie auf der bedrohten Filmoor-Stellung ein.

Tatsächlich waren die in diesem Raum befindlichen feindlichen Kräfte verstärkt worden. Um 14.30 Uhr rückten 30 Mann der 50. Kompagnie (16. Bataillon) der Finanzwache auf den Vallone-Paß ein. Außerdem kamen in den späten Nachmittagsstunden der Kommandant des Alpinibataillons Fenestrelle, Major Gazagne, mit der 28. Alpinikompagnie und einer Maschinengewehrsektion in die Stellung.

Österreichischerseits versuchte man, dem Gegner eine starke Besetzung durch Aufstellung von Leuten mit Leuchtpistolen an nicht besetzten Teilen der Front, die zeitweise Leuchtraketen abzufeuern hatten, vorzutäuschen. Untertags hatte auch der Zug der Gebirgskanonenbatterie 6/8 zwischen Eisenreich und Frugnoni eine Scheinbatterie aufgestellt. Die Täuschung gelang. Die Italiener schätzten die Stärke der Wildkarleck, Roßkarspitze und Frugnoni angreifenden österreichischen Kräfte auf etwa 400 bis 500 Mann. Tatsächlich war die angreifende Kompagnie Plammer samt den zugeteilten Standschützen nur 250 Mann stark.

So wie auf der Roßkarspitze Kadett Ortner, hatte auch auf der Porze Kadett K o c h Erfolge. Er war nach Abzweigung seiner Gruppe von der Kompagnie vorerst zum Tilliacher Joch und dann unter Führung von zwei Standschützen des Obertilliacher Zuges der Kompagnie Lesach gegen die Porze aufgestiegen. Da aber die Zugänge von Alpinis besetzt waren, mußte er den Weg über die steilen Nordhänge nehmen. Oben angekommen, suchte er mit Feuer in den Kampf der Gruppe Ortner auf der Roßkarspitze einzugreifen, wurde aber rasch von der italienischen Artillerie niedergehalten und zur Deckung gezwungen. Bald nachher sah er eine italienische halbe Kompagnie von Süden her auf die Porze aufsteigen. Er besetzte wieder den Gipfel mit zwölf Mann und verteilte den Rest weiter vorne zur Absperrung des Aufstieges. Die Italiener nahmen den Feuerkampf auf und trachteten, durch Gewinnung der östlichen Kuppe der Porze die Verteidiger zu umgehen. Aber das zielsichere Schießen der Gruppe des Kadetten Koch vereitelte das Unternehmen. Der Feind zog bei Dunkelheit unverrichteter Dinge wieder ab. Die Gruppe Koch war indessen immer noch in einer gefährlichen Lage. Koch bat seinen Kompagniekommandanten um eine Verstärkung, dieser konnte ihm aber nur neun Mann zur Verfügung stellen.

Fortsetzung des Angriffes auf der Roßkarspitze

Um Mitternacht vom 12. auf den 13. Juni begann Hauptmann P l a m m e r den geplanten überfallsartigen Angriff auf den am Kamm R o ß k a r s p i t z e – W i l d k a r l e c k besetzten feindlichen Schützengräben. Mit zehn Handgranatenwerfern an der Spitze ging die 2. Kompagnie unter Zurücklassung einer kleinen Reserve zum Sturm vor. Der erste Graben war in Kürze genommen[19]. Da aber blieb der Angriff im Feuer mehrerer Maschinengewehre aus dem weiter rückwärts liegenden zweiten italienischen Graben stecken. Vermutlich war dies die am Abend vorher angekommene Maschinengewehrsektion. An eine Weiterführung des Angriffes von dem eroberten Graben aus war nun nicht mehr zu denken. Denn der zum Angriff zur Verfügung stehende Raum war nur etwa 15 m breit und fiel rechts und links in steile Felsen ab, so daß auch eine Umgehung ausgeschlossen war. Als der Morgen graute, kam die Kompagnie in eine recht bedrohliche Lage, weil sie, auf den kleinen Raum zusammengedrängt, von einer italienischen Abteilung, die sich vom Wildkarleck am Kamm den Heretkofel vorgearbeitet hatte, flankierend beschossen wurde. Als schließlich noch am Nachmittag der Anmarsch beträchtlicher italienischer Verstärkungen[20] gemeldet wurde, erbat Hauptmann Plammer unter Schilderung der mißlichen Lage die Erlaubnis, sich in der Dunkelheit vom Feinde zu lösen.

Der Rückzugsbefehl traf am 13. Juni um 3 Uhr früh auf der Roßkarspitze ein.

Für eine Wiederholung des Angriffes fehlten dem Brigadier Generalmajor Bankowsky, der den Angriff vom Heretkofel aus verfolgte, die Kräfte. Zudem mußten die beiden Landesschützenkompagnien aus der Front gezogen werden, um bei der nunmehr notwendigen Abriegelung in der Linie Filmoorhöhe, Tscharknollen, Stuckensee, Heretkofel, Tilliacher Joch eingesetzt zu werden. Während wegen des Mangels an Kräften die Roßkarspitze freigegeben werden mußte, hielt sich auf der P o r z e immer noch die kleine tapfere Schar des Kadetten K o c h. Sie hatte, wie aus einem italienischen Bericht[21] hervorgeht, die Gruppe Plammer auf der Roßkarspitze sehr gut unterstützt. Die in den Wänden der Porze eingenisteten österreichischen Scharfschützen, heißt es dort, schossen auf die unten befindlichen Abteilungen. In ihrem Feuer fielen der Kommandant der 28. Alpinikompagnie Hauptmann Medici und der Kommandant der Maschinengewehrsektion Oberleutnant Jakod, deren Abteilungen am 12. Juni spät nachmittags als Verstärkung eingesetzt worden waren.

Die Kompagnie Plammer, die 11 Tote, 16 Verwundete und 4 Vermißte hatte, konnte die Loslösung vom Gegner ungehindert durchführen. Sie kam aber nachher nicht zur Ruhe. Verstärkt durch drei Schwärme einer anderen Kompagnie mußte sie den Abschnitt vom Tilliacher Joch bis zur Kärntner

---

[19] Bei diesem Angriff fiel der befehligende italienische Leutnant Conti.

[20] Um 16 Uhr trafen bei der Alpinikompagnie zuerst eine Kompagnie und zwei Stunden später zwei Kompagnien des Infanterieregimentes 69 als Verstärkung ein (Berti, „Guerra in Cadore", S. 69).

[21] Berti, „Guerra in Cadore", S. 38.

Später stellten die Italiener auf Wildkarleck ein Kavernengeschütz (149-mm-Kanone) auf, das durch einen österreichischen Schartentreffer zerstört wurde.

Grenze zur Verteidigung übernehmen und ging damit neuen Kämpfen entgegen.

Die 4. Kompagnie, Hauptmann B r u n n e r, besetzte den Heretkofel, einen kleinen Hügel beim Stuckensee, den Reslerknollen und den Tscharknollen.

Die Wiedereroberung der Roßkarspitze und des Wildkarlecks war wegen Mangels an Kräften dem sich immer mehr verstärkenden Gegner gegenüber endgültig aufgegeben.

Italienischer Angriff auf die Porze und das Tilliacher Joch vom 15. bis 18. Juni 1915
Hiezu Skizze 5

Nach der Besetzung des Wildkarlecks und der Roßkarspitze war vorauszuahnen, daß der Gegner nun auch die östlich anschließende Porze und das Tilliacher Joch angreifen werde. Die auf diese Geländeteile gleichzeitig zu führenden Angriffe leitete Generalmajor Ferero.

Die Lage auf österreichischer Seite war zur Zeit des italienischen Angriffsbeginnes nicht günstig. Die kleine Abteilung auf der Porze hielt sich, obgleich sie schon einige Tage im Kampf stand und Mangel an Munition und Verpflegung litt, sehr tapfer. Sie hatte schon des öfteren, da keine Telefonverbindung bestand, mit Fahnensignalen Lebensmittel und Munition angefordert. Es war auch dem Kadetten F u c h s b e r g e r nach mehrmaligen mißlungenen Versuchen geglückt, einmal 1000 Patronen und zehn Konserven und ein anderesmal 500 Patronen zuzubringen. Doch der Gegner wurde immer wachsamer und schob zur Unterbindung des Verkehres und einer Einwirkung vom Tilliacher Joch her eine Patrouille von acht Mann zwischen die Porze und das Joch ein. In der Nacht rückten die Alpini immer näher heran und setzten sich nicht nur auf der Ostkuppe, sondern auch im Westen fest, so daß jetzt auch der einzige noch freie, von Norden auf die Porze führende Weg unter ihrem Feuer lag. Der Kreis um die tapfere Besatzung hatte sich so fast ganz geschlossen. Am Tilliacher Joch war die Lage weniger gefahrdrohend. Dort standen immerhin 29 Mann der 2. Kompagnie X/59 und 23 Tilliacher Standschützen dem Hauptmann P l a m m e r zur Verfügung.

Am 15. Juni morgens begann eine überaus heftige Artilleriebeschießung durch die italienischen Batterien vom Col Rosson, Coston di Poidosso und von der Forcella Zovo. Unter deren Schutz begannen zwei Bataillone des italienischen JR. 91 den Aufstieg auf das Tilliacher Joch. Die Besatzung ließ die vorderste Kompagnie nahe herankommen und empfing sie mit einem verheerenden Feuer. Auch die Besatzung der östlich benachbarten Bärenbadeck-Stellung[22] konnte an der Abwehr durch Feuer mit Erfolg mitwirken. Die feindli-

---

[22] Croda Nera.

che Kolonne mußte sich, wo sie eben ging und stand, decken und kam nicht vorwärts. Der Angriff war abgeschlagen. Hauptmann Plammer schob nun seinen rechten Flügel etwas vor, um den Aufstieg auf die Porze frei zu bekommen. Eine 20 Mann starke Abteilung sollte jetzt eine Telefonlinie dorthin legen und die schon tagelang kämpfende Gruppe des Kadetten K o c h ablösen. Das Unternehmen gelang jedoch nicht. Die Abteilung mußte mit einem Verlust von fünf Toten und einem Verwundeten unverrichteter Dinge zurückkehren.

Gegen das Tilliacher Joch wurde kein Angriff mehr geführt. So leicht der erste abgeschlagen worden war, so schwer erwehrte sich die Porze-Besatzung ihrer Gegner. Daß dorthin ein Angriff folgen werde, hatte man österreichischerseits vorausgesehen; denn überall waren neue Lager und starke Bewegung beim Feinde festzustellen. Ein solches Lager größeren Umfanges wurde am 14. Juni am Fuße des in südwestlicher Richtung von der Porze talwärts streichenden Rücken bei Cr. Melin gesichtet und von den Feldhaubitzen unter Feuer genommen. Von dort aus stiegen in der Nacht auf den 15. Juni das italienische I/69 und zwei Kompagnien des 16. Finanzwachbataillons auf die Porze auf. Die Geländeschwierigkeiten hielten die Kolonne jedoch derart auf, daß sie an diesem Tag nicht zum Angriff kam. Dagegen gelang es zwei Zügen der 29. Kompagnie des Alpinibataillons Fenestrelle unter Führung des Leutnants Landi Mina vom Vallone-Paß aus bis auf 250 m an die Stellungen auf der Porze heranzukommen, wo ihnen durch das Abwehrfeuer ein Halt geboten wurde. Es war aber leider nicht zu verhindern, daß der Gegner durch das Vordringen von dieser Seite her auch den Zugang zum Wasser absperrte. Die Lager der Verteidiger wurde dadurch noch schlechter.

In der Nacht auf den 16. rückten die Alpini näher heran, gingen aber nicht zum Angriffe vor, weil die Abteilung des Kadetten K o c h trotz der schlechten körperlichen Verfassung doch so rührig war, daß die Alpini sogar einen Angriff vermuteten.

Nun hatten aber die vielen schlaflosen Nächte, die Nachtkälte, die tagelange Nervenanspannung des Kampfes und der Mangel an Verpflegung die Besatzung fast an den Rand der körperlichen Leistungsfähigkeit gebracht. Kadett Koch schickte am 17. Juni früh einen Meldemann mit einer genauen Lagemeldung und mit der Bitte um Ablösung an das Kampfgruppenkommando ab. Inzwischen suchte und fand auch der Einjährig-Freiwillige M a i r einen neuen, vom feindlichen Feuer nicht erreichbaren Abstieg in der Nordwand.

Von unten sah man noch um 9.15 Uhr vormittags des 17. Juni die braven Verteidiger auf dem Gipfel. Unterhalb desselben hatten sie in einer Felsspalte eine gelbe Fahne ausgesteckt, um bekanntzugeben, daß sie noch oben seien und kein Artilleriefeuer dorthin abgegeben werde.

Als gegen Mittag Nebel aufzog, versuchten die Alpini einen überfallsartigen Angriff, der jedoch an der Wachsamkeit der Porze-Besatzung scheiterte.

Inzwischen war die Lagemeldung des Kadetten Koch beim Kampfgruppen-kommando eingetroffen, wo man ihn mit seiner Mannschaft schon verlorenge-geben hatte. Da aber Kräfte zu seinem Entsatze nicht zur Verfügung standen, erließ das Kampfgruppenkommando an die Kompagnie Plammer den Befehl zur sofortigen Räumung der Porze und Einrückung der Besatzung. Am Tillia-cher Joch waren noch am Spätnachmittag zwei Meldemänner von der Porze eingetroffen mit der Meldung, daß die Besatzung sich noch halten könne, wenn bald eine Ablösung käme. Man versuchte jetzt vom Tilliacher Joch aus mit Fahnen- und Rauchsignalen das Zeichen zum Einrücken zu geben, wurde aber erst nach mehrmaligen Versuchen bemerkt und verstanden.

Um 1 Uhr früh des 18. rückte dann Kadett K o c h mit 14 Mann vollkom-men erschöpft am Joch ein und übernachtete dort. Von den 27 Mann seiner Abteilung waren nur zwei verwundet, fünf vermißt (wahrscheinlich gefallen). Die übrigen sechs waren im Laufe der Tage als Meldemänner abgeschickt wor-den.

Kadett Koch erhielt mit seiner Mannschaft für die hervorragend tapfere Haltung die verdiente Auszeichnung.

In derselben Nacht war es dem Kommandanten des Alpinibataillons Fene-strelle (Major Gazagne) mit den Resten seiner 28. und 29. Kompagnie gelun-gen, von Südosten her auf die Porze aufzusteigen. Er glaubte, daß dadurch die Bedrohung seiner auf der Porze kämpfenden halben 29. Kompagnie von der Tilliacher Jochseite her ausgeschaltet und nun der richtige Moment für den siegreichen Angriff gekommen sei.

Es war jedoch bereits zu spät. Als beim Morgengrauen ein Teil der 29. und ein Zug der 28. Alpinikompagnie den Gipfel erstürmen wollte, traf er auf leere Gräben.

Der Porze-Gipfel blieb von nun an während des ganzen Krieges im Besitze der Italiener. Daß damals nicht genügend Kräfte zum sofortigen Versuche einer Wiedereroberung vorhanden waren, hatte für die Zukunft schwere Fol-gen. Die Italiener setzten auf den Gipfel später einen Artilleriebeobachter, der die Beschießung der Ortschaft Obertilliach leitete, wohin bereits am 8. Juli die ersten Granaten einfielen.

5. Vorlegen von Sicherungsabteilungen in das Gebiet von Burgstall – Kreuzbergstraße – Seikofel und Roteck. Einsatz des Bayerischen Infanterie-Leibregimentes

Hiezu Skizze 6

So wie im Raum Landro verlegte der Divisionär Feldmarschalleutnant Goiginger auch im Gebiet der Sperren von Sexten die Hauptwiderstandslinie nach vorne. Vor der Kriegserklärung Italiens verlief diese in der Linie der

Sperren, und zwar vom Innergsell über Haideck – Mitterberg – Hahnspiel – Hornischeck – Hochgränten – Diemut und weiter längs des Karnischen Kammes. Sie war damals nur von Teilen des Landsturmbataillons 167 im Gebiete der Sperren und von drei Kompagnien des X. Marschbataillons des 1. Tiroler Kaiserjägerregimentes unter Hauptmann von Radio auf den Höhen östlich Mitterberg besetzt.

Erst als im Laufe des 23. und 24. Mai die Kompagnien des Standschützenbataillons Innsbruck I (Major F r e i h e r r v o n A n d e r l a n) und des Standschützenbataillons Innsbruck II (Major F u c h s) eintrafen, erhielt die weit auseinander gezogene und nur teilweise notdürftig ausgebaute Stellungslinie eine etwas stärkere, aber immer noch unzulängliche Besetzung.

Der Entschluß des Divisionärs, die Hauptwiderstandslinie von den Sperren abzusetzen und in die Linie Burgstall – Kreuzberg–Straße – Seikofel – Roteck vorzuschieben, konnte aber wegen Mangels an Besatzungskräften, und weil man täglich den großen italienischen Angriff erwartete, nicht zur Durchführung kommen. Erst als ein Bataillon des Bayerischen Infanterie-Leibregimen-

Österreichische Lage im Kreuzberg-Gebiet Ende Juni 1915

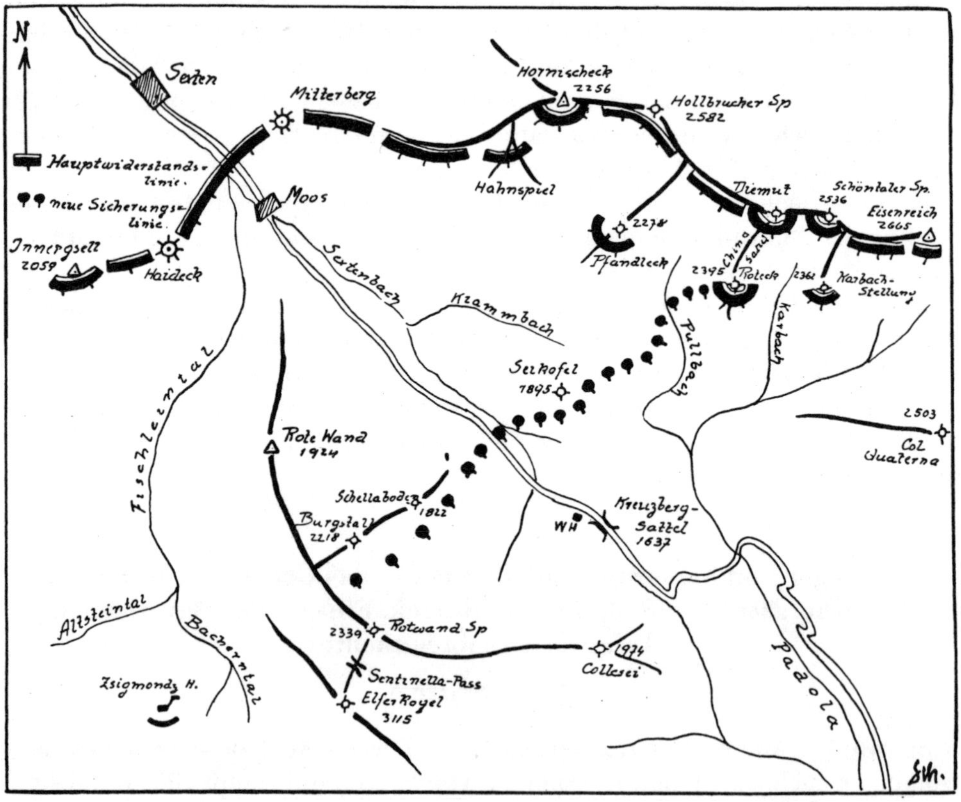

Skizze 6

tes dem Grenzabschnitt 10 zur Verfügung gestellt worden und der erwartete feindliche Angriff noch immer ausgeblieben war, konnte an die Verwirklichung des Planes geschritten werden. Vorerst wurden in die genannte Linie, die bisher nur von Gendarmerie- und Finanzwachpatrouillen beobachtet worden war, Patrouillen der Stellungsbesatzung zur Erkundung der neuen Stellungen vorgeschickt.

Am 23. Juni traten die Kompagnien des Landsturmbataillons 167 und des X/1. TJR. die Vorrückung an und besetzten die neue Sicherungslinie von Burgstall bis Eisenreich. Östlich an das Kaiserjägerbataillon schloß sich das Reservebataillon III/29 an, und zwar:
auf Eisenreich eine Kompagnie,
auf Frugnoni eine Kompagnie und die Maschinengewehrabteilung,
auf Pfannspitze ein Zug,
auf Hollbrucker-Eck eine Kompagnie als Reserve.

Von der Pfannspitze nach Osten bis zur Kärntner Grenze bildete das X/59 die Besatzung.

Den Kompagnien des Landsturmbataillons 167 und des Kaiserjägerbataillons folgten einige Tage später die Standschützenbataillone Innsbruck I und II, und zwar:

1. Vom Standschützenbataillon Innsbruck I (im Raum Burgstall - Seikofel, den das Landsturmbataillon 167 besetzt hatte):
   1. Kompagnie (Hauptmann S c h n e i d e r) auf Schellaboden,
   2. Kompagnie (Hauptmann P a y r) beiderseits der Kreuzberg-Straße,
   3. Kompagnie (Hauptmann v o n W a l l p a c h) auf dem Seikofel.
2. Vom Standschützenbataillon Innsbruck II (im Raume Klammbachboden bis Eisenreich, den das X/1. TJR[23] besetzt hatte):
   die Kompagnie Stubai (Hauptmann P f u r t s c h e l l e r) und die Kompagnie Sexten auf Klammbachboden,
   die Kompagnie Hall auf Pfandleck und Altherberge, davon ein Zug am Roteck,
   die Kompagnie Sillian auf Schöntal – Eisenreich.

---

[23] Kommandant Hauptmann v o n R a d i o. Das Bataillon hatte anfangs Juli die westlich gelegene Stellung zu besetzen, und zwar von der Karbach-Stellung bis Roteck mit 1½ Kompagnien, von Diemut bis Schöntalhöhe mit ½ Kompagnie, auf Altherberge und Matzenboden je 1 Halbkompagnie.
Am 20. Juli wurde das Bataillon vom X. Marschbataillon Lsch. II abgelöst.

Einsatz des Bayerischen Infanterie-Leibregimentes

Die Deutsche Oberste Heeresleitung war sich bewußt, daß bei den geringen Kräften, die die Österreichisch-Ungarische Monarchie zur Verteidigung der Tiroler Grenze stellen konnte, die Gefahr für Süddeutschland sehr groß werden konnte, wenn es dem operationsbereiten und übermächtigen italienischen Heere gelänge, in den ersten Kriegstagen Erfolge zu erzielen. Dies war auch aus dem Auftrag der Deutschen Obersten Heeresleitung vom 24. Mai an den Kommandanten des Deutschen Alpenkorps, Generalleutnant K r a f f t v o n D e l m e n s i n g e n, zu entnehmen, der besagte, daß bei einem etwaigen Verluste der Grenzstellungen alles darauf anzukommen habe, dem Gegner das Überschreiten des Hochgebirgsstockes südlich der Bayerischen Grenze unbedingt zu verwehren. Die beste Sicherung Bayerns war also die Tirols. Schon anfangs Mai hatte man begonnen, aus den besten kampferprobten Truppen Deutschlands, hauptsächlich aus Bayern, das divisionsstarke A l p e n k o r p s zusammenzustellen, das nach seiner künftigen Verwendung im Hochgebirge eine Gebirgsausrüstung erhielt.

Es bestand aus der 1. Jägerbirgade (Generalmajor v o n T u t s c h e k) und der 2. Jägerbrigade (Oberst v o n B e l o w). Zur ersteren gehörte das Bayerische Infanterie-Leibregiment und das 1. Bayerische Jägerregiment (1. und 2. Bayerisches Jägerbataillon und Reserve-Jägerbataillon 2).

Zur 2. Jägerbrigade gehörten das Jägerregiment 2 (10. Preußisches Jägerbataillon, Preußisches Reserve-Jägerbataillon 10 und das Mecklenburgische Reserve-Jägerbataillon 14) und das 3. Jägerregiment, bestehend aus den früheren vier Schneeschuhbataillonen. Außerdem hatte es im Stande: 6 Radfahrkompagnien, 22 Maschinengewehrabteilungen, 48 Feld- und Gebirgsgeschütze und je eine Batterie 10-cm-Kanonen und 15-cm-Haubitzen, ferner Minenwerferabteilungen, Pionierkompagnien, Nachrichtentruppen usw.

Zum Kommandanten wurde Generalleutnant K o n r a d K r a f f t v o n D e l m e n s i n g e n, der ehemalige Generalstabschef der Deutschen 6. Armee (Kronprinz Ruprecht von Bayern) ernannt. Mit ihm stellte man einen hervorragenden, klar denkenden Führer auf diesen wichtigen und verantwortungsvollen Posten, der nicht nur in militärischer Beziehung alle Erwartungen erfüllte, sondern sich auch hohe Achtung und große Sympathie bei allen militärischen Stellen und bei der Bevölkerung erwarb. Selbst im hohen Grade gebirgsgewohnt, war er durch zahlreiche Frontbesuche bestrebt, das Gelände seines Wirkungsbereiches persönlich kennenzulernen.

Er war bereits am 21. Mai mit dem damaligen Kommandanten des Hauptrayons Tirol, Feldmarschalleutnant v o n K ö n n e n, in Brixen eingetroffen und wurde von letzterem in die militärische Lage eingeweiht. Generalleutnant von Krafft beurteilte sie nach seinen damaligen Tagebuchaufzeichnungen nicht sonderlich zuversichtlich.

„Man scheint", so schrieb er, „zu lange gehofft zu haben, der Krieg würde sich vermeiden lassen. Nun ist Tirol eigentlich schutzlos."

Und an anderer Stelle: „Die Lage ist also keineswegs rosig. Um die Verhandlungen nicht zu stören, hat man sich mit allen Maßnahmen einer ernstlichen Grenzverteidigung zu lange hinziehen lassen. Die Feldzugseinleitung kann also übel ausfallen, wenn die Österreicher nicht sehr viel Glück haben."

Anfangs war das Deutsche Alpenkorps nur als Schlagreserve gedacht, die je nach einer feindlichen Einbruchsstelle den Italienern einheitlich entgegentreten sollte. Es bildete später die Stütze der Verteidigungsfront und war so eine außerordentlich wertvolle Hilfe, die über den Truppenmangel bis in den Oktober hinweghalf, die ersten Angriffe im Vereine mit den wenigen österreichischen Grenzschutztruppen abschlug und vorzügliche Etappeneinrichtungen schuf.

Ende Juni war — wie bereits erwähnt — der Hauptwiderstandslinie bei Sexten eine starke Sicherung vorgelegt worden, indem man die Besatzung der ersteren, das LstJB. 167 und das X/I TJR., in die neue Sicherungslinie vorrükken und durch das Standschützenbataillon Innsbruck I und II verstärken ließ.

Die Hauptwiderstandslinie besetzte am 27. Juni das I. Bataillon des Infanterie-Leibregimentes[24] unter Major G r a f B o t h m e r, und zwar mit dem Bataillonsstab in Sexten, der 4. Kompagnie auf Innergsell, mit der 1. Kompagnie im Intervall, das ist in der Talstellung zwischen dem Fort Haideck und Mitterberg, mit der 2. Kompagnie auf Hahnspiel und „Negerdörfl", mit der 3. Kompagnie auf Tonrast und Hornischek.

In diesem Gebiet des Grenzunterabschnittes 10b blieb es vorerst noch ruhig, so daß die in der Sicherungslinie befindliche Besatzung Zeit und Muße hatte, die Stellung auszubauen. Dagegen schien sich im Grenzunterabschnitt 10c (Major v o n P a s e t t i) ein italienischer Angriff vorzubereiten.

6. Italienischer Angriff auf die Höhen östlich des Kreuzbergsattels (Frugnoni – Pfannspitze – Königswand bzw. Filmoorhöhe) vom 9. bis 12. und am 18. Juli 1915[25]

Hiezu Skizze 7 und 8, Bild 8

Im Gegensatz zum Monat Juni, in dem die Operationen der Italiener im allgemeinen über das Stadium der Vorbereitungen kaum hinausgekommen waren, brachte der Monat Juli der Pustertaler Division auf der ganzen Front heftige und erbitterte Kämpfe. Bei der italienischen IV. Armee (Cadore-

---

[24] Siehe Skizze 6.

[25] Für die Schilderung der Vorgänge auf italienischer Seite war Berti, Guerra in Cadore, Kapitel XII, S. 62 bzw. XIII, S. 68 und XIV, S. 82, maßgebend.

Kinigat und Königswand von der Pfannspitze

Armee) waren die Belagerungsgeschütze endlich in Stellung gegangen und die bereits erlassenen Befehle zur Bekämpfung der Sperren und die Weisungen für die Wiederaufnahme der Offensive in Kraft getreten[26].

Die Absicht der Italiener war, mit überlegener Artillerie die Werke niederzukämpfen und an den wichtigsten Einbruchstellen über den Col di Lana, den Monte Piano und den Kreuzberg durchzustoßen, um in das Pustertal zu gelangen[27]. Demgemäß hatte das IX. Korps den Col di Lana, Valparola und den Eingang in das Travenenzes-Tal, das I. Korps (Generalleutnant Ragni) den

---

[26] Aus dem vorhandenen Belagerungspark wurden von den Italienern für die Bekämpfung der Sperren des Grenzabschnittes bestimmt:

a) Für die Befestigungen bei Son Pauses: 1 schwere Feldhaubitzbatterie 149 mm, 1 Mörserbatterie 210 mm, 1 Kanonenbatterie 149 mm.

b) Für die Sperren Plätzwiese und Landro: 1 Haubitzbatterie 305 mm, 1 Haubitzbatterie 280 mm, 1 Kanonenbatterie 149 mm A.

c) Für die Sperre Sexten (Haideck und Mitterberg): 2 Mörserbatterien 210 mm, 1 Kanonenbatterie 149 mm A, 1 Kanonenbatterie 149-mm-G.

[27] Siehe Skizze 1 und Schemfil, Col di Lana, S. 30 f.

Lage im österreichischen Kampfabschnitt I am Karnischen Kamm am 9. Juli 1915 morgens und
die italienischen Angriffsrichtungen

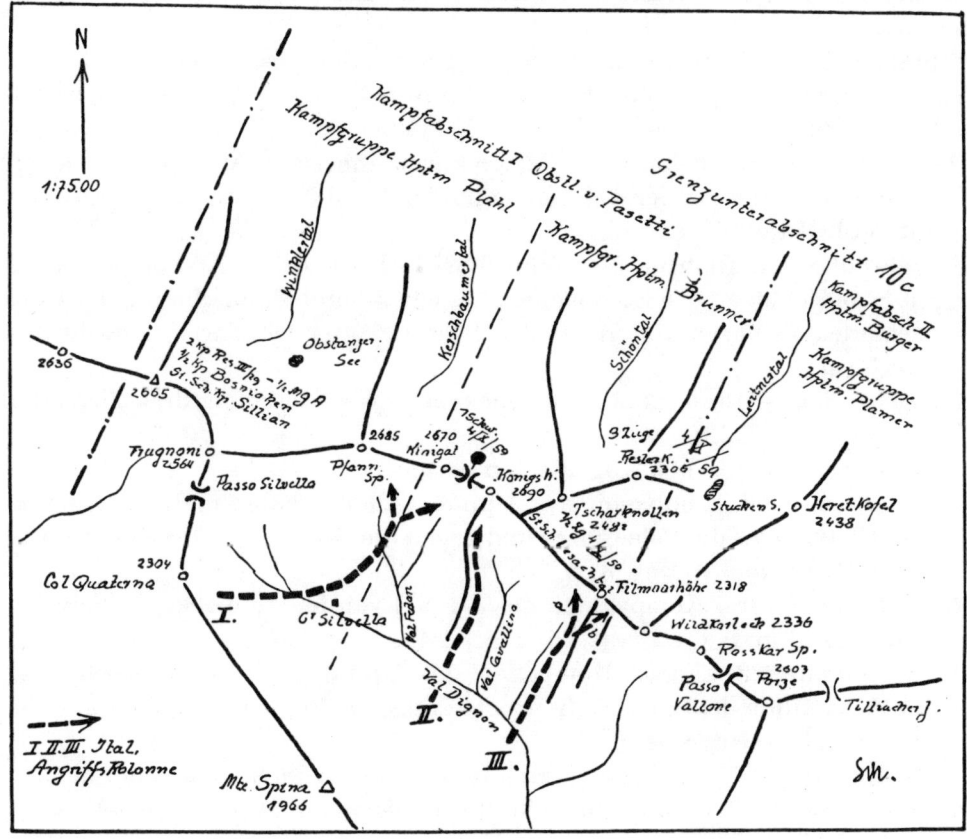

Skizze 7

Monte Piano und die Höhen östlich des Kreuzbergs (Frugnoni, Pfannspitze
und die Königswand) anzugreifen.

So entwickelten sich im Laufe des Monats Juli auch an der Front des Grenz-
abschnittes 10 jene mehr oder minder heftigen Kämpfe, die sich im Grenzun-
terabschnitt 10 c in der Zeit vom 9. bis 12. und am 18. Juli auf der Höhenlinie
Pfannspitze – Kinigat – Königswand – Filmoorhöhe und Frugnoni und im
Grenzunterabschnitt 10 a vom 15. bis 20. Juli in Val Popena, auf dem Monte
Piano und in Val Rimbianco abspielten.

Der Angriff, den die Italiener „Cavallino, primo azione" (Erstes Königs-
wand-Unternehmen) nannten, traf den linken Teil des Kampfabschnittes I
(Major v o n P a s e t t i)[28]. Er erstreckte sich von Eisenreich bis zur Filmoor-

---

[28] Der Verlauf der Ereignisse auf italienischer Seite ist dem Buche von Berti, Guerra in
Cadore, Kapitel XII, S. 62 ff., entnommen.

höhe und gehörte zum Grenzunterabschnitt 10 c. Dieser Stellungsteil, wie
überhaupt der ganze Karnische Kamm, war nur schwach, stützpunktartig
besetzt.

Besetzung vor dem Angriff in den Morgenstunden des 9. Juli:

Von Eisenreich bis westlich Kinigat: Teile des ungarischen Reservebataill-
lons III/29.

Der Kinigat und die Königswand selbst waren unbesetzt. Am Sattel zwischen
diesen: ein Schwarm der 4. Kompagnie des X/59 (Gefreiter Raschhofer
mit zwölf Mann).

Filmoorhöhe: ein Halbzug des Fähnrichs Telzer der 4. Kompagnie X/59
mit Standschützen der Kompagnie „Lesachtal" und Mannschaften der Gendarmerieassistenzen von Kartitsch, letztere unter Gendarmeriewachtmei-
ster Riml.

Tscharknollen – Reslerknoten – Stuckensee – Heretkofel: drei Züge der
4. Kompagnie X/59.

Nach dem italienischen Angriffsplan hatte

die 1. Kolonne (68. Kompagnie des Alpinibataillons Cadore und eine Kompagnie III/92) über die Pale Ciuzes und gegen die Westhänge der Königswand
(Monte Cavallino) vorzustoßen,

die 2. Kolonne (drei Kompagnien des JR. 91) von Süden direkt in Richtung
Königswand und

die 3. Kolonne (28. und 29. Kompagnie des Alpinibataillons Fenestrelle und
das V. Bataillon des 8. Bersaglieriregimentes) die Forcella Cavallino und die
Filmoorhöhe anzugreifen[29].

Die erste (westliche) Kolonne brach in der Nacht zum 9. Juni vom Col Quaternà zur Casera Silvella auf, marschierte von da an anfangs längs des Wasser-
laufes in Val Fedon und begann beim Morgengrauen den Anstieg auf den Rük-
ken, der sich aus Val Dignon zum Hauptkamm zwischen Pfannspitze (Vanscuro) und dem Kinigat (Cavaletto) nach Norden erstreckt und dessen Weide-
wiesen (Pale Ciuzes) trägt.

Die Kolonne rückte am Oberteil des Rückens vor, vertrieb eine österreichische Vedette und schließlich deren Feldwache vom Reservebataillon III/29,
die vor die Hauptstellung der Kampfgruppe I (Hauptmann Plahl) vorgeschoben war. Ein heftig einsetzendes Gewitter benutzten die Alpini zu einem überraschenden Vorstoß.

Sie teilten die Kolonne in zwei Gruppen, von denen die eine unter dem
Leutnant Cunico über die Wiesen von Pale Ciuzes gegen die Pfannspitze, die
andere unter Oberleutnant Busa den Sattel westlich davon anzugreifen hatte.
Während der Vorrückung zerriß jedoch der Nebel und zwar die Alpini, wo es
gerade möglich war, Deckung zu suchen. Sie wurden von dem Feuer der öster-

---

[29] Die Angriffsrichtungen der Italiener sind in der Skizze 8 ersichtlich.

reichischen Besatzung (Reservebataillon II/29) erfaßt und niedergehalten. Eine große Zahl der Alpini fiel, Leutnant Cunico wurde schwer verwundet. Als ein anderer Zug unterstützend eingreifen wollte, wurden auch ihm schwere Verluste beigebracht.

Das gleiche Schicksal erlitt die Gruppe des Oberleutnants Busa, auch er wurde verwundet.

Die Infanteriekompagnie der ersten Kolonne, des italienischen III/92, war indessen bis an die Westabfälle der Königswand gekommen, hatte um 16 Uhr mit Teilen die Sattelwache des Gefreiten R a s c h h o f e r vergeblich angegriffen und mußte sich vor dem Feuer derselben hinter Feldblöcken und in Mulden decken.

Über diesen Angriff besagen die Lagemeldungen des österreichischen Kampfgruppenkommandanten Hauptmann P l a h l, daß die Italiener überall zurückgewiesen wurden. Ihre Hauptkraft sei im Vorrücken gegen die Königswand beobachtet worden. Ein Maschinengewehr sei daher südlich der Pfannspitze in Stellung gegangen.

Als die Nacht sich niedersenkte, war der Angriff der Alpini und der Infanterie restlos abgeschlagen.

Vom Feuer der österreichischen Besatzung niedergehalten, mußten die beiden italienischen Kompagnien zwei Tage und Nächte in einer recht unangenehmen Lage verbringen, bis sie in der Nacht zum 12. Juli den Rückzugsbefehl erhielten.

Die Verluste des Reservebataillons III/29 betrugen 5 Tote und 17 Verwundete, die der 68. Alpinikompagnie 80 Tote und Verwundete; die der italienischen Infanteriekompagnie sind nicht bekannt.

Mittlerweile war auch die zweite (Mittel-) Kolonne, drei Kompagnien des IR. 91 und die dritte (östliche) Kolonne, das Alpinibataillon Fenestrelle und das V/8 Bersaglieribataillon, gegen ihre Angriffsziele, die Königswand und die Filmoorhöhe, vorgerückt.

Das Alpinibataillon Fenestrelle (Major Gazagne) trat, mit der 29. Kompagnie (Hauptmann Penatti) am Anfang der Kolonne, schon um 20 Uhr des 8. Juli den Marsch von Casera Poidosso im mittleren Val Dignon an. Die Kolonne wurde von den österreichischen Beobachtern am Frugnoni und in der Filmoorstellung gesichtet. Der Frugnonibeobachter meldete:

„Starke Bewegung im italienischen Lager Casera di Melino (1707). Lichterkolonnen in der Richtung Filmoorhöhe und nach Westen beobachtet."

Die Spitze der Alpinikompagnie kam erst in den ersten Vormittagsstunden vor der von Fähnrich T e l z e r mit einem halben Zug Standschützen und Gendarmerieassistenzen besetzten Filmoorhöhe an. Während sich ihr gegenüber drei Züge der italienischen Kompagnie zum Angriff entwickelten, gelang es dem vierten Zug unter Leutnant Landi Nina um 9 Uhr mit Unterstützung der italienischen Maschinengewehrsektion auf dem Sattel (2378) Fuß zu fassen.

Italienischer Angriff am 9. Juli

Pfann- spitze 2670	Kini- gat 2670	Königs- wand 1690	Cavallino Sattel 2450	Filmoor- höhe 2457

Skizze 8

1 = Pale Ciuzès
2 = Val Fedon
3 = Val Cavallino
4 = Val Pian Frommaggio
5 = Val Dignon

I = { a = ½ 68. Alpinikompagnie (Oberleutnant Busa)
      b = ½ 68. Alpinikompagnie (Leutnant Cunico)
      c = eine Kompagnie III/92

II = drei Kompagnien IR. 91

III = { a = 29. Alpinikompagnie
        b = 28. Alpinikompagnie
        V/8 Bersaglieribataillon

Die hinter der 29. nachfolgende 28. Alpinikompagnie (Leutnant Roscio) bog auf einem im unteren Teile von Abteilungen des IR. 91 besetzten Rücken vorgehend nach links ab und arbeitete sich in kleinen Sprüngen gegen die Forcella Cavallino heran. Schon während dieser Bewegung hatte die Kompagnie 4 Tote und 18 Verwundete, weil der Angriffsraum so schmal war, daß nur ein Zug entwickelt werden konnte.

Die Mittelkolonne (drei Kompagnien IR. 91) war inzwischen auf dem gegen die Königswand ansteigenden Rücken bis zur Kote 2238 gekommen.

Die Besatzung der Filmoorhöhe hatte das Anrücken der feindlichen Abteilungen wahrgenommen. Auch begann schon in den frühen Morgenstunden ein immer heftiger werdendes Feuer der italienischen Batterien sich fühlbar zu machen. Aus der der Stellung gegenüberliegenden Front und aus der Richtung der Kote 2238 über Val Cavallino schlug der Besatzung Infanterie- und Maschinengewehrfeuer entgegen. Es mußte demnach mit einem baldigen feindlichen Angriff gerechnet werden.

Der Kommandant des Kampfabschnittes II (Hauptmann Burger) beorderte um 7.30 Uhr die Unterabschnittsreserve, die halbe 1. Kompagnie (Hauptmann Diesner) aus Obertilliach in die Stellung zur Verstärkung der Besatzung. Die 10. Kompagnie des Infanterie-Leibregimentes rückte unter Hauptmann Freiherr v. Falkhausen bis auf den Tscharknollen vor. Außerdem war von der Nachbargruppe am Obstanzersee eine Bosniakenkompagnie in Marsch gesetzt worden.

Bis die halbe erste Kompagnie des Hauptmanns Diesner aus Obertilliach herangekommen war, dauerte es immerhin längere Zeit. Sie traf um 13 Uhr ein und verstärkte mit einundeinhalb Zügen die Besatzung der Filmoorhöhe auf etwa 250 Mann. Diesner übernahm das Kommando über die Stellung, die bisher Fähnrich Telzer sehr brav gehalten hatte. Der übriggebliebene Zug der Halbkompagnie Diesner unter Fähnrich Franiek wurde als Verstärkung der Sattelbesatzung des Gefreiten Raschhofer eingesetzt.

Er kam um 16 Uhr eben zurecht, um einen italienischen Angriff auf den Sattel abzuweisen und später bei der Abwehr eines nachmittägigen Angriffes der 68. Alpinikompagnie auf Pale Ciuzes mit Flankenfeuer mitzuwirken.

Gegen Abend verstärkte sich die Beschießung der Filmoor-Stellung immer mehr. Eine halbe Bosniakenkompagnie der Nachbargruppe stand zum Eingreifen bereit. Von der 10. Kompagnie des Infanterie-Leibregimentes wurde eine halbe Kompagnie hinter der Stellung als Reserve aufgestellt. Ihr Kommandant Hauptmann Freiherr von Falkhausen übernahm von Hauptmann Diesner das Kommando über die ganze Stellung. Die restliche Halbkompagnie des Leibregimentes war unter Leutnant in der Reserve Krautinger auf dem Tscharknollen verblieben, wo auch die 11. Kompagnie (Hauptmann Freiherr v. Godin) und die Maschinengewehrkompagnie (Oberleutnant Graf Holnstein) inzwischen eingelangt war.

Nach Mitternacht (10. Juli) versuchte der Feind (die 28. Alpinikompagnie und Teile des V. Bersaglieribataillons) den ersten Angriff auf die Forcella Cavallino. Der Zug des Fähnrichs Dr. Kastaly (X/59) hatte anfangs schwere Mühe, dem überlegenen Feind standzuhalten. Schließlich gelang es ihm, ihn restlos zurückzuwerfen. Auch am linken Flügel gestaltete sich die Lage anfangs unter dem Drucke der 28. Alpinikompagnie recht bedrohlich. Die dort befindliche Besatzung mit dem Einjährig-Freiwilligen Zugsführer Großmann hatte schwere Verluste. Großmann selbst erlitt den Heldentod. Erst durch den Einsatz der halben Bosniakenkompagnie gelang es, den Gegner abzuwehren, der sich eilig in seine Ausgangsstellung zurückzog. In diesem Gefechte wurde Hauptmann Diesner verwundet. Oberleutnant Mitterwallner übernahm das Kompagniekommando.

Die Italiener versuchten am späten Nachmittag nochmals ihr Glück.

Nach einem sehr heftigen Vorbereitungsfeuer, an dem eine große Zahl von Gebirgs- und Feldbatterien und eine 149-G-mm-Batterie teilnahm und das die Stellungen am Sattel und auf der Filmoorhöhe fast gänzlich zertrümmerte, griffen die Alpini und Bersaglieri, vom Feuer der 29. Alpinikompagnie und deren Maschinengewehren aus dem Sattel 2378 kräftigst unterstützt, um 17.15 Uhr nochmals an. Aber auch dieser Angriff zerschellte vor der österreichischen Stellung. Dies war ihr letzter Versuch, ein dritter wurde nicht mehr gewagt.

Alpini und Bersaglieri blieben, so wie bei der westlichen Kolonne vor der Pfannspitze, auch hier hinter Felsblöcken oder in rasch ausgehobenen Schützengräben, den ganzen 11. Juli festgenagelt liegen und traten erst in den Morgenstunden des 12. den anbefohlenen Rückzug an.

Verluste der österreichischen Besatzung:

	tot	verw.	
4. Kompagnie X/59	6	10	
1. Kompagnie X/59	1	9	(darunter Hptm. Diesner)
½ Kompagnie bh./2	2	6	(darunter Lt. Rasata und Fhnr. Anisevic)
Res. III/29	5	17	
Standschützen und Gendarmerieassistenz	4	4	
11/L.	1	4	
dazu	4	11	deren Truppenzugehörigkeit nicht feststellbar war.

Italienischer Angriff auf die Stellungen Frugnoni – Pfannspitze – Forcella Cavallino – Filmoorhöhe am 18. Juli 1915[30]

Kurz nach dem italienischen Angriff am 9. Juli übernahm der Kommandant des III. Bayerischen Infanterie-Leibregimentes, Major Prinz Heinrich von Preußen, das Kommando über den Grenzunterabschnitt 10 c[31].

---

[30] Siehe Berti, Guerra in Cadore, Kapitel XIV, S. 82.

[31] Das III. Bataillon des Bayerischen Infanterie-Leibregimentes unter Kommando des Majors Prinz Heinrich von Bayern wurde bereits am 18. Juni von Niederdorf mit der Gebirgsmaschinengewehr-Abteilung 205 (Oberleutnant Stein) auf der Eisenbahn nach Kartitsch in Marsch gesetzt. Die 9. und 12. Kompagnie und die GbmgA. kamen nach Obertilliach.

Bild 1: Blick vom Helm

a = Papernkofel 2371 m, b = Schellaboden 1825 m, c = Neunerkofel 2527 m, d = Burgstall 2218 m, e = Rotwandspitze 2939 m, f = Rote Wand 1924 m mit Rotwandwiese, g = Elfer 3008 m, h = Anderterkar, i = Zwölfer
3096 m, k = Bacherntal, l = Kanzel 2533 m, m = Einser 2696 m, n = Fischleintal, o = Oberbachern-Spitze
2673 m, p = Altsteintal, qu = Sextental, r = Moos, s = Straße nach Sexten, t = Bad Moos, u = Werk Haideck
(Foto: Trixl)

Bild 2: Werk Mitterberg   (Foto: Trixl)

Bild 3: Werk Haideck   (Foto: Trixl)

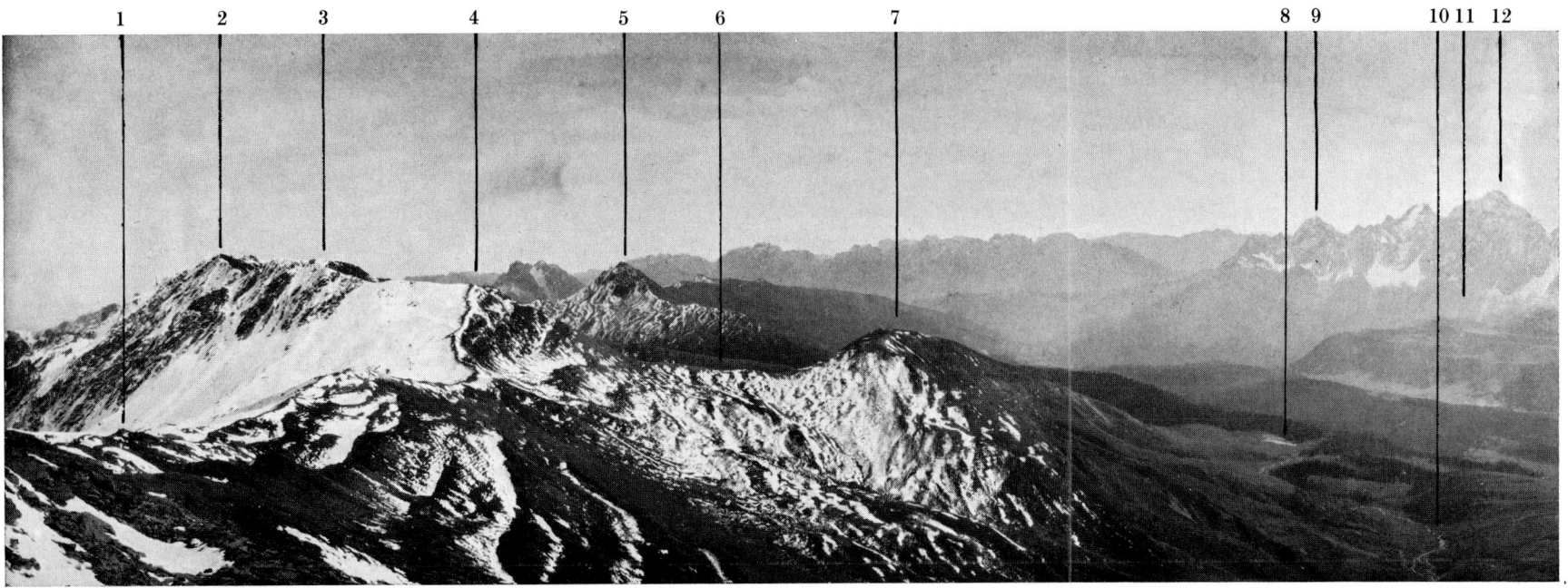

Bild 4: Karnischer Kamm

1 Hochgränten, 2 Eisenreich, 3 Schöntalhöhe, 4 Diemut, 5 Quaternà, 6 Chinasattel, 7 Roteck, 8 Nemesalpe, 9 Papernkofel, 10 Bullbach, 11 Colesei, 12 Neunerkofel

Bild 5: Der Kreuzbergsattel

1 Papernkofel, 2 Colesei, 3 Seikofel 1895, 4 Neunerkofel, 5 Kreuzbergsattel, 6 Rotwandspitze, 7 Elfer 3115, 8 Rote Wand, 9 Schellaboden

Bild 6: Monte Quaternà, 2503 m. Gesehen vom Frugnoni, links vorne der Silvella-Paß

Bild 7: Stützpunkt Roteck 2395 mit Chinasattel

Bild 8: Königswand. Linke untere Bildecke: Filmoorhöhe; Mitte Cavallinosattel

(Foto: Trixl)

Besetzung des Grenzunterabschnittes 10 c am 13. Juli:

KA I

Eisenreich:	7/29, ein Zug „Chinabatterie",
Frugnoni:	9/29, zwei Maschinengewehre,
Pfannspitze:	halbe 8/29, 60 Standschützen, 20 Mann Gendarmerie- und Finanzwachassistenz, ein Maschinengewehr,
Obstanzersee:	Maschinengewehrkompagnie III/29,
Südende des Erschbaumertales:	11/L. (Reserve),
Königswand:	halbe 8/29,
Filmoorhöhe:	halbe 4. Komp. X/59, halbe 1. Komp. X/59, ein Zug 10/L. 70 Mann der Standschützenkompagnie Lesachtal, 15 Mann Gendarmerie- und Finanzwachassistenz,

KA II

Tscharknollen:	drei Züge 10/L. (Reserve),
Heretkofel:	halbe 4. Komp. X/59, zwei Maschinengewehre, 3. Komp. X/59, zwei Maschinengewehre, 60 Standschützen und 20 Mann Gendarmerieassistenz,
Tilliacher Joch:	
Bärenbadeck:	halbe 2. Komp. X/59, ein Zug „Chinabatterie", zwei Maschinengewehre,
Obertilliacher Joch:	halbe 2. Komp. X/59 (Reserve bei 1527),
Winklerjoch:	12/L., zwei Maschinengewehre, 65 Standschützen und 20 Mann Gendarmerieassistenz,
Gamskofel - Steinkarspitze:	halbe 1. Komp. X/59,
Obertilliachspitze:	9/L. (Reserve).

Da die österreichische Besatzung einen baldigen feindlichen Angriff voraussah, wurde sie durch einen Zug der 11/L. und der Maschinengewehrkompagnie verstärkt. Bald darauf brach auch ein mit weitaus stärkeren Kräften als am 9. Juli geführter Angriff der Italiener los, der seinen Schwerpunkt wieder in der Gegend der Filmoorhöhe hatte.

Nach den Weisungen des italienischen IV. Armeekommandos (Gl. Nava) für die Durchführung zweier Unternehmungen (eine gegen den Monte Piano und die andere gegen die Linie Frugnoni - Forcella Cavallino) erließ das italienische 10. Divisionskommando (Generalmajor Montuori) den Angriffsbefehl für die letztere Aktion, der sich im allgemeinen nach den Richtlinien für den vorhergehenden Angriff am 9. Juli hielt, aber in zwei getrennten Unternehmungen, einer aus Val Fedon und einer aus Val Cavallino, durchgeführt werden sollte.

Der Angriff[32] aus dem Val Fedon war in drei Kolonnen anzusetzen:

die erste (II/69, Oberstleutnant Buonajuti) über den Passo Silvella gegen die
Westflanke der Cima Frugnoni,

die zweite (III/69, Oberstleutnant Silvatici) unmittelbar über die Pale Giao
Nero gegen die Cima Frugnoni,

die dritte (III/92, Oberstleutnant Pagella) über Casera Silvella gegen die Forcella Pala degli Orti.

Die 68. Alpinikompagnie (Hauptmann Baratta) hatte die Pfannspitze anzugreifen.

Den kürzesten Weg hatte die erste Kolonne, einen etwas längeren die beiden anderen Kolonnen, den längsten die 68. Alpinikompagnie zu nehmen.

Dem Angriff aus Val Fedon war trotz des Einsatzes sehr starker
Kräfte (drei Bataillone und eine Kompagnie) kein Erfolg beschieden. Die
angreifenden Kompagnien kamen im deckungslosen Gelände in das Abwehrfeuer der Kampfgruppe Hauptmann Plahl (III/29) aus den Stellungen von
Frugnoni bis zur Pfannspitze. Nur an einigen Teilen derselben, wo gedeckte
Annäherung möglich war, kamen feindliche Gruppen bis an die Drahthindernisse. Es gelang ihnen aber nicht, sie zu durchschneiden. Sie wurden entdeckt
und unter heftigem Feuer zurückgeworfen. An der ganzen Angriffsfront war
nirgends auch nur der kleinste Erfolg erzielt worden.

Durch das Abwehrfeuer der Besatzung niedergehalten, vermochten die Italiener den Angriff weder fortzusetzen noch ihn abzubrechen. Im einsetzenden
heftigen Schneegestöber erst konnten sie in den späten Nachmittagsstunden
unter starkem Deckungsfeuer ihrer Batterien den Rückzug beginnen. Als das
Wetter sich besserte, kamen sie in das Verfolgungsfeuer aus der österreichischen Verteidigungsstellung und erlitten starke Verluste. Der Kommandant
des II/69, Oberstleutnant Buonajuti, zählte zu den Gefallenen.

Das zweite Unternehmen, der Angriff aus Val Cavallino, hatte, weil
hier das Angriffsgelände günstiger war, wenigstens zu Beginn einen kleinen
Erfolg zu verzeichnen, der bis zum Abend allerdings wieder verlorenging.

Auch hier waren drei Kolonnen unter Generalmajor Ferrero, Kommandant
der Brigade Basilicata, zum Angriff angesetzt worden. Die erste hatte über
den von der Königswand nach Süden streichenden Rücken vorzugehen. Sie
bestand aus dem II/91 (Major Riva Rossi) und einem Zug der 28. Kompagnie
des Alpinibataillons Fenestrelle,

die zweite (V. Bataillon des 8. Bersaglieriregimentes Oberstleutnant Pasini)
hatte über die Sohle von Val Cavallino,

die dritte (29. Kompagnie und ein Zug der 28. Kompagnie des Alpinibataillons Fenestrelle) unter dem Bataillonskommandanten Major Gazagne von
Osten her über den Rio Pian Formaggio anzugreifen.

---

[32] Zur Geländeorientierung siehe Skizze 7 und 8.

Den beiden restlichen Zügen der 28. Kompagnie war befohlen, von Wildkarleck aus den Österreichern in den Rücken zu fallen. Die hiezu notwendigen
Erkundungen wurden schon am 14. Juli von den Leutnants Angiolini und Roscio durchgeführt.

Die drei italienischen Angriffskolonnen brachen in der Nacht auf den
18. Juli aus Val Dignon auf.

Der der ersten (westlichen) Kolonne zugeteilte Zug der 28. Alpinikompagnie traf um 3 Uhr früh des 18. Juli auf die zehn Mann starke Feldwache des
X/59, die den Zugang zum Sattel zwischen dem Kinigat und der Königswand
bewachte. Obgleich diese bereits einige Zeit vorher eine italienische Patrouille
abgewehrt hatte und daher aufmerksam gemacht worden war, gelang es dem
Alpinizug doch, sich unbemerkt heranzuschleichen und die Vedette der Feldwache zu überraschen. Das sofortige Feuer der Feldwache und das Ablassen
einer Steinlawine nützte nichts mehr. Es kam zu einem Handgemenge, in dem
der Kommandant der Feldwache und drei seiner Männer tot am Platze blieben. Die übrigen mußten sich vor der Übermacht zurückziehen. Der Weg in
die Königswand war frei.

Die dritte Kolonne (Major Gazagno) mit der 29. und einem Zug der 28. Alpinikompagnie war um 21 Uhr des 17. Juli von Casera Vanbariutto abmarschiert, langte nach sehr ermüdendem Marsch vor der Filmoorstellung der
Österreicher an. Von hier aus vollführte sie einen Seitenmarsch bis an die
Hindernisse der Stellung am Sattel (Forcella Cavallino). Diese Seitenbewe-
gung wurde von der österreichischen Besatzung infolge der Dunkelheit und
des herrschenden Nebels nicht bemerkt. Erst als italienische Patrouillen um
3.30 Uhr früh versuchten, die Hindernisse zu durchschneiden, wurde die
Besatzung (4. Kompagnie X/59 und zwei Züge der 10./L.) aufmerksam und
verscheuchte sie durch Gewehr- und Handgranatenfeuer.

Fast zur gleichen Zeit erreichten die übrigen beiden Züge der 28. Alpinikompagnie, die um 23 Uhr des 17. Juli von Wildkarleck abmarschiert waren,
den von den Lesacher Standschützen und von Leuten der Gendarmerieassistenz besetzten linken Flügel der Filmoorstellung und bedrohten ihn mit
einer Umgehung. Während die Alpini durch die Überwindung einer Felsstufe
gehindert und aufgehalten wurden, konnte Hauptmann von Falkenhau-
sen die beiden Züge der 10./L. unter Leutnant der Reserve Murr, die kurz
vorher an der Abwehr der Alpini am Sattel beteiligt waren, herausziehen und
an den bedrohten linken Flügel werfen. Die beiden Alpinizüge, die eben zur
Umfassung ansetzten, wurden zurückgeworfen.

Der Kommandant dieser Alpinigruppe, Leutnant Angiolini, fiel, der zweite
Offizier wurde tödlich verwundet. Etwa 50 der angreifenden Alpini blieben tot
oder verwundet am Platz liegen, 30 gerieten in Gefangenschaft. Von den beiden Leiberzügen wurden Leutnant Krautinger und Fähnrich Pranth
verwundet.

Inzwischen hatte der Zug der 28. Alpinikompagnie nach Überwindung der österreichischen Feldwache am Sattel zwischen Kinigat und Königswand die Felsen der letzteren erstiegen und konnte die Filmoorstellung unter wirksames Flankenfeuer nehmen.

Wie diese in den Felsen eingenistete Alpinigruppe unschädlich gemacht wurde, schildert die Regimentsgeschichte des Infanterie-Leibregimentes auf Seite 76 folgend:

„Daß dies gelang, war vor allem dem kühnen und gewandten Vorgehen der Leutnante H u b - m a n n , R ü g e r 10/L. und S t e t t n e r 11/L. sowie dem Unteroffizier D i l l i s 10/L. zu verdanken, die mit ihren tapferen Leuten die Königswand erkletterten[33], von oben herab eine Menge Italiener abschossen und den Rest gefangennahmen. Wesentlich trugen zu diesem Erfolge auch zwei Maschinengewehre bei, von denen eines auf der Königswand, das andere hinter der Mitte der Filmoorhöhe in Stellung war. Unteroffizier D i l l i s , der freiwillig eine Patrouille zur Deckung des auf der Königswand aufgestellten Maschinengewehres übernommen hatte, gelang es, die Italiener wirksam zu beschießen. Gegen Abend stürzte er sich allein auf 100 m Entfernung über ein schmales, steiles Felsband mitten unter 17 Italiener und nahm sie gefangen. Bei Einbruch der Dunkelheit waren die Wände des Kinigat und der Königswand von den Eindringlingen gesäubert. Nur wenigen war es möglich gewesen, sich unter dem Schutze der Dunkelheit zu retten."

Der Kommandant des Alpinizuges, Leutnant Aldè, wurde verwundet.

Auch die Angriffsgruppe der Italiener, die den Sattel und die Filmoorhöhe angriff, konnte sich auf die Dauer nicht halten. Sie wurde nicht nur von der 4. Kompagnie X/59 und der halben 10/L. unter Feuer gehalten, sondern auch von der bayerischen Patrouille des Vizefeldwebels K o r h a m m e r der 10/L., die, als die Italiener im unteren Kar der Königswand unschädlich gemacht worden waren, dorthin aufgestiegen war und den Feind vor der Filmoorhöhe und dem Sattel flankierend beschießen konnte.

Die Alpinikompagnie hatte sehr schwere Verluste und verlor alle ihre Offiziere.

Auch sonst war das ganze Angriffsunternehmen für die Italiener sehr verlustreich. Gl. Nava gibt die Ausfälle der Unternehmungen aus Val Fedon und aus Val Cavallino nach Hundertsätzen folgend an:

28. und 29. Alpinikompagnie	38,67 %
II/91	10,90 %
III/91	4,24 %
II, III/62	2,10 %
68. Alpinikompagnie (Bataillon Cadore)	2,00 %
V/8 Bersaglieri	1,35 %

Die Geschichte des Infanterie-Leibregimentes schreibt, daß die Italiener beim Angriff am 18. Juli an Toten vier Offiziere und 100 Mann verloren und

---

[33] Den Bayern war der Lienzer Bergführer und Standschütze R u d l E l l e r für diese schwierige Tour beigegeben. Er wurde hiefür mit der Preußischen Krieger-Verdienstmedaille ausgezeichnet.

ein Offizier und 61 Mann (53 unverwundete und 8 Verwundete) in Gefangenschaft gerieten.

Verluste auf österreichischer Seite:

	tot	verwundet
1. Kompagnie X/59	4	3
4. Kompagnie X/59	3	2
Standschützen Lesachtal	5	
Gendarmerieassistenz	1	
III/L. und Mgkp.	3	4

Nach dem Angriff wurden die Kompagnien des X/59 vom Res. B. 29 abgelöst.

Die neue Kampfabschnittseinteilung und Besetzung war:

Kampfabschnitt I (Major v. Pasetti); von Schöntalhöhe bis Filmoorhöhe:
2. Komp. ResB. 29, 1 Zug 9/L. auf Eisenreich, 2 Züge 9/L. und 1 Zug MGK
in Kartitsch als Reserve, 1 Zug 9/L. Kinigat – Königswand mit 1 Mgzug
11/L. und 1 Mgzug auf Filmoorhöhe, 12/L. ebenfalls auf dieser.

Kampfabschnitt II (Major Herrmann) von Filmoorhöhe bis Kärntner
Grenze, 2 Komp. ResB. 29, 2 Züge 10/L. auf Stuckensee, Reslerknollen und
Heretkofel, 2 Züge 10/L. als Reserve in Obertilliach.

7. Italienischer Angriff auf die Stellung Burgstall – Seikofel – Roteck am 4. August 1915

Hiezu Skizze 9 und 10, Bild 7

Allgemeine Lage

Da es der italienischen IV. Armee bisher nicht gelungen war, in die gegenüberliegende österreichische Verteidigungsfront durch Niederringung der
Sperren eine Bresche zu schlagen, versuchte sie, sie durch Teilangriffe zu
bezwingen und einen Durchbruch in das Pustertal vorzubereiten.

Während die Brigade Umbria der italienischen 2. Division über den Monte
Piano die Sperre Landro und die Brigade Ancona der 10. Division über den
Kreuzberg-Sattel das Sperrgebiet Sexten anzugreifen hatte, wurde der Brigade
Marche der 2. Division der Stoß zwischen den beiden Sperren in das Innerfeldtal
nach Innichen zur Aufgabe gestellt[34]. Auf diesen Offensivstoß schien man italie-
nischerseits große Hoffnungen zu setzen, da er beim Gelingen die westliche
Flanke des österreichischen Sextner Abschnittes stark bedrohte.

---

[34] Siehe Skizze 9.

Italienischer Angriff auf die Stellungen des Grenzabschnittes 10 im August 1915

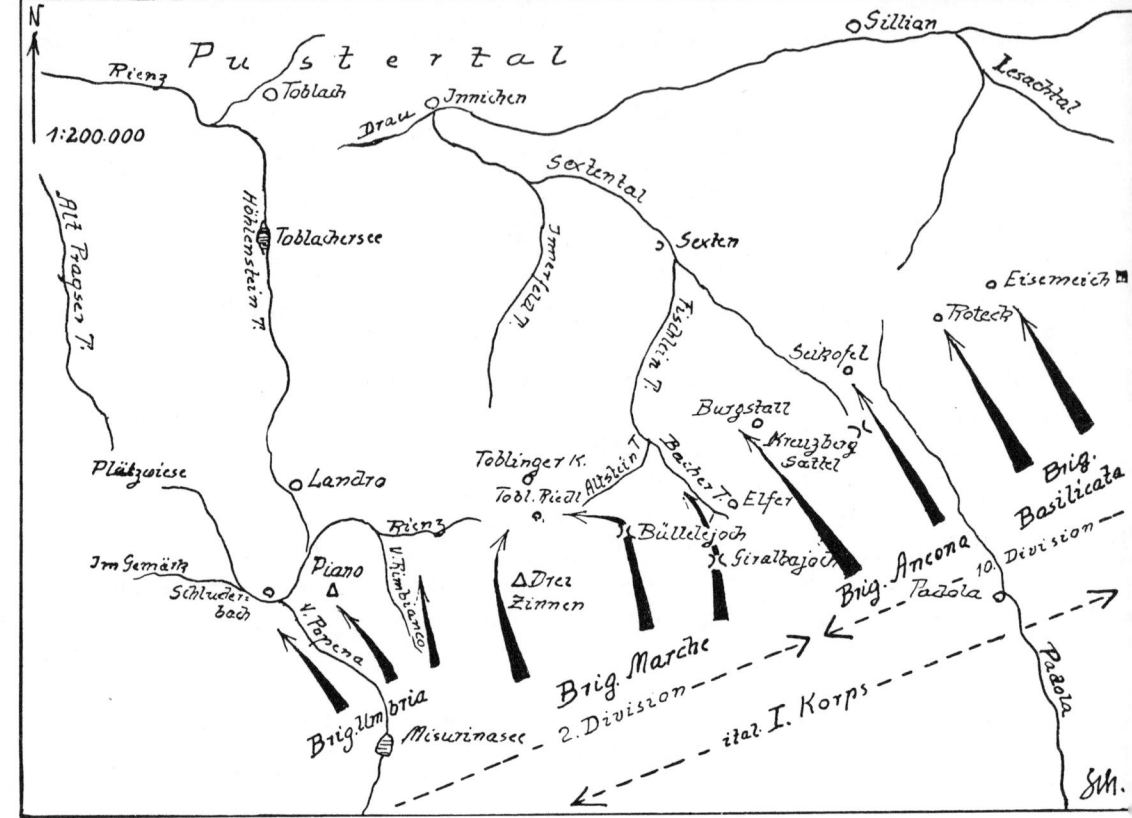

Skizze 9

Der Hauptangriff der Italiener sollte diesmal gegen die Linie Burgstall – Seikofel – Roteck, zur Bindung der österreichischen Kräfte sollten Nebenangriffe im Fischleintal und gegen die Stellungen Eisenreich und Frugnoni geführt werden.

Für den Hauptangriff waren die beiden Brigaden Ancona (Infanterieregiment 69 und 70) und Basilicata (Infanterieregiment 91 und 92) bestimmt.

Die Brigade Ancona hatte mit dem I/70 den Burgstall und mit dem III/70 den Seikofel anzugreifen. Als zweite Linie folgte ein aus den Regimentern 69 und 70 zusammengestelltes Bataillon. Das Kommando dieser Angriffsgruppe führte der Kommandant des Infanterieregimentes 70.

Die Brigade Basilicata griff mit dem I/92 (Oberst Barbetta) gegen Roteck in erster Linie und mit zwei Kompagnien des III/92 (Oberst Scota) in zweiter Linie an. Der Kommandant dieser Angriffsgruppe war der Kommandant des Infanterieregimentes 92.

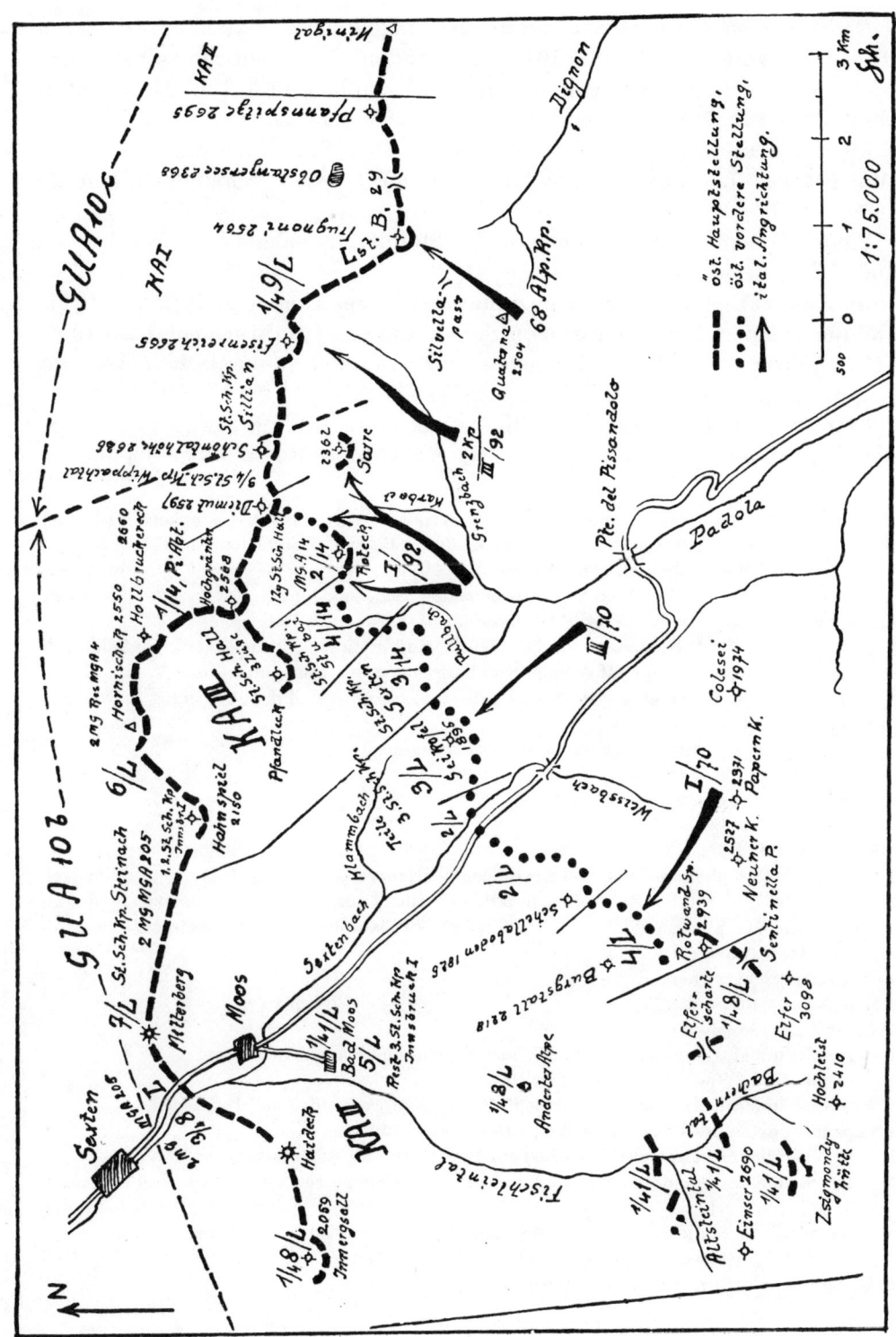

Skizze 10

Der italienische Angriff traf auf die Stellungen der Kampfabschnitte II und III des Grenzunterabschnittes 10 b (Kommandant des Infanterie-Leibregimentes Oberst Ritter von Epp) und auf den Kampfabschnitt I des Grenzunterabschnittes 10 c (Major Prinz Heinrich von Preußen).

Im Kampfabschnitt II und III (Fischleintal bis Seikofel) standen das I/L. (Major Graf Bothmer)[35], im Kampfabschnitt III das Marschbataillon X/14[36].

Eingeschoben waren Kompagnien der Standschützenbataillone Innsbruck I und II[37].

Im Kampfabschnitt I des Grenzunterabschnittes 10 c lagen Teile des III/L. und die Standschützenkompagnien Sillian und das Landsturmbataillon 29.

Die Einzelheiten der Stellungsbesatzung und der italienischen Angriffsgruppierungen sind der Skizze zu entnehmen.

Dem italienischen Angriff auf die österreichische Linie Burgstall („Castelliere") – Seikofel („Monte Covolo") – Roteck („Monte Rosso di Sesto") und auf

---

[35] Am 25. Juli hatte das I. Bataillon des Infanterie-Leibregimentes das österreichische Landsturmbataillon 167 abgelöst und die Stellung vom Einser bis zum Seikofel (einschließlich) besetzt.

1. Kompagnie Fischleintal, 5. Kompagnie Bad Moos, 4. Kompagnie Burgstall (davon ein Zug auf der Sentinella – Elfer-Scharte), 2. Kompagnie Schellaboden, 3. Kompagnie Kreuzberg, 8. Kompagnie Seikofel, 6. Kompagnie Hochgränten, 7. Kompagnie Hahnspiel.

Die Kämpfe der 1. Kompagnie im Fischleintal sind in diesem Buch, S. 77 ff., geschildert.

[36] Die 2. Kompagnie und Maschinengewehrabteilung im Stützpunkt Roteck, die 3. und 4. Kompagnie in Altherberge – Matzenboden, die 1. Kompagnie und der Pionierzug in Hollbrukkereck.

[37] Einteilung der Standschützenbataillone zu Kriegsbeginn:

Standschützenbataillon Innsbruck I:

Kommandant Major Freiherr von Anderlan,

Adjutant Leutnant Dr. v. Mörl,

Feldkurat Josef Hosp.

1. Kompagnie (Hauptmann Hatzl) und 2. Kompagnie (Hauptmann Müller) Reserve auf Hahnspiel, 3. Kompagnie (Hauptmann von Wallpach) teils in Stellung am Seikofel, teils Reserve in Moos, 4. Kompagnie (Hauptmann Fischer) und Train in Moos, dann bei der Lanzingersäge.

Standschützenbataillon II:

Kommandant Major Fuchs,

Adjutant Leutnant Stadler,

Feldkurat Dr. Reinalter.

Kompagnie Stubai (Hauptmann Pfurtscheller) Matzen- und Klammbachboden,

Kompagnie Hall 3 Züge Pfandleck, einer Roteck,

Kompagnie Steinach (Hauptmann Hörtnagl) Reserve auf Negerdörfl und Hahnspiel,

Kompagnie Sexten des Bataillons Sillian auf Klammbachboden,

Kompagnie Sillian (Hauptmann Jesacher) auf Eisenreich und Schöntalhöhe.

Die Stände der Standschützenbataillone waren im allgemeinen sehr niedrig und nahmen in der Folge immer mehr ab.

So hatten die Standschützenbataillone Innsbruck I und II im Anfang Juli:

Innsbruck I 31 Offiziere — 90 Unteroffiziere — 404 Mann,

Innsbruck II 24 Offiziere — 71 Unteroffiziere — 420 Mann.

die Sperren Mitterberg und Haideck ging eine viertägige Beschießung voraus. Sie begann am 27. Juli bei herrlichem, sichtigem Wetter und nahm vorerst die beiden Sperren zum Ziel. Auf Haideck vereinigten drei 28-cm-Batterien ihr Feuer. Auch die österreichische 12-cm-Batterie auf Innergsell („Monte Sesto di Dentro") und Hornischek („Monte Arnese"), ferner die Baracken und die Zeltlager nächst des Ortes Sexten und der Ort selbst wurden heftig beschossen. Die daselbst untergebrachte 4. Kompagnie und der Train des Standschützenbataillons Innsbruck I mußten nach der Lanzingersäge übersiedeln.

Der Erfolg des feindlichen Artilleriefeuers auf die beiden Sperren war belanglos. Die veralteten Steinbauten wiesen zwar arge Schäden aus, die jedoch ohne Bedeutung waren, weil die Geschütze längst aus ihnen entfernt worden waren.

Schwer litten der Ort S e x t e n und dessen Bewohner. Schon die erste Granate am 31. Juli traf das Haus des Bürgermeisters, tötete seine Tochter und verwundete seine Frau schwer. Am nächsten Tage schlug eine Granate im Gasthof „Post" in die vollbesetzte Veranda, tötete sieben und verwundete neun Soldaten.

Die weiter andauernde Beschießung von Sexten und auch des Ortes Moos machte deren Räumung notwendig. M o o s , das schon bei Kriegsbeginn vor der Hauptverteidigungsstellung lag, war aus diesem Grunde von der Bevölkerung seit längerer Zeit verlassen. Nur Kommanden und Reserven waren dort untergebracht. Als die Beschießung begann, mußten auch sie das Feld räumen. Das Kampfabschnittskommando Major Graf Bothmer zog nach Wildbad Innichen, die beiden Standschützenkommanden Innsbruck I und II nach Innichen und das Batteriekommando Hauptmann Rose in eine Unterkunft außerhalb des Ortes.

Die Beschießung von Moos am 6. September legte fast den ganzen Ort in Schutt und Trümmer.

Der italienische Angriff auf Roteck

Hiezu Skizze 11 und Bild 7

Aus der Kammlinie Hollbruckereck („Cima di Pontegrotta") – Diemut („Mutta di Sesto") – Eisenreich („Monte del Ferro") – Pfannspitze („Monte Vanscuro") zweigt von Diemut nach Südwesten ein Nebenkamm ab, der in einer breiten, kahlen 2375 m hohen Kuppe, R o t e c k , endigt. Sie ist mit dem Hauptkamm durch einen Sattel verbunden, der im Kriege „Chinasattel" bezeichnet wurde, weil dort Gebirgsgeschütze aufgestellt waren, die für China bestimmt waren, aber wegen Ausbruch des Krieges nicht zur Ablieferung gelangten.

Von der östlich von Diemut befindlichen Schöntalerspitze, 2636 m („Monte

Valbella"), verläuft parallel mit Roteck gleichfalls ein Rücken, der in eine
2362 m hohe Kuppe endigt. Auf ihr lag die sogenannte „Karbachstellung", die für die Roteckstellung einen sehr wichtigen Flankenschutz dar-
stellte. Im Tal zwischen diesen beiden Rücken entspringt der Karbach („Rio
Cadin"), im Tal westlich Roteck und Pullbach („Rio Pulla"). Beide Bäche mün-
den schließlich in die Torrente Padola[38].

Das Roteck lag im Kampfabschnitt III, war der äußerste linke Flügel der
vorderen Stellung und bildete zugleich den Anschluß an die Hauptstellung.

Die Besetzung der letzteren war, soweit sie auch für die Roteckstellung in
Betracht kam, folgende:

Hollbruckereck: 1. Kompagnie und die Pionierabteilung des X/14 als
    Reserve.
Hochgränten – Pfandleck: Standschützenkompagnie Hall.
Diemut: ohne Besatzung.

Vordere Stellung:
Roteck: 2. Kompagnie X/14 (Oberleutnant Vichytil) und Maschinengewehr-
    abteilung (Leutnant Panitschka), ein Zug der Standschützenkompagnie
    Hall.
Altherberge – Matzenboden: 3. und 4. Kompagnie X/14 und Standschützen-
    kompagnie Stubai und Sexten.

Der Kommandant des Roteckstützpunktes war Oberleutnant Vichytil.
Alle Kompagnien des X/14 waren seit 31. Juli in der Stellung.

Roteck war bei Tag nur schwach, bei Nacht und Nebel aber stark besetzt,
weil das Tosen des Karbaches das Anschleichen des Gegners bei Dunkelheit
und Unsichtigkeit des Wetters sehr begünstigte. Bei Tag und bei sichtigem
Wetter aber war das Vorgelände gut zu übersehen und ein Überfall daher
nicht möglich. Beim Morgengrauen wurde der größte Teil der Besatzung
zurückgezogen, in den Gräben verblieben nur schwache Abteilungen, denen
hauptsächlich die Beobachtung oblag.

Aus dem italienischen Angriffsplan ist zu ersehen, daß von der Brigade
Basilicata das in vorderer Linie befindliche I/92 gegen Roteck angesetzt war.
Der Annäherungsmarsch war lang, führte über offenes, eingesehenes Gelände
und wurde daher als Nachtmarsch durchgeführt. Am Fuße von Roteck angekommen, nahmen die Kompagnien des I/92 den Weg direkt über die grasbe-
wachsenen Hänge. Eine Kompagnie stieg vom Pullbachtal auf, die übrigen
Kompagnien vom Karbachtal aus. Letztere gelangten, begünstigt von der
Dunkelheit und dem Nebel, bald in die Nähe der österreichischen Hindernisse
und gruben sich dort in kurzer Entfernung davon ein.

Als die österreichische Besatzung beim Morgengrauen wie gewöhnlich

---

[38] Siehe Skizze 11.

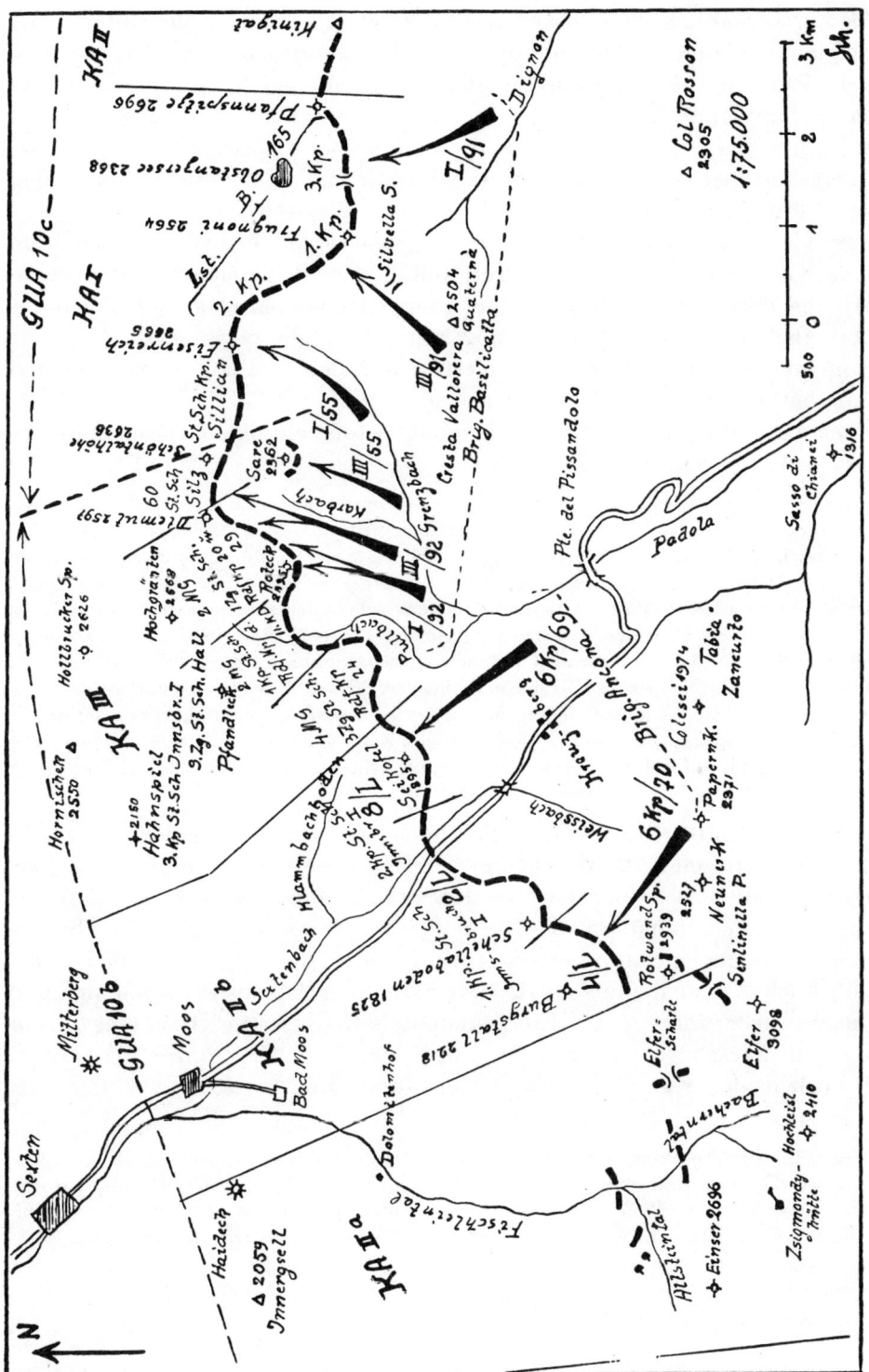

Skizze 11

unter Zurücklassung von schwachen Abteilungen zur Ruhe in die Unterkünfte
abrückte, benützten die Italiener den Augenblick, um sich an das Drahtverhau
zu schleichen und es zu durchschneiden. Während zugleich die aus dem Pullbach aufgestiegene Kompagnie die Aufmerksamkeit der österreichischen
Besatzung ablenkte, stürmten Teile der ersten Angriffsgruppe durch die Hin-
dernislücken in die Kampfgräben von Roteck und kamen rasch bis zu den
Unterkünften hinter denselben.

Zugsführer N i t z l n a d e r , der eben seine vom Nachtdienst abgelöste
Mannschaft nach Hochgränten führen wollte, hörte den Gefechtslärm, machte
kehrt und eröffnete auf den in Roteck eingedrungenen Gegner ein heftiges
Feuer. Auch die in den Unterständen kaum zur Ruhe gegangenen Teile der
2. Kompagnie X/14 wurden durch einen aus der Stellung zurückeilenden
Mann vom feindlichen Einbruch verständigt.

Über den bald darauf einsetzenden Gegenstoß schreibt der Kommandant
von Roteck, Oberleutnant V i c h y t i l , in der Geschichte des X/14[39]:

> „Fähnrich R i p p e l erhielt den Auftrag, die Gräben vom Feinde zu säubern. Rasch und gründ-
> lich wurde diese Aufgabe vollzogen. Die Handgranatenpatrouille des Zugsführers S c h i e f e r -
> m a y e r zeichnete sich hiebei hervorragend aus. Doch kaum war die Rückgewinnung der Gräben
> gelungen, als der Feind mit neuen Abteilungen gegen den ihm schon entrissenen Gipfel
> anstürmte. Bitter ernst schien er es diesmal zu nehmen, um in den Besitz dieser wichtigen Höhe
> zu gelangen. Aber die Maschinengewehre der Abteilung Leutnant P a n i t s c h k a , die aus ihrer
> überhöhten Stellung den Kampfgraben vollkommen beherrschten, lichteten unbarmherzig die
> Reihen der Angreifer, bevor sie noch die Hindernisse erreichten. Was dennoch durchkam, wurde
> im Nah- und Handgranatenkampf niedergemacht. Trotzdem stürmten die Italiener immer wieder
> bis in die ersten Vormittagsstunden. An einer breiten Entwicklung durch unsere vorgeschobene
> Flankenstellung am Karbach gehindert, waren die feindlichen Angriffe auf einen verhältnismäßig
> schmalen Raum beschränkt, also tief und massig.“

Inzwischen hatte Standschützenleutnant K r e i d l mit seinem Zug der
Wipptaler Standschützen den Diemut besetzt, von wo aus er mit Gewehrfeuer
gegen die italienische Infanterie in den Gräben von Roteck wirken konnte,
auch Standschützenleutnant E r l a c h e r war mit seinem Zug Haller Standschützen von Hochgränten herbeigeeilt und hatte die Gruppe Nitzlnader verstärkt. Auch die auf Tonrast als Reserve befindliche Standschützenkompagnie
Steinach wurde unter ihrem Kommandanten Hauptmann H ö r t n a g l nach
Roteck in Marsch gesetzt. Ein Schwarm derselben (Zugsführer R e i m e i r)
griff auch in den Kampf ein, die übrige Kompagnie bezog eine Stellung als
Reserve.

> „Gegen 10 Uhr vormittags“, schrieb Oberleutnant V i c h y t i l in der Geschichte des X/14 wei-
> ter, „schien die Widerstandskraft des stark hergenommenen Verteidigers gegenüber den sich
> immer erneuernden Angriffen erlahmen zu wollen. Fähnrich R i p p e l war durch einen Kopf-
> schuß gefallen. Leutnant P a n i t s c h k a durch eine feindliche Handgranate verwundet. Rech-

---

[39] Auf S. 26.

nungsunteroffizier Reininger, die brave Kompagniemutter, der sich, mitgerissen von der Kampfwut der anderen, ebenfalls in das Handgemenge gestürzt hatte, fiel — und mit ihm eine große Anzahl der übrigen Verteidiger. Auch der nimmermüde Zugsführer Schiefermayer[40], der mit seinen Handgranaten stets dort erschien, wo Mann gegen Mann kämpfte, und der mehreremale durch sein Eingreifen am bedrohtesten Ort ausschlaggebend entschieden hatte, war schwer verwundet. Mangel an Handgranaten und Munition begann einzusetzen. Die eigene Artillerie, deren Wirkung gegen die Sammel- und Vorrückungsräume des Feindes wiederholt erbeten wurde, tappte vorerst — mangels eines Beobachters in der Infanteriestellung — mit ihren Schüssen im Vorgelände herum.

Auf Roteck selbst war der Feind in die vordersten Kampfgräben eingedrungen und gewann Schritt für Schritt Raum nach vorwärts[41]. In diesem so bedrohlichen Augenblick wurde die mittlerweile 1. Kompagnie zum Gegenstoß angesetzt und dem Feinde der bereits sicher erscheinende Erfolg neuerlich entrissen. Das den ganzen Vormittag ausfüllende Ringen flackerte neuerlich auf. In den Nachmittagsstunden mußte sogar die Pionierabteilung unter Fähnrich Novak zur Verstärkung des Widerstandes herangezogen werden."

„Da brachte uns ein glücklicher Zufall Hilfe. Ein Volltreffer der 15-cm-Haubitzbatterie des Werkes Innergsell in eine zum Angriff auf engen Raum zusammengezogene Kompagnie bewirkte den Umschwung. Panikartig strömten die Angreifer zurück, um in den Stellungen des Karbaches Deckung zu finden. Sofort nachstoßende Patrouillen brachten bei dieser Gelegenheit 42 Gefangene ein. Sieben italienische Offiziere, darunter ein Bataillonskommandant und 200 Mannschaftspersonen lagen tot in oder vor unseren Stellungen; über 200 Gewehre und zwei Mitrailleusen konnten wir neben sonstigem Material einbringen."

Unter den gefallenen Italienern befand sich auch ein Hauptmann Frank.

Der italienische Angriff auf Roteck war abgeschlagen. Er hatte aber auf beiden Seiten schmerzliche Verluste gekostet. Auf österreichischer Seite waren 97 (Offiziere und Mann) der 1., 2. und MGA X/14 und 13 Standschützen tot oder verwundet.

Der italienische Angriff auf den Seikofel und auf Burgstall

Während der italienische Angriff auf Roteck infolge gelungener Überraschung in seiner ersten Phase Erfolg hatte, wurde der Angriff des italienischen III/70 gegen Seikofel und des I/70 gegen Burgstall schon zu Anfang leicht abgeschlagen.

In den Stellungen des Seikofels lagen die 2. Kompagnie (Leutnant d. R. Seel) und Teile der 3. Kompagnie (Oberleutnant d. R. Griebenow) des Bayerischen Infanterie-Leibregimentes.

Bereits in den frühen Morgenstunden meldeten die vor die Seikofelstellung vorgeschobenen Posten Bewegung und Ansammlungen der Italiener vor der

---

[40] Zugsführer Schiefermayer erhielt für sein hervorragend tapferes Verhalten die Goldene Tapferkeitsmedaille für Mannschaft.

[41] Feldwebel Nelböck, unter dessen Kommando die Karbachstellung stand, mußte sich — in Flanke und Rücken von feindlicher Infanterie angegriffen — zum Aufgeben dieser, für die östliche Flanke Rotecks so wichtigen Stellung entschließen. Er zog sich auf die Schöntalerspitze zurück.

Front. Nach einer heftigen Artillerievorbereitung setzten um die Mittagszeit die Kompagnien des italienischen III/70 zum Angriff an. Das mit niederem Buschwerk bedeckte Vorgelände begünstigte ihr Herankommen an die bayerischen Stellungen, aber das Maschinengewehrfeuer und das Gewehrfeuer der Besatzung prasselte in sie hinein und hielt den Angriff vollkommen nieder. Die Stubaier Standschützen vom östlichen Nachbarabschnitt Klammbachboden, die Haller Standschützen von Pfandleck und der Standschützenleutnant P i t t l mit seiner Feldwache vor Klammbachboden wirkten und durch Flankenfeuer bei der Abweisung des Angriffes hervorragend mit.

Die Verluste der Italiener waren sehr schwer. Über 100 Tote lagen vor den Hindernissen und konnten lange Zeit nicht beerdigt werden.

Auch der Angriff des I/70 auf Burgstall hatte keinen Erfolg. Er kam nach einigen Versuchen, die Drahthindernisse zu sprengen, nicht zur Durchführung.

Nach den mißglückten Angriffen der Bataillone der Brigaden Ancona und Basilicata legten die italienischen Batterien noch längere Zeit heftiges Feuer auf die Stellungen der Österreicher und den Raum dahinter. Am 11. August mußten S e x t e n [42] und M o o s vollkommen geräumt werden, ebenso das Wirtshaus im Fischleinboden.

Wie bereits erwähnt, hatten die Italiener an den Flügeln des Hauptangriffes gegen Burgstall – Seikofel – Roteck auch noch Nebenangriffe als Demonstrationsangriffe angesetzt; der östliche mit zwei Kompagnien des III/92 gegen Eisenreich und der mit der 68. Alpinikompagnie und zwei Kompagnien IR. 91 von Quaternà aus gegen den Frugnoni-Sattel. Die Kompagnien hatten den Befehl, um 9 Uhr vormittags die Vorrückung zu beginnen und nur bis auf 400 Schritte heranzugehen.

Die Geschütze auf Eisenreich und die 9. Kompagnie (Oberleutnant d. R. Freiherr v o n P e c h m a n n) des Infanterie-Leibregimentes mit den Sillianer Standschützen hielten die Angreifer mit heftigem Feuer nieder.

---

[42] Eine feindliche Beschießung am 12. August steckte den Ort in Brand und verursachte schweren Schaden. Diesmal schienen die Italiener die Absicht gehabt zu haben, ihn gänzlich zu zerstören. Die erste Granate — wahrscheinlich eine 210-mm-Granate — schlug im Friedhof ein und wirbelte Grabkreuze, Gebeine und Mauerstücke in die Luft. Dann folgte in Zeiträumen von je 5 Minuten ein Schuß nach dem anderen. Innerhalb einer Stunde lag der Ort in Trümmern und brannte lichterloh. Der herrschende Südwind verwandelte ihn in ein Feuermeer. Dank des kräftigen Einschreitens der Standschützen, der „Leiber" und des Feldkuraten H o s p konnten Kirchengeräte, wertvolle Bilder und Hausrat aus den brennenden Häusern gerettet werden. Die Beschießung endete erst, als das Föhnwetter Regen brachte und die tiefhängende Wolkendecke dem Gegner die Beobachtung nahm. (Vgl. Bild 30 auf Tafel 18)

8. Italienischer Angriff auf die Stellung Burgstall – Pfannspitze am 6. September 1915[43]

Hiezu Skizze 11 und 12

Ende August befahl der italienische Armeekommandant Generalleutnant Nava dem Kommandanten des I. Korps, Generalleutnant Piacentini, sich des Bergkammes zu bemächtigen, der vom Norden her das Padolatal beherrscht. Die Durchführung des Angriffes wurde der 10. Division, Generalleutnant Montuori, übertragen. Nach seiner Disposition hatten anzugreifen:

die Brigade Ancona (Oberstbrigadier Porta) mit je sechs Kompagnien der IR. 69 (Oberst Ferrari) und IR. 70 (Oberst Gioppi) die Front Burgstall – Seikofel,

die Brigade Basilicata (Generalmajor Ferrero) mit je zwei Bataillonen des IR. 91 (Oberst Castagnola), IR. 92 (Oberst Scotta) und drei Bataillonen des IR. 55 (Oberst Bernardini) die Front Roteck – Pfannspitze.

Den Angriffskolonnen waren folgende Ziele zugewiesen:
Brigade Ancona:
1. Kolonne 6 Kompagnien IR. 70 Burgstall,
2. Kolonne 6 Kompagnien IR. 69 Seikofel.
Brigade Basilicata:
1. Kolonne I/92 Roteck,
2. Kolonne III/92 Kamm Roteck – Diemut (Chinasattel) – Schöntalhöhe,
3. Kolonne III/55 Schöntalhöhe,
4. Kolonne I/55 Eisenreich,
5. Kolonne III/91 Frugnoni,
6. Kolonne I/91 Frugnoni-Sattel (Forc. Palla degli Orti).

Sechs Kompagnien des IR. 70 bildeten die Stellungsbesatzung beiderseits des Kreuzberges.

Von der Artillerie mittleren und schweren Kalibers wurden 14 Geschütze bereitgestellt, und zwar:
4. Batterie 280-mm-Haubitzen im Raume Tabia Zancurto,
5. Batterie 280-mm-Haubitzen und
7. und 8. Batterie 210-mm-Mörser bei Ponte Pissandolo,
7. Batterie 149-mm-Kanonen bei Coltorondo.

Bei dieser Angriffsgruppierung ist bemerkenswert, daß diesmal nicht wie ursprünglich, das Angriffsziel die Eroberung der Sextner Sperren und der

---

[43] Unterlagen für die Rekonstruktion des Gefechtes: Kriegsakten der Division Feldmarschall-leutnant Goiginger, Festschrift Tirol, Dolomitenwacht, Regimentsgeschichte des Bayerischen Infanterie-Leibregimentes, Berti, Guerra in Cadore, Meneghetti, Un battaglione sacro.

Durchstoß durch das Sextental war. Man begnügte sich mit der Eroberung des östlich der Sperren sich hinziehenden Bergkammes Roteck – Pfannspitze. Während gegen die vor den Sextner Sperren gelegene und von sechs österreichischen Kompagnien besetzte Verteidigungslinie nur zwölf italienische Kompagnien (drei Bataillone) angesetzt wurden, griffen den in seiner Ausdehnung fast gleichen, allerdings höher gelegenen und von 13 österreichisch-ungarischen Kompagnien verteidigten Abschnitt Klammbachboden – Pfannspitze 24 italienische Kompagnien (sechs Bataillone) an. Die für den Angriff bereitgestellten Artilleriekräfte waren — wie auch von italienischer Seite betont wird — zu schwach.

Die Besetzung der österreichischen Verteidigungslinie und die Artilleriegruppierung ist der Skizze 11 zu entnehmen.

In den italienischen Angriffsraum fielen:
der Grenzunterabschnitt 10 b (Oberstleutnant R. v. Epp, Kommandant des Infanterie-Leibregimentes) mit dem Kampfabschnitt II a (Fischleintal) und II b (Sexten) und der Kampfabschnitt III, ferner vom Grenzunterabschnitt 10 c (Major Prinz Heinrich von Preußen), der äußerste linke Flügel des Kampfabschnittes I.

Der Grenzunterabschnitt 10 b erstreckte sich von der Zinnen-Hochfläche bis zur Schöntalhöhe im Karnischen Kamm. Daran schloß sich ostwärts der Grenzunterabschnitt 10 c. Er teilte sich
in den Kampfabschnitt   I Zinnen-Hochfläche,
in den Kampfabschnitt II Fischleintal – Burgstall – Seikofel,
in den Kampfabschnitt III Klammbachboden – Schöntalhöhe.

Von den österreichischen Standschützen waren eingesetzt:
Standschützenbataillon Innsbruck I (Standschützenmajor Freiherr v. Anderlan) 1. und 2. Kompagnie beim I/L. im Kampfabschnitt II b,
3. und 4. Kompagnie beim II/L. im Kampfabschnitt II a.
Standschützenbataillon Innsbruck II (Standschützenmajor Fuchs) im Kampfabschnitt III,
Standschützenbataillon Silz (Standschützenmajor Praxmarer) mit einer Kompagnie im Fischleintal und mit drei Kompagnien in den Stellungen des Kampfabschnittes III, Altherberge – Matzenboden – Roteck.

Bei Beurteilung des gegenseitigen Stärkeverhältnisses muß berücksichtigt werden, daß nur die Kompagnien des Bayerischen Infanterie-Leibregimentes normalen Stand hatten. Die Kompagnien des ungarischen Radfahrbataillons waren sehr schwach. Das Bataillon hatte am 25. August mit dem geringen Stande von 370 Feuergewehren und 8 Maschinengewehren das X/14 abgelöst.

Noch viel schwächer waren die Standschützenkompagnien. Sie hatten schon, als sie im Mai ins Feld abrückten, nicht vollen Kriegsstand. Bald zeigte sich, daß viele von den älteren Leuten, die mit Begeisterung eingerückt waren, doch den Strapazen und Entbehrungen nicht gewachsen waren. Sie wurden entweder in die Heimat beurlaubt oder hinter der Front mit Arbeiten beschäftigt. Später kam noch der Abgang durch Gefechtsverluste und Krankheiten dazu, so daß der eigentliche Gefechtsstand einer Standschützenkompagnie durchschnittlich nur etwa 50 bis 60 Mann betrug. Das Standschützenbataillon Silz (Major Praxmarer) hatte, als es am 3. September mit der 1., 2. und 4. Kompagnie im Abschnitt der ungarischen Radfahrer eingesetzt wurde, kaum einen Gefechtsstand von 160 Mann, also nur 40 Mann pro Kompagnie.

So täuscht der Blick auf die Besetzungsskizze, in der die organisatorischen Einheiten angeführt sind, wohl eine Besatzung der Linie Burgstall – Pfannspitze mit 19 Kompagnien vor. Da aber die Radfahrerkompagnien sehr schwach waren und die sieben eingesetzten Standschützenkompagnien nur Zugsstärke[44] hatten, war sie sehr schütter besetzt. Ihr stand ein mindestens dreimal so starker Angreifer gegenüber.

Aus einem erbeuteten Angriffsbefehl des italienischen IR. 92 ist folgende Gruppierung der Bataillone zum Angriffe zu entnehmen.

Jedes Bataillon war in drei Wellen gestaffelt; die zweite Linie 50 Schritte hinter der ersten und die 3. Linie 100 Schritte hinter der zweiten. Diese Formierung war bis zur Sturmentfernung beizubehalten. An der Spitze waren Offizierspatrouillen und Sprengpatrouillen der Genietruppe eingeteilt.

„Die Vorrückung hatte in aller Stille zu erfolgen. Kein Gewehr- oder Karabinerschuß" — heißt es in dem Angriffsbefehl weiter, „darf abgegeben werden und dies selbst nicht in dem Falle des Zusammentreffens mit einer feindlichen Patrouille, die abzufangen oder niederzumachen ist; hiebei Angriffswaffe Bajonett."

„Die Offizierspatrouillen haben, bei den Drahthindernissen angelangt, jene Stellen auszumitteln, welche zur Bahnung eines Sturmes am günstigsten sind. Sie treten sodann zurück und machen den Sprengpatrouillen Platz. Die Leute sind darauf aufmerksam zu machen, daß vor den feindlichen Drahthindernissen fast überall ein Draht in der Höhe von beiläufig 50 Zentimeter gespannt ist. Häufig sind zwei Drahthindernisse hintereinander angelegt, und in diesem Falle ist das erstere, in der Regel weniger starke, mit den Drahtscheren zu durchschneiden, damit die Sprengpatrouille zum Haupthindernis gelangen kann."

„Genau 4 Uhr früh sind die Sprengmittel zur Explosion zu bringen, worauf sich die erste Linie mit dem Rufe „Savoia" auf die feindlichen Stellungen zu werfen hat. Die zwei folgenden Linien

---

[44] Nachstehende Zusammenstellung zeigt, wie sehr sich die Stände der Standschützenformationen infolge Abganges durch Gefechtsverluste, Erkrankungen, Enthebungen und mangels eines Ersatzes bis zum Kriegsende verringerten:

	Verpflegsstand	Gefechtsstand
19. 5. 1915	24.137	23.700
20. 7. 1915	20.500	19.386
15. 10. 1915	19.000	17.605
1. 2. 1916	16.375	14.481
1. 11. 1916	14.034	10.814
19. 5. 1917	11.142	9.146
19. 5. 1918	7.732	6.357

haben hierauf sofort mit Energie die Vorrückung fortzusetzen und gehen zur Unterstützung der ersten Linie auch zum Sturme vor."

„Beim Depot Casera Coltrondo werden an die Bataillone verteilt: 10 Gelatineröhren (zur Sprengung der Hindernisse), 12 Drahtscheren, 4 Äxte, 3 Beilpicken, 80 Handgranaten mit dem zugehörigen Feuerzeug, 800 leere Sandsäcke. Die an den Flügeln angreifenden Kolonnentêten haben je zwei Gelatineröhren, die inneren je eine Gelatineröhre mitzunehmen."

„Keine Schwierigkeit, weder schlechtes Wetter, noch umwegsames Terrain wird als Entschuldigung für eine etwaige Verspätung bei der Vorrückung dienen können. Es ist eine Ehrenpflicht, daß alles zur bestimmten Stunde wie ein Mann kampfbereit sei, mit dem alleinigen Gedanken, unter jeder Bedingung zu siegen."

Über die Tätigkeit der Artillerie gibt der Angriffsbefehl Aufschluß:

„Es ist bereits verlautbart, daß nach Divisionskommandobefehl heute das Artilleriefeuer der Festungsbatterien gegen die angewiesenen Ziele auf das intensivste verstärkt wird.

Während der Zeit, da die Artillerie mittleren und schweren Kalibers das Feuer einstellen muß, wird die Feldartillerie schießen. Vom Beginn der Dunkelheit bis morgen, 6. September 3 Uhr früh, haben die Feldbatterien, die bereits den ganzen Tag beschossenen Ziele unter Schrapnellfeuer zu halten. Um 3 Uhr früh werden sie die Schußentfernung verlängern, einerseits damit es vermieden werde, daß unsere vorrückende Infanterie in eigenes Geschützfeuer komme, und andererseits, um den Feind zu verhindern, etwaige Verstärkungen von rückwärts heranzuziehen. Die Festungsbatterien werden morgen, den 6. September, in erster Linie zur Bekämpfung der feindlichen Feldartillerie verwendet für den Fall, daß diese unsere Truppen während der Vorrückung beschießen oder es versuchen sollte, sie aus den eroberten Stellungen zu vertreiben."

Schon Ende August war eifrige Patrouillentätigkeit der Italiener vor der Kreuzberg-Front zu bemerken, die jedenfalls den Zweck hatte, das zukünftige Angriffsgelände, die Stärke der österreichischen Hindernisse und der Besetzung der Stellungen festzustellen.

Am 27. August gingen um 21 Uhr zahlreiche italienische Patrouillen gegen die Linie Seikofel – Klammbachboden vor. Es handelte sich scheinbar um eine gewaltsame Aufklärung, die aber nicht zur vollen Durchführung kam, da das Abwehrfeuer der Besatzung den Gegner zurücktrieb.

Auch vor dem Abschnitt Burgstall entfaltete der Gegner eine lebhafte Patrouillentätigkeit. Eine dieser Patrouillen (des IR. 70) wurde am 29. August um 20.15 Uhr von einer Offizierspatrouille der Leiber überfallen. Der Kommandant, ein Leutnant, wurde gefangengenommen, zwei Mann blieben tot am Platze und drei bis vier entkamen.

Mit Septemberanfang trat ein arger Wettersturz ein, der die italienische Infanterie- und Artillerietätigkeit stark behinderte. Immerhin konnten neue Batterien festgestellt werden, deren Feuer den Eindruck des Einschießens machte. Diese Vermehrung der feindlichen Artillerie[45], die von den Beobachtern gemeldete stärkere Bewegung hinter der Front und die übereinstimmen-

---

[45] In den ersten Septembertagen machten schwere Geschütze der Italiener sich besonders bemerkbar, die aus dem Raume Pte. Pissandolo den Seikofel und das Roteck beschossen. Sie wurden jedesmal vom 30,5-cm-Mörser (K o n r a d) und den 15-cm-Haubitzen der Batterie (R o s e) unter Feuer genommen und zum Schweigen gebracht.

den Aussagen der Ende August im Altsteintal und anfangs September vor der Burgstall-Stellung gemachten Gefangenen ließen auf einen größeren Angriff gegen die Kreuzberg-Front im allgemeinen schließen. Demgegenüber konnten auf österreichischer Seite keine bemerkenswerten Abwehrmaßnahmen und Vorkehrungen getroffen werden, da größere Reserven nicht zur Verfügung standen. Der Grenzunterabschnittskommandant Oberstleutnant v. E p p verschob bis zum 6. September die ganze 7. Leiberkompagnie von der Lanzingersäge nach Bad Moos, um sie gegebenenfalls im Kampfabschnitt II a (Fischleintal) oder im Kampfabschnitt II b (Burgstall) einsetzen zu können; ansonsten glaubte man, einen — wenn auch heftigeren Angriff als im August — aus den stärker ausgebauten Stellungen sicher und erfolgreich abwehren zu können.

Die Nacht auf den 6. September war sehr unruhig. Die italienische Artillerie streute heftig die rückwärtigen Verbindungen ab und legte in den Morgenstunden auf die Stellungen von Burgstall bis Frugnoni starkes Feuer.

Die Italiener schienen aber wenig Wert auf die artilleristische Vorbereitung zu legen, dazu war ihre Artilleriekraft mit Rücksicht auf die große Ausdehnung der zu beschießenden Front zu schwach. Sie erhofften sich mehr Erfolg von ihren auf der ganzen Linie vorgetriebenen Sprengpatrouillen, die die österreichischen Hindernisse zu zerstören hatten.

Der Angriff auf Burgstall

An manchen Stellen kamen die Patrouillen bis an die Drahtverhaue heran und konnten mit Hilfe ihrer Sprengröhren stellenweise die Hindernisse öffnen. Hierüber ist in der Geschichte des Bayerischen Infanterie-Leibregimentes zu lesen:

„4.30 Uhr morgens sprengen die Italiener vor der Front der 4. Kompagnie (Oberleutnant d. R. L a u e n s t e i n) mit ihren Sprengröhren wie bei der 8. Kompagnie am Seikofel in einer Breite von 3 m das Drahthindernis. Gleichzeitig setzt heftiges Infanteriefeuer in der Front sowie Infanterie- und Maschinengewehrfeuer vom Papernkofel gegen den rechten Flügel und die vorgeschobene Feldwache des Zuges M a d e r ein.

Der feindliche Angriff trifft zunächst die vorgeschobene Feldwache, welche sich wirksam feuernd auf die Hauptstellung zurückzieht, um nicht umgangen zu werden.

Bald darauf verstummt das Feuer vom Papernkofel und im Walde, 50 bis 100 Schritte entfernt, erscheinen angreifende Italiener mit Drahtscheren und Äxten unter großem „Evviva"- und „Avanti"-Rufen. Auch hier bricht der Angriff unter dem Feuer der 4. Kompagnie, welches durch zwei Maschinengewehre[46] wirksam unterstützt wird, sofort zusammen und der Gegner versucht, in dem für ihn günstigen Gelände in Stellung zu gehen. Doch bald bröckelt er ab und gruppenweise sieht man ihn zurückspringen, wobei er empfindliche Verluste erleidet. Am rechten Flügel hält sich noch ein feindlicher Zug in einer nicht eingesehenen Bodenfalte, wird aber bald von der Gruppe S t a u c h mit Feuerunterstützung der 2. Kompagnie vertrieben.

---

[46] In der Leiberbesatzung war ein Landsturm-Maschinengewehrzug unter Leutnant B r u n n e r eingesetzt, bei der auch acht Standschützen des Bataillons Innsbruck I eingeteilt waren. Der Maschinengewehrzug stand am äußersten rechten Flügel der Burgstallstellung.

Unterdessen hat auch Unteroffizier B a u m a n n die vorgeschobene Feldwache wieder besetzt, nachdem er den eingedrungenen Gegner hinausgeworfen hat.

Der österreichische Korporal und Maschinengewehrführer P i s c h i n g e r[47] jagt etwa 20 Italiener, welche sich in einem toten Winkel seinem Feuer entzogen haben, mit Steinwürfen und unter kräftigen Flüchen aus der schützenden Deckung und nimmt die Fliehenden unter wirksames Feuer.

So werden überall eine große Menge Italiener aufgescheucht, die sich größtenteils ergeben, um nicht in das Verfolgungsfeuer zu geraten. Patrouillen vor der Front klären bis zum Weißbach auf und stecken das dortige Blockhaus einer feindlichen Feldwache in Brand. Nachdem noch ein Vorstoß von etwa 100 Italienern mühelos abgewiesen ist, tritt um 9.30 Uhr vormittags vor der ganzen Front Ruhe ein.

Die Kompagnie hatte einen Toten, zwei Mann sind leicht verwundet, während 54 tote Italiener gezählt werden. Selbstverständlich hat der Italiener eine Menge Gewehre, Tournister und Patronentaschen usw. liegen gelassen."

Der Angriff auf Burgstall war also bald abgeschlagen.

Im Raume rechts und links der Kreubergstraße ging es nicht so lebhaft zu. Hier wurde ein schwacher, mit zwei feindlichen Infanteriezügen unternommener Angriff leicht abgewehrt.

Der Angriff auf den Seikofel

An den Hindernissen der Seikofel-Stellung gelang es den italienischen Sprengpatrouillen, den größten Erfolg zu erzielen. Nach Mitternacht war es einer solchen Patrouille von acht Mann im Schutze der dunklen stürmischen Nacht gelungen, an das Hindernis vor der 8. Leiberkompagnie heranzukommen und Sprengröhren anzubringen. Nach drei Uhr früh dürfte sie vom Waldrande aus eine unter dem Hindernis befindliche Stange mit dem Sprengkörper mittels eines Drahtes zur Entzündung gebracht haben. Die Wirkung war überaus stark. Das Drahthindernis wurde in einer Breite von 10 m und einer Tiefe von 20 m derart weggefegt, daß weder Draht noch Pfähle übrigblieben. Sogar der im Schützengraben eingebaute Scheinwerfer war spurlos verschwunden und der dem Feinde zugekehrte Teil eines Unterstandes eingestürzt. Vier noch nicht zur Entzündung gebrachte Sprengröhren wurden von der italienischen Sprengpatrouille zurückgelassen.

Der Kommandant der Seikofel-Stellung und der 8. Leiberkompagnie, Hauptmann F r e i h e r r v o n K r a u ß, der einen Angriff der feindlichen Sprengung voraussah, forderte Sperrfeuer an, das auch sogleich einsetzte. Das Unglück wollte es aber, daß eine Granate desselben zu kurz ging und eine Gruppe der Kompagnie außer Gefecht setzte. Leutnant d. R. B r ö t z und Fähnrich F r e i h e r r v o n S e e f r i e d zählten zu den Verwundeten. Das

---

[47] In der Leiberbesatzung war ein Landsturm-Maschinengewehrzug unter Leutnant B r u n n e r eingesetzt, bei der auch acht Standschützen des Bataillons Innsbruck I eingeteilt waren. Der Maschinengewehrzug stand am äußersten rechten Flügel der Burgstallstellung.

Sperrfeuer und das Abwehrfeuer der Besatzung erstickten den feindlichen Angriff im Keime. Die Leiber konnten die Lücke im Hindernis mit spanischen Reitern wieder schließen.

„Verdächtig war nur", schreibt die Geschichte des Infanterie-Leibregimentes weiter, „daß nach Hellwerden das schwere Artilleriefeuer nicht einsetzte und die feindliche Artillerie gegen 5 Uhr morgens ganz schwieg."

„Da ertönte schon das Alarmsignal des beim Beobachtungsposten aufgestellten Hornisten, gleichzeitig brachen aus dem vorliegenden Walde frei feindlichen Züge hervor und warfen sich auf die Stelle, wo das Hindernis gesprengt war. Nun knatterte es aber los — sowohl die Grabenbesatzung als auch das am linken Flügel stehende Maschinengewehr überschüttete die Angreifer mit einem vernichtenden Feuer. Der Gegner wirft sich nieder und versucht, das Feuer zu erwidern, damit ist von allem Anfang an der Angriff ins Stocken gekommen. Zwar versuchten neue Kräfte, den Angriff wieder in Fluß zu bringen, aber auch dieser Versuch bricht im Maschinengewehrfeuer zusammen. Jetzt setzt der Gegner noch bis zum Schlusse gegen den rechten Flügel zum Angriff an, eine bereitgehaltene Unterstützung wirft ihn aber auch hier zurück.

Minenwerfer und Artillerie schießen wirksam in die vorliegenden Mulden und vertreiben die dort eingenisteten feindlichen Schützen. Gegen 7 Uhr morgens wird kein Italiener am Waldrande gesehen. Die 8. Kompagnie hatte drei Tote und zwölf Verwundete, von denen einer am folgenden Tage starb. Vor der Front liegen 80 tote Italiener."

Der italienische Angriff gegen die Linie Burgstall – Seikofel des Kampfabschnittes II b war also in den ersten Frühstunden bereits endgültig abgewiesen. Man hatte nicht das Gefühl eines starken, energisch geführten Vorstoßes gehabt.

Der Angriff auf die Stellung Klammbachboden bis Schöntalhöhe

Im Kampfabschnitt III (Klammbachboden bis Schöntalhöhe) ging es bedeutend lebhafter zu. Hier wurde der italienische Angriff, vielleicht wegen der Massierung der Angriffskräfte, am meisten fühlbar.

Vor allem war es der von den ungarischen Radfahrkompagnien 20 und 21 und von Silzer Standschützen besetzte Stellungsteil Roteck – Schöntalhöhe, wo gleich zu Anfang die Lage kritisch zu werden schien.

Das Roteck wurde frontal von Süden her und aus dem Karbachtal vom Osten her von Kompagnien des italienischen I/92 angegriffen, von denen besonders die östlichen trachteten, den „Chinasattel" zu erreichen, um so die Roteck-Besatzung im Rücken zu fassen und vom Diemut abzuschneiden. Schon um Mitternacht war es hier im Schutze der Dunkelheit und des stürmischen Wetters einigen feindlichen Sprengpatrouillen gelungen, bis an die Hindernisse heranzukommen und sie an einigen Stellen zu durchschneiden. Ein Eindringen aber in die Lücken verwehrte das Abwehrfeuer der Radfahrkompagnien und der Verteidigungsartillerie.

Die frontal angreifenden Italiener suchten sich nun durch Eingraben in der erreichten Stellung zu behaupten, konnten aber dem Feuer nicht standhalten und zogen sich langsam über den Grenzbach in den schützenden Wald zurück.

Mehr Glück hatte die italienische Gruppe, die den „Chinasattel" zwischen Roteck und Diemut angriff. Sie konnte die schüttere Besatzung des Sattels vertreiben und Fuß fassen. Allerdings war ihre Lage dort nicht beneidenswert. Sie konnte weder weiter vorstoßen, noch die Stellung nach rechts oder links aufrollen. Auch ein Rückzug war aussichtslos. Eine Reserve zur Ausnützung des Erfolges schien nicht vorhanden gewesen zu sein.

Aber auch die österreichische Roteck-Besatzung war vom verlorengegangenen Chinasattel her in Flanke und Rücken sehr gefährdet. Von den beiden Radfahrkompagnien waren Oberleutnant Lerch gefallen und Oberleutnant Obst schwer verwundet, mehrere Leute der Besatzung bereits ausgefallen.

Um die bedrohliche Lage zu meistern und den Chinasattel wieder zu gewinnen, wurde dem Kampfabschnittskommandanten Major von Schönner (Kommandant des Radfahrbataillons) die 6. Leiberkompagnie zur Verfügung gestellt. Über den gelungenen Gegenstoß schreibt die Geschichte des Infanterie-Leibregimentes:

„Oberleutnant d. R. Schumann setzt den Angriff sehr geschickt an, nachdem er vorher persönlich mit dem Gefreiten Penzkofer die feindliche Stellung erkundet hatte. Er geht mit dem Zug Schmidt auf den Diemut-Hang vor und läßt den Zug Fuchs zu seiner Verfügung am Hochgräntensee zurück. Leutnant d. R. Bretschneider wird beauftragt, mit zwei Patrouillen des Zuges Fuchs vom Hochgräntensattel aus die Aufmerksamkeit des Gegners auf sich zu lenken und mit sämtlichen Standschützen den Hochgräntensattel zu besetzen. Sobald Zug Fuchs in die feindliche Stellung eingedrungen ist, soll auch er auf den Chinasattel vorgehen.

Wenige Minuten vor 10 Uhr vormittags beginnt der Angriff. Vizefeldwebel d. R. Kübler eilt mit 7 Handgranatenwerfern, denen noch 15 folgen, voraus, schleudert in den überraschten Gegner Handgranaten und springt dann mit seinen Leuten mitten unter die Italiener hinein. Bevor der Rest des Zuges folgen kann, winken die Italiener schon mit weißen Tüchern. Es ergeben sich 82 Mann, zwei Maschinengewehre, von denen eines die Österreicher[48] für sich in Anspruch nehmen, werden erbeutet. Der kühne und rasch durchgeführte Angriff ist in zwei bis drei Minuten erledigt und der Kompagniechef kann stolz melden: „Befehl vollzogen!"

Der Gegner hat an Toten und Verwundeten sieben Mann verloren, die Kompagnie hat den Tod des tüchtigen Gefreiten Penzkofer als einzigen Verlust zu beklagen."

An der Abwehr des italienischen Angriffes auf Roteck bzw. der Wiedergewinnung des Chinasattel waren neben den Leibern auch Teile der Radfahrkompagnie 29 und eingeteilte Standschützen erfolgreich beteiligt.

Den Hochgränten- und Diemutsattel hatten die Silzer und Wipptaler Standschützen unter den Standschützenleutnants Kleinheinz, Kreidl und Erlacher besetzt. Schon vor dem Gegenstoß der Leiber hatte bereits der Kommandant der 2. Silzer Standschützenkompagnie, Standschützenhauptmann Neurauter, den Standschützenabteilungen auf dem Hochgräntensattel den Befehl gegeben, die Italiener vom Chinasattel zu vertreiben. Leutnant Kleinheinz und Erlacher setzten bei Morgengrauen zum Angriffe an, wurden aber durch das Feuer der italienischen Maschinengewehre vom Chinasattel

---

[48] Richtig die ungarische Radfahrkompagnie.

Italienischer Angriff auf die Stellungen Roteck bis Eisenreich

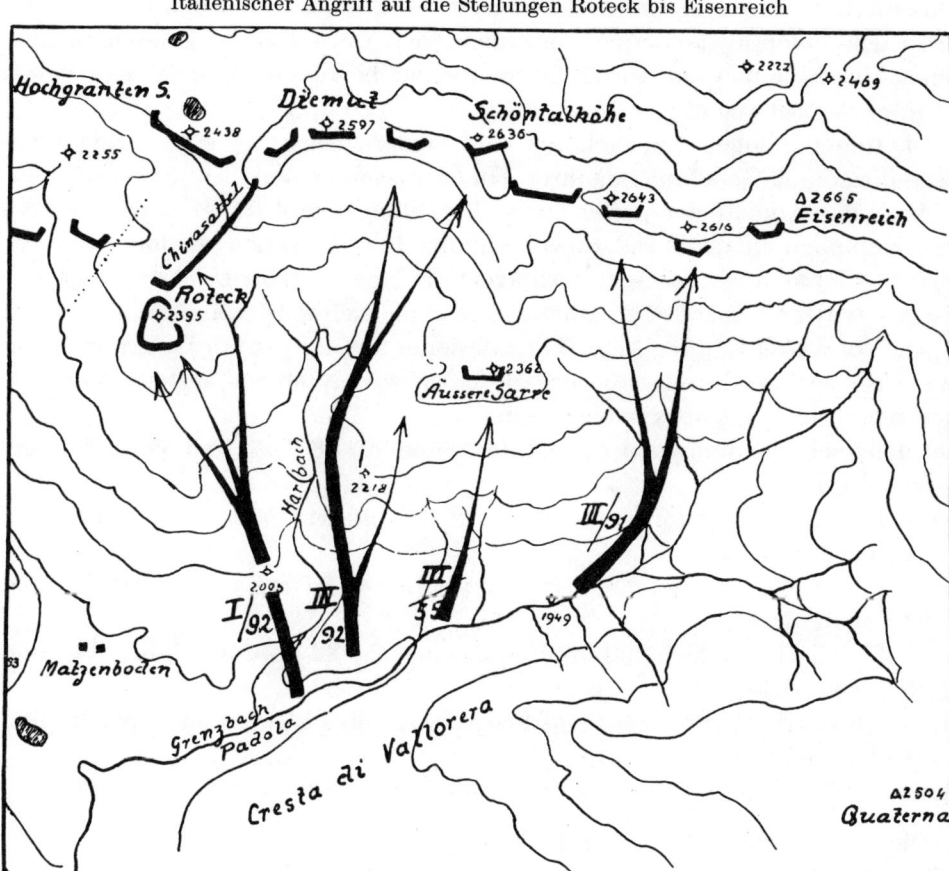

Skizze 12

niedergehalten. Hauptmann N e u r a u t e r, der vorausgeeilt war, wurde später, mit drei Schüssen im Leibe, tot aufgefunden. An seiner Seite war auch
sein treuer Diener F i e g l gefallen.

Die Halbkompagnie des links vom III/55 vorgehenden italienischen III/92,
die das Bataillon in seiner linken Flanke zu unterstützen hatte, war nicht fühlbar geworden. Sie kam scheinbar ihrem Ziel nicht näher.

Der Stellungsteil zwischen S c h ö n t a l h ö h e und E i s e n r e i c h[49] war der
Standschützenkompagnie Sillian unter dem Standschützenhauptmann J e s a
c h e r anvertraut. Gegen ihn richtete sich der Angriff zweier Kompagnien des

---

[49] Dieser Stellungsteil gehörte bereits zum Kampfabschnitt I des Grenzunterabschnittes 10 c,
der unter Kommando des Majors P r i n z e n H e i n r i c h v o n P r e u ß e n stand.

italienischen I/55. Das treffsichere Feuer der Sillianer hielt den Gegner aber in respektvoller Entfernung. Von einem eben in Stellung gehenden italienischen Maschinengewehr wurde die Bedienung, bevor sie einen Schuß abgeben konnte, abgeschossen.

Die Italiener zogen sich auch hier bald wieder zurück. Die siegreichen Sillianer konnten 56 Gefallene vor ihren Hindernissen zählen.

Auch der Angriff der italienischen Bataillone I und III/91 gegen die von den Kompagnien des Landsturmbataillons 165[50] besetzte Stellung E i s e n - r e i c h – P f a n n s p i t z e scheiterte trotz kräftiger Artillerievorbereitung. Der Frugnoni erhielt am 5. September nahezug 300 schwere Granaten.

Am Vormittag war der Angriff der Italiener auf der ganzen Linie abgeschlagen. Ihre Verluste waren außerordentlich schwer. Nach einem Bericht des italienischen Generalstabes betrugen sie

bei den sechs Kompagnien des IR. 69 (Seikofel) 58 Tote und Vermißte und
    65 Verwundete,

bei den sechs Kompagnien des IR. 70 (Burgstall) 64 Tote und Vermißte und
    145 Verwundete,

beim I. und III/92 (Roteck – Schöntalhöhe) 454 Tote und Vermißte und
    93 Verwundete,

beim I. und III/55 (Schöntalhöhe – Eisenreich) 22 Tote und Vermißte und
    76 Verwundete,

beim I. und III/91 (Frugnoni und Frugnonisattel) 74 Tote und Vermißte und
    219 Verwundete.

Summe: 672 Tote und Vermißte und 589 Verwundete.

Die österreichische Zählung der italienischen Verluste ergab 750 Tote und 450 Gefangene, darunter auch verwundete.

Die Verluste auf österreichischer Seite waren dagegen sehr gering: 2 Offiziere, Standschützenhauptmann N e u r a u t e r und Oberleutnant L e r c h tot, 2 Offiziere leicht verwundet.

Mannschaft: 13 tot und 31 verwundet.

Erbeutet wurden zwei Maschinengewehre und nahezu 1000 Infanteriegewehre.

---

[50] Das Landsturmbataillon 165 hatte am 1. September das III/29 abgelöst und stand mit dem rechten Flügel der 2. Kompagnie (Oberleutnant H ö p p e r g e r) angeschlossen an die Standschützen von Silz in der Stellung Eisenreich, mit der 1. Kompagnie (Oberleutnant P ö l z l e i t n e r) auf Frugnoni und mit der 3. Kompagnie auf der Pfannspitze. Im Anschluß nach Osten standen wieder Leiber.

Das Bataillon verblieb den Winter über in diesem Gebiet und wurde am 18. April 1916 durch das Trachombataillon 1/104 abgelöst.

Eine sehr lebhafte Schilderung der Abwehr des italienischen Angriffes gibt der Kommandant der 1. Kompagnie Oberleutnant P ö l z l e i t n e r in seinem Buche „Berge wurden Burgen", Selbstverlag des Verfassers, S. 79—86.

Die Besatzung schritt sofort an die Bergung der toten und verwundeten Feinde.

Vor dem Seikofel entsandten die Italiener einen Parlamentär mit der Bitte um einen kurzfristigen Waffenstillstand zur Bergung ihrer so zahlreichen Toten. Über Antrag des österreichischen Divisionskommandos entschied das Korpskommando, daß der Bitte dann stattgegeben werde, wenn von italienischer Seite die Bergung der Gefallenen und Verwundeten nur in ihrem nächsten Bereiche und nicht näher als 1000 Schritte von unserer Stellung vorgenommen werde. Innerhalb dieser Zone würde die Bergung von unseren Truppen durchgeführt werden. Die Arbeiten wären in einer genau festgesetzten Zeit vorzunehmen und von Offizierspatrouillen zu überwachen.

Der mit dieser Antwort zurückgeschickte Parlamentär der Italiener kam jedoch nicht mehr zurück, so daß der Waffenstillstand nicht zustande kam (op. Nr. 1187/1 des Divisionskommandos).

Soweit es möglich war, wurde die Bergung nunmehr von unserer Besatzung durchgeführt, sie wurde von den Italienern nicht gestört.

Außer den genannten Standschützenoffizieren waren es die Standschützenleutnante L e n e r [51] und H o l z m a n n des Standschützenbataillons Innsbruck II und die Standschützenleutnante S c h m i d , S c h ö f f t h a l e r und R u e c h des Standschützenbataillons Silz, die mit ihren Zügen durch wohlgezieltes und erfolgreiches Feuer hervorragend mitgewirkt haben. Zahlreiche Auszeichnungen und Belobungen waren die verdiente Anerkennung der vorzüglichen Haltung der eingesetzten Standschützen.

An der artilleristischen Abwehr hatte Kadett H i r s c h der Gebirgskanonenbatterie 3/14 mit seinem Geschützzug anerkennenswerten Anteil. Er ließ zur besseren Wirkung ein Geschütz vorziehen, offen am Grat in Stellung gehen und beschoß mit vollem Erfolg die gegen Roteck vorgehenden feindlichen rückwärtigen Linien. Als dann später die Leiber zur Wiedergewinnung des Chinasattels schritten, hielt er aus seiner offenen Feuerstellung auf dem Hochgräntensattel die feindlichen Maschinengewehre am Chinasattel nieder. Die ungeschützt schießende Bedienung dieses Geschützes hatte einen toten und einen verwundeten Kanonier zu beklagen.

Gegen den Stellungsabschnitt D i e m u t – S c h ö n t a l h ö h e mit der vorgeschobenen Stellung der „Äußeren Sarre" griffen die Kompagnien des III/55 (Major B e l m o n t i), eines bei den Italienern als besonders tapfer geschätzten Bataillons, an.

Die „Ä u ß e r e S a r r e" war das Ende eines von der Schöntalhöhe ausgehenden nach Süden gerichteten Rückens, ähnlich dem Roteck. Diesen vorgeschobenen Posten verteidigte Standschützenleutnant R u e c h mit 18 Silzer Standschützen. Etwa 60 Silzer Standschützen lagen in der Hauptstellung von Die-

---

[51] Die Standschützenleutnante S c h m i d und L e n e r wurden im Gefechte verwundet.

mut bis Schöntalhöhe unter dem Kommando des Standschützenleutnants
Schöffthaler der 1. Kompagnie.

Die Kompagnien des italienischen III/55 begannen am 5. September um
20 Uhr die Vorrückung mit der 10. Kompagnie (Oberleutnant Meneghetti) an
der Spitze gegen die Äußere Sarre. Aus unbekannten Gründen aber waren die
für das Bataillon bestimmten Sprenggruppen nicht zum Bataillon gestoßen.
Es mußte ohne sie abrücken und benötigte zur Zurücklegung der Strecke von
der Ausgangsstellung auf der Cresta di Vallorera aus sechs Stunden, bis es
endlich zu den österreichischen Hindernissen kam. Erst um 4 Uhr früh waren
die 10. Kompagnie und ein Zug der 9., ferner die Anfänge 11. und 12. Kompagnie des italienischen III/55 vor ihren Angriffszielen angelangt.

Dabei war die österreichische Besatzung der Äußeren Sarre, die Feldwache
des Leutnants Ruech, in arge Bedrängnis gekommen. Trotzdem sie fast
umzingelt war, hielt sie sich den Gegner durch wohlgezieltes Feuer vom Leibe.

Auch die gegen die Linie Diemut – Schöntalhöhe und gegen diese Höhe
selbst vorrückenden Kompagnien des III/55 wurden von den Silzer Standschützen des Leutnants Schöffthaler und einem Zug Radfahrer unter
Leutnant Hildebrand mit Handgranaten und einem heftigen Gewehrfeuer
empfangen. Die Angreifer mußten zu Boden und zogen sich später zurück.

Der italienische Angriff konnte überall ohne Einsatz von Reserven
unschwer abgeschlagen werden. Nur auf Roteck mußte eine halbe 6/L.
einen Gegenstoß unternehmen. Auch das Divisionskommando sah sich nur zu
kleineren Verschiebungen der Reserven gezwungen. So wurde das V/
Lsch. III, das am 5. September vom X/59 auf der Zinnen-Hochfläche abgelöst
worden und am Rückmarsche durch das Innerfeldtal begriffen war, bei der
Lanzingersäge zum Halten befohlen. Das IV/Lsch. III gab eine Kompagnie auf
Hahnspiel ab, der Rest wurde bei der Lanzingersäge bereitgestellt.

Die Besatzung reichte zur Abwehr vollkommen aus, obgleich sie die Stellung nur sehr schütter besetzen konnte. Sie ließ den Angreifer nahe herankommen und überschüttete ihn dann mit Infanterie- und Maschinengewehrfeuer und mit Handgranaten. Die dadurch auftretenden Massenverluste zwangen den überraschten Gegner stets zum Rückzug in schützende Räume.

Das Zusammenwirken der Verteidigungsbesatzung mit der Artillerie war
ein vorzügliches und trug im hohen Maße zur siegreichen Abwehr bei.

An dem Mißerfolg der Italiener waren mehrere Umstände schuld. Ihr
Angriff wurde wohl mit starken Kräften durchgeführt, entbehrte jedoch des
infanteristischen und artilleristischen Schwergewichtes, das in einem
bestimmten Raum den Durchbruch hätte erzwingen können. Auch mangelte
es an dem notwendigen Zusammenwirken der Infanterie mit der Artillerie.

Der italienische Kriegsbericht meldete über den Angriff am 6. September:

„Im Cadore rückten unsere Truppen im Bereiche des Monte Croce offensiv vor; es wurden hiebei einige feindliche Stellungen und Schützengräben erobert. Trotzdem mußte unsere Offensive

mit Rücksicht auf die Stärke der feindlichen Verteidigungsstellung, die schon von Natur aus gewaltig ist, bald eingestellt werden."

Wie aus dem geschilderten Gefechtsverlauf hervorgeht, war die Angabe über die „Eroberung von einigen feindlichen Stellungen und Schützengräben" nicht richtig.

9. Abmarsch des Bayerischen Infanterie-Leibregimentes und der deutschen Artillerieformationen im Herbst 1915. Einsatz des k. u. k. 2. Regimentes der Tiroler Kaiserjäger im Grenzunterabschnitt 10 b

Der Monat Oktober brachte der Dolomitenfront ein Ereignis von besonderer Wichtigkeit. Am 4. Oktober wurde bei der Division Feldmarschalleutnant Goiginger bekannt, daß die in ihrem Bereiche eingesetzten deutschen Truppen abgezogen und durch drei Kaiserjägerregimenter der 8. Infanterietruppen-(später Kaiserjäger-)Division ersetzt würden.

Der Abzug des Deutschen Alpenkorps[52] wurde von den k. u. k. Truppen aufrichtig bedauert. Hatten sie doch Freud und Leid, Not und Tod zu enger treuer Kameradschaft vereint. In der ersten Notzeit bildeten die jungen kräftigen und kampferprobten Leute des Alpenkorps die Stütze der aus älteren, weniger frontdiensttauglichen zusammengesetzten Landsturmbataillone des k. u. k. Heeres und der aus oft ungedienten alten oder ganz jungen Leuten gebildeten Standschützenbataillone Tirols und Vorarlbergs. Die deutschen Truppen wieder haben sich von den gebirgsgewohnten österreichischen Soldaten die für den Krieg im Hochgebirge unentbehrlichen alpinen Kenntnisse in hohem Grade erworben.

Der Abzug des Alpenkorps erfolgte in einer sehr ungünstigen Zeit, weil dadurch namentlich die in voller Entwicklung begriffenen Wintervorsorgen eine starke Verzögerung erlitten. Besonders unangenehm machte sich der Abgang der deutschen Batterien fühlbar, für die kein gleicher Ersatz gestellt werden konnte. Der Ausfall im Divisionsbereich betrug eine Feldkanonenbatterie, zwei Gebirgskanonen- und drei Feldhaubitzenbatterien, zusammen 24 Geschütze. Nur die deutschen Gebirgsmaschinengewehrabteilungen 201 bis 210, das Fußartilleriebataillon 104 (10-cm-Langkanonen) und die schwere Haubitzbatterie 102 (Hauptmann Rose) blieben über Antrag des Kommandanten des Deutschen Alpenkorps Generalleutnant von Krafft zurück, der der Ansicht war, daß die Überlegenheit der italienischen Artillerie jetzt schon sehr groß sei und daß sie mit dem Abgehen des Alpenkorps für die k. u. k. Truppen voraussichtlich bis über die Grenze des Erträglichen wachsen würde.

---

[52] Über die Ablösung der deutschen Truppen der Dolomitenfront siehe auch Schemfil, Col di Lana, S. 97.

Nach Abzug des Deutschen Alpenkorps hatte die Pustertaler Division folgende Gliederung angenommen:

Divisionskommandant Feldmarschalleutnant L. v. Goiginger, Generalstabschef Mjr. von Hüttenbrenner, Artilleriebrigadier Obst. von Pengow.

Grenzabschnitt 9 (96. Infanteriebrigade): Oberstbrigadier Vonbank, Generalstabshauptmann Bajnoczy.

Grenzunterabschnitt 9 a: Oberst Lauer, I., II., III./3. TJR., Lstb. 162, St. Sch. B. Enneberg.

Grenzunterabschnitt 9 b: Oberst v. Kriegshaber, I., II., III./1. TJR., Alpines Detachement Hauptmann Baborka und Zeyer.

Grenzabschnitt 10 (56. Gebirgsbrigade): Generalmajor Englert, Generalstabshauptmann Harwalik.

Grenzunterabschnitt 10 a: Oberst Schönherr, II., III., IV./Lsch. III, Alpines Detachement Oberleutnant Brunner, St. Sch. B. Welsberg, Fknbt. 8/41 und 8/36, ¾ Fhbt. 1/14, Gbknbt. 2/2, ½ deutsches Fußartilleriebataillon 104, ½ 30,5-cm-Mörserbatterie 19, ¼ 24-cm-Mörserbatterie 10 B.

Grenzunterabschnitt 10 b (21. Gebirgsbrigade): Oberstbrigadier von Sparber, Oberleutnant von Fischer-Poturzyn, Artilleriekommandant Oberstleutnant Bruckner, II., III., IV./2. TJR. (Oberst Tschan). X./59, St. Sch. B. Innsbruck I und II und Silz, Fknbt. 9/41, Gbknbt. 6/8. Fhbt. 1/14 (ein Geschütz), Gbknbt. 2/8, ½ deutsches Fußartilleriebataillon 104.

Grenzunterabschnitt 10 c: Oberstleutnant von Zach, Lstb. 165, 24, 29, St. Sch. B. Sillian, Gbknb. 4/8, 6/11, Gbhbt. 5/14, 1 — 24-cm-Mörserbatterie 10 B.

Divisionsreserve: Lstb. 167 und I./Lsch. III.

Besetzung des Grenzunterabschnittes 10 b Ende November 1915

Kampfabschnitt I	X./59 Hauptmann Burger	
3. Komp.	Oberleutnant Stuppöck	Wildgrabenjoch
1. Komp.	Oberleutnant Mitterwallner	Rienzstellung
2. Komp.	Hauptmann Plammer	Toblinger Knoten
5. Komp.	Oberleutnant Brunner	Innichriedl-Stellung
Kampfabschnitt II	III./2. TJR. Hauptmann Thuma	
11. Komp.	Hauptmann Morawetz	Bacherntal
9. Komp.	Oberleutnant Leide	Altsteintal
MGA. III	Leutnant Sonntag	Bacherntal
Alp. Det.	Hauptmann Graf Taxis	Schartenwache
MGA. VII		
Kampfabschnitt III	IV./2. TJR. Major von Cordier	
10. Komp.	Hauptmann Richter	Burgstall
16. Komp.	Oberleutnant von Appel	Schellaboden
15. Komp.	Oberleutnant Kirschner	Kreuzberg
14. Komp.	Hauptmann Sperlich	Seikofel
MGA. III	Leutnant Brunner	Seikofel
13. Komp.	Oberleutnant Singer	Villgrat, Reserve
Kampfabschnitt IV	II./2. TJR. Hauptmann von Gasteiger	
5. Komp.	Hauptmann Homa	Pfandleck
MGA. VI	Hauptmann Gleißenberger	Pfandleck
6. Komp.	Oberleutnant von Tschurtschentaler	Roteck
7. Komp.	Hauptmann von Falkhausen	Diemut
8. Komp.	Oberleutnant Dr. Walter . . . . . . : . .	Tonrast, Reserve

Regimentskommando 2. TJR. (Oberst Tschan) in Wildbad Innichen.

Für den Grenzabschnitt 10 (56. Gebirgsbrigade) kam die Ablösung des Bayerischen Infanterie-Leibregimentes und der im Abschnitt eingeteilten Artillerieformationen in Betracht.

Man sah dieses prächtige bayerische Regiment sehr schwer scheiden. „Die Leiber", so ist in der Festschrift Osttirol zu lesen, „waren im Mai 1915 mit dem Deutschen Alpenkorps nach Tirol gekommen; sie erwarben sich, wo immer sie eingeteilt waren, im Nu allgemeine Sympathie und größte Achtung sowohl durch ihre liebenswürdige Kameradschaft als auch durch größte Schneid, die sie in vielen kritischen Situationen bewiesen."

Am 12. und 13. Oktober fand der Wechsel der Leiberbataillone mit den Bataillonen des 2. Tiroler Kaiserjägerregimentes[53] statt.

Nicht nur im Grenzunterabschnitt 10b, sondern auch im Grenzunterabschnitt 10c machte der Abgang der Leiber eine Umgruppierung der Besatzungstruppen und eine Neubesetzung der Kommandostellen notwendig.

Das Kommando über den Grenzunterabschnitt (GUA) 10b, übernahm Oberstbrigadier von Sparber als 21. Gebirgsbrigade (Adjutant Oberleutnant F. von Fischer-Poturzyn), den im Grenzunterabschnitt 10c Oberstleutnant von Zach.

Nach erfolgter Ablösung standen zur Besetzung den beiden Grenzunterabschnitten zur Verfügung:

Grenzunterabschnitt 10b: 2. TJR., X/59, St. Sch. B. Innsbruck I und II und Silz,

Grenzunterabschnitt 10c: Lstb. 165, 24, 29, Komp. Hptm. Vlasic, St. Sch. B. Sillian.

Artilleriekommandant im Grenzunterabschnitt 10b war Oberstleutnant Bruckner, dessen Artillerie in folgende Gruppen eingeteilt war:

Kampfabschnitt I (Zinnen-Hochfläche) 5 Hb der Gbhbt. 2/8 (Oblt. Dr. Tessmann), 4 FK der Fkbt. 9/41 (Hptm. Petritsch), 1 Revolverkanone 47 mm (Fwk. Kammerstädter).

Kampfabschnitt II (Fischleintal) Oblt. Porzer: 2 — 12 cm Knbt. Innergsell (Oblt. Timmel), 3 — 10-cm-Panzerhaubitzen Innergsell (Lt. Thomay), 2 — 9 cm M. 75/96 Fknbt. Weißlahn (Fwk. Kehrer), 2 — 7 cm M. 99 Knbt. Anderteralpe (Oblt. Günther).

Kampfabschnitt III (Kreuzberg) kgl. preuß. Hptm. Rose: 2 — 15-cm-Fußartilleriebataillon 104 (Lt. Behe), 4 — 8 cm M. 5/8 Fknbt. Rotwandwiese (Oblt.) Fasching, 2 — 12 cm Knbt. Kreuzbergstr. (Oblt. Malke), 2 — 15 cm Hbbt. Schellaboden (Lt. Seidler), 2 — 8 cm Fknbt. Seikofel (Kadett Schumacher).

---

[53] Stand des 2. TJR.: 173 Offiziere und Offiziersaspiranten, Verpflegsstand 4909, Gefechtsstand 4159, Feuergewehrstand 3458.

Kampfabschnitt IV (Roteck) Oblt. B e r g e r : 3 — 12 cm Knbt. Mitterberg (Lt.
S i e b e n e i c h e r), 3 — 10 cm Panzerhaubitzen (Oblt. S t r o w i c k), 2 —
12 cm Knbt. Hahnspiel (Oblt. v. T i e s e n h a u s e n), 2 — 8 cm M. 75 Fknbt.
Tonrast (Fwk. H i r s c h), 2 — 7 cm M. 99 Gbknbt. ½ Schöntalhöhe, 2 —
10 cm M. 15 Fhbbt. 1/14 Klammbachboden (Oblt. S i m s).
Beobachter auf Innergsell Oberleutnant T i m m e l , auf Burgstall Kadett
M a t t a u s c h , auf Hornischeck Oberleutnant B e r g e r .

10. Italienischer Angriff im Kreuzberg-Abschnitt am 24. Oktober 1915

Die erste Hälfte des Monats Oktober verlief im Grenzunterabschnitt 10 a,
abgesehen von einem zeitweise stärkeren Anwachsen des italienischen Artilleriefeuers, verhältnismäßig ruhig. Da nirgends Anzeichen eines feindlichen
Angriffes zu beobachten waren, glaubte man österreichischerseits schon, daß
mit der vorgeschrittenen Jahreszeit auch das Ende der Angriffe gekommen
sei. In diese Sinne war auch ein Befehl der italienischen 2. Armee gehalten,
der in die Hände des Kommandos der Südwestfront gefallen war, die österreichische Heeresleitung irreführen und in Sicherheit wiegen sollte. Er besagte,
daß mit Ausnahme der Durchführung kleinerer, an einigen Punkten im Zuge
befindlicher Operationen oder der Ausnützung besonderer Gelegenheiten jede
weitere Offensivaktion zu unterbleiben habe und daß die Tiefengliederung
bzw. die Verschiebungen am 10. Oktober zu beginnen hätte. Da die Echtheit
des Dokumentes nicht feststand, berücksichtigte es die österreichische Führung bei Beurteilung der operativen Lage nicht.

Mit Beginn der zweiten Hälfte des Oktobers änderte sich plötzlich das Bild,
indem auf der ganzen Divisionsfront die italienischen Angriffe zu größter Heftigkeit anwuchsen. Im Grenzabschnitt 9 stand der Raum Col di Lana – Sief –
Travenanzes im Mittelpunkt der italienischen Angriffstätigkeit. Im Grenzabschnitt 10, bei der 56. Gebirgsbrigade, hatten das Forame – Schönleiten-
schneid-Gebiet und Val Popena den stärksten Ansturm auszuhalten.

Zu dieser Zeit, gegen Mitte Oktober, hatte das 4. italienische Armeekommando (Generalleutnant Robilant) befohlen, die Generaloffensive, die das
Heer an der Isonzofront zu beginnen beabsichtigte, durch eine am 18. Oktober
einsetzende und möglichst starke Feindkräfte bindende Aktion im Cadore zu
unterstützen.

Während sich dieser feindliche Demonstrationsangriff bei der 56. Gebirgsbrigade (Grenzabschnitt 10) nur auf die Stellungen des Grenzunterabschnittes 10 a beschränkt hatte, erfolgte am letzten Tag dieser fünftägigen italienischen Angriffsperiode ein Ansturm auf den Kampfabschnitt III (IV/2. TJR.
Major Cordier) im Grenzunterabschnitt 10 b. Mit schwachen Kräften geführt,
wurde er von den Kaiserjägern leicht abgewiesen.

Der Gefechtsbericht des Bataillonskommandos sagt hierüber:

„Angriff auf Schellaboden[54]. Um 20 Uhr des 24. begann ein heftiges Gewehr- und Maschinengewehrfeuer auf die Stellungen, dann rückte der Feind in Kompagniestärke zum Angriff vor, der aber im Abwehrfeuer der Besatzung und im Artilleriesperrfeuer zusammenbrach und um 20.45 Uhr zu Ende war. Die Unterstützung durch die eigene Artillerie (Batterie Hauptmann Rose) war vorzüglich. Eigene Verluste keine. Es scheinen Abteilungen des Infanterieregimentes 70 angegriffen zu haben, da bei einem Gefallenen vor der Front eine Kappe mit der Regimentsnummer 70 vorgefunden wurde.

Angriff auf der Kreuzbergstraße[55]. Um 20 Uhr abends griff der Feind ohne Artillerievorbereitung mit zwei bis drei Kompagnien in zwei Linien formiert an. Die erste Linie kam bis fast an unsere Hindernisse und richtete von da aus ein lebhaftes, aber zu hochgehendes wirkungsloses Feuer auf uns. Unsere Besatzung gab ruhig und ohne Munitionsverschwendung ein lebhaftes Abwehrfeuer ab. Die eigene Artillerie wirkte sehr gut. Bald darauf zog sich der Gegner zurück. Nach ungefähr dreiviertel Stunden war der Angriff abgewehrt. Zurückgelassene feindliche Patrouillen bargen die Gefallenen. Auffällig war, daß der Gegner sich durch Horn-, Pfeifen- und Sirensignale verständigte. Eigene Verluste keine.

Angriff auf den Seikofel[56]. Um 20 Uhr eröffnete der Feind auf unsere Hindernisreihe ein lebhaftes Feuer mit Gewehrgranaten. Doch konnte er nicht zum Angriffe vorgehen, weil die treffliche Wirkung der Minenwerfer und der Handgranaten-Wurfmaschine ihm das Sammeln in den Mulden und das Vorrücken unmöglich machten.

Der Kompagniekommandant Hauptmann Sperlich erbat Sperrfeuer, das auch von den Geschützen auf der Rotwandwiese und von Hahnspiel äußerst treffsicher einsetzte. Vorzüglich funktionierte die Artilleriebeobachtung unter Kadett Schumacher. Gegen den linken Flügel Klammbachboden gingen stärkere Kräfte vor und kamen bis an die Hindernisse. Um 21 Uhr war der Angriff auf der ganzen Linie abgeschlagen. Der Feind ging in den Wald zurück. Stärke des Angreifers: nahezu ein Bataillon. Eigene Verluste keine. Verluste des Gegners nicht bekannt, doch dürften sie bei der vorzüglichen Wirkung der Artillerie bedeutend gewesen sein."

Vor Eintritt des Winters und während desselben herrschte nur rege Patrouillentätigkeit. Besondere Erwähnung verdient eine Unternehmung des Leutnants Graf Wolkenstein am 14. November, die von der Stellung Schellaboden der 16/2. TJR. (Oberleutnant v. Appel) ausgehend gegen die gegenüberliegende feindliche Weißbachstellung gerichtet war.

Leutnant Graf Wolkenstein teilte die ihm zur Verfügung gestellte, aus Leuten der 12., 15. und 16. Kompagnie formierte Abteilung von etwa 100 Mann in acht Gruppe, die eine teils offensive, teils demonstrative Aufgabe hatten. Die an sich sehr gut vorbereitete Unternehmung wurde durch unvorhergesehene schlechte Witterungsverhältnisse und hohe Schneelage aber arg behindert.

Es gelang nur der unter der Führung des Leutnants Graf Wolkenstein stehenden Gruppe, in einen feindlichen Stützpunkt einzudringen, was — wie er selbst in seinem Gefechtbericht angab — zum großen Teil der Tapferkeit und Zähigkeit des seiner Patrouille zugeteilten Standschützenoberjägers Goller und des Oberjägers Froidl zuzuschreiben war.

---

[54] 16. Kompagnie Oberleutnant von Appel.
[55] 15. Kompagnie Leutnant Polga.
[56] 14. Kompagnie Hauptmann Sperlich.

Erst nach vierstündiger Annäherung, oft bis an die Brust im tiefen Schnee versinkend, kam die 10 Mann starke Abteilung an den feindlichen Stützpunkt heran und durchschnitt trotz des Feuers seiner Besatzung 25 Meter oberhalb (westlich) des Stützpunktes die Hindernisse in einer Breite von drei Metern, wobei der eisige Wind und das Schneetreiben dem Vorhaben sehr zustatten kam.

Die Patrouille drang in die Lücke ein, räumte einen Unterstand aus und nahm fünf italienische Soldaten gefangen. Indessen mußte ein Teil der Patouille einen 15 Meter weiter entfernten Unterstand, dessen Überrumpelung nicht gelungen war, durch Feuer in Schach halten. Bei dem sich dabei entspinnenden Feuergefecht wurden zehn bis zwölf italienische Soldaten, die den Unterstand verlassen wollten, getötet oder verwundet.

Als es hell wurde, mußte an den Rückzug gedacht werden. Die Patrouille wurde beschossen und kam mit einem Verlust von drei Jägern, die von der Flankendeckung nicht mehr zurückkehrten, um 8.45 Uhr früh wieder in die Stellung zurück.

Das 2. Regiment der Tiroler Kaiserjäger verblieb noch bis Ende des Jahres 1915 in diesem Grenzabschnitt und kam dann in das Col-di-Lana-Gebiet.

Im Zeitraum von Mitte Dezember 1915 bis 2. Jänner 1916 wurde es abgelöst, und zwar:

Im Kampfabschnitt II (Fischleintal – Burgstall) das II/2. TJR. (Hptm. T u m a) durch das II/Lsch. III (Hptm. M ü l l e r).

Im Kampfabschnitt III (Schellaboden – Seikofel) das IV/2. TJR. (Mjr. v. C o r - d i e r) durch das V/Lsch. III (Hptm. V a l e n t i n i).

Im Kampfabschnitt IV (Klammbachboden – Roteck – Diemut) das II/2. TJR. (Mjr. v. G a s t e i g e r) durch das Lstb. 162.

11. Der weiße Tod

Nach dem Abflauen der Kämpfe im Oktober nahmen die italienischen Angriffe im Divisionsbereich noch immer kein Ende. Im Grenzabschnitt 9 tobten sie gegen den Col di Lana mit gleicher Heftigkeit fort. Daran hinderte auch nicht der in diesem Jahre sehr früh einsetzende Winter, der starken Schneefall in den Höhenlagen und empfindliche Kälte brachte.

Schon in den ersten Tagen des November gingen mehrere L a w i n e n als Vorboten des weißen Todes nieder, der in den kommenden Monaten schwere Opfer fordern sollte.

Am 4. November ging im Grenzunterabschnitt 10 c von Bärenbadeck am Karnischen Kamm eine Lawine ab, die zwölf Mann der Landsturm-Arbeiterabteilung 302/bh2 und sechs Mann der Zivil-Arbeiterabteilung 207/10 verschüttete; sechs Mann konnten nur mehr tot, 16 mehr oder minder verletzt geborgen werden. Am gleichen Tage forderte eine Lawine am Innichriedl ein Todesopfer. Eine zwischen Tonrast und Hornischeck abgehende Lawine begrub 24 Mann, von denen aber alle bis auf den Artillerieleutnant Eidlitz, der tot war, lebend ausgegraben werden konnten. Am 11. November verschüttete eine Lawine am Piano-Westhang drei Mann. Einer wurde tot, einer verletzt und einer unverletzt geborgen.

Die Reihe der Lawinenstürze mit zahlreichen Opfern riß auch später nicht ab.

12. Die Jahre 1916/17

Die italienischen Offensivstöße des Jahres 1915 wurden zwar stets mit dem Ziele eines Durchbruches in das Pustertal unternommen, doch waren sie weder in genügender Breite noch mit den zur Auswertung eines Durchbruches notwendigen Kräften angesetzt. Oft bestand auch ihre Aufgabe nur in der Fesselung österreichischer Kräfte anläßlich der Isonzoschlachten. Kleine Unternehmungen hatten nur örtlichen Charakter mit dem Ziele, sich in den Besitz taktisch wichtiger Geländeteile zu setzen. Die Schwierigkeiten und Eigentümlichkeiten der Kampfführung im Hochgebirge steigerten beim Angreifer wie beim Verteidiger die Heftigkeit der Gefechtshandlungen und die Verluste beträchtlich.

Die Jahre 1916 und 1917 brachten für den Grenzabschnitt 10 keine größere zusammenhängende Offensive der Italiener.

So blieb die Gefechtstätigkeit am Karnischen Kamm auf einen regen Patrouillendienst und die nie aussetzende Artilleriebeschießung beschränkt. Beide hielten auch den Winter über an.

Lawinenstürze verursachten auch 1916/17 in diesem Gebiet schwere Verluste.

Die anhaltende Gefechtsruhe veranlaßte das Armeeoberkommando im Jahre 1916 dorthin Truppen als Besatzung zu verlegen, die an der zwar ansteckenden, aber sonst nicht bösartigen ägyptischen Augenkrankheit (Trachom) litten. Sie konnten auf diese Weise von den gesunden Truppen abgesondert werden.

Diese sogenannte „Trachombataillone" (I. und III. des Infanterieregimentes 104 mit je sechs Kompagnien) besetzten die Kammstellung vom Diemut bis zur Steinkarspitze, dem Anschluß an den rechten Flügel der 10. Armee. Ihr Lager befand sich in Sillian. Kommandant des Stellungsabschnittes war Oberstleutnant v. Zach.

Unmittelbar vor der deutschen und österreichisch-ungarischen Offensive im Herbst 1917 an der Isonzofront waren zur Ablenkung der Aufmerksamkeit der Italiener auch in den Dolomiten demonstrative Angriffe vorgesehen. Im Bereiche der 49. Division[57] (früher Pustertaler-Division) begann zu diesem Zwecke am 18. Oktober ein auffälliges Einschießen der Artillerie des Divisionsabschnittes auf die italienischen Infanterie- und Artilleriestellungen. Kurz darauf fanden bei den drei Brigaden der Division Demonstrationen statt, und zwar:

bei der 21. Gebirgsbrigade in der Nacht vom 19. auf den 20. Oktober ein
    Patrouillenangriff in der Linie vom Paternkofel bis zur Seikofelstellung,
bei der 96. Infanteriebrigade am 21. Oktober eine Unternehmung im Zusammenhang mit der Sprengung des Knotz-Sief,
bei der 56. Gebirgsbrigade am 22. Oktober ein Angriff auf dem Monte Piano.

Am 24. Oktober brach die Offensive an der Isonzofront los. Im raschen Siegeszug eilten die Truppen der verbündeten deutschen und österreichischen Armeen durch Oberitalien und bedrohten den Rücken der an der Kärntner und der Dolomitenfront stehenden italienischen Verteidiger, so daß auch dieser große Abschnitt im Gebirge ins Wanken geriet und seine Front von Osten nach Westen allmählich abbröckelte.

Schon in den letzten Oktobertagen wurden im Bereiche der 49. Infanterietruppendivision Gruppen gebildet, die den Gegner, sobald er den Rückzug antreten sollte, zu verfolgen hatten.

Im Grenzabschnitt 10 waren dies die

Gruppe A unter Oberstleutnant Zach mit drei Bataillonen und einer Gebirgsbatterie über den Kreuzberg-Sattel – Padola – S. Stefano – Vigo – Lorenzago,
Gruppe B unter Hauptmann von Chizzola mit dem VI/2. TJR. über Misurina – Auronzo – Vigo – Lorenzago.

Die beiden Gruppen standen unter Führung des Kommandanten der 21. Gebirgsbrigade Oberst v. M a e n d e l, sie traten ohne Hinderung durch den Feind den Verfolgungsmarsch an. Im Dolomitengebiet war der Krieg endgültig zu Ende.

An der Verteidigung des Kreuzberg-Gebietes und des Karnischen Kammes hatten teilgenommen:

2. Regiment der Tiroler Kaiserjäger,
IX. Marschbataillon des Landesschützenregimentes III,
X. Marschbataillon des 2. Regimentes der Tiroler Kaiserjäger, Infanterieregiment 14 und 59 und des Landesschützenregimentes III,
Ungarisches Radfahrbataillon,

---

[57] Der Subrayon V (Infanteriedivision Pustertal) führte ab 26. 9. 1917 die Bezeichnung 49. Infanterietruppendivision. Ihr unterstanden die 96. Infanteriebrigade (Generalmajor Korzer) mit den Regimentsgruppen Pralongia und Travenanzes, die 56. Gebirgsbrigade (Oberst von Kramer) mit den Regimentsgruppen Stuva und Cristallino und die 21. Gebirgsbrigade (Oberst v. M a e n d e l) mit den Regimentsgruppen Kreuzberg und Karnischer Kamm.

Alpines Detachement 9,
Landsturmbataillon IV/2, 29, 162, 165,
Standschützenbataillon Innsbruck I und II und Sillian,
Standschützenkompagnie Silz,
Trachombataillon I—III/104 und I/311,
Bayerisches Infanterie-Leibregiment.

Schlußbetrachtung

So wie die heldenhaften Kämpfe im Jahre 1809 am Berg Isel, in der Sach-
senklemme und der Mühlbacher Klause u. a. m., die mit den Namen Andreas
Hofer, Speckbacher, Haspinger, Peter Mayr, des Wirtes an der Mahr, ruhm-
voll verknüpft sind, Freiheitskämpfe waren, war auch die Verteidigung der
Tiroler Grenze 1915 bis 1918 im Rahmen des Ringens der österreichisch-
ungarischen Monarchie um ihren Bestand wieder ein Kampf um die Freiheit
des ob seiner Freiheitsliebe gerühmten Volkes von Tirol.

Während aber die Kämpfe anno neun in Wort und Schrift, in Dichtung und
darstellender Kunst verherrlicht sind und in der Überlieferung des Volkes
fortleben, ist man über die Leistungen der Kämpfer während der Tiroler Landesverteidigung 1915 bis 1918 nur im allgemeinen orientiert. Sie durch eine
eingehende Schilderung der Vergessenheit zu entreißen, ist nicht nur ein
Gebot der Notwendigkeit, sondern auch der Dankbarkeit gegenüber den Hei-
matverteidigern, die dabei ihr Leben gelassen haben.

Bei vollster Würdigung und Anerkennung der Taten der Freiheitskämpfer
anno 1809 darf nicht vergessen werden, daß die damaligen Kämpfe sich in
verhältnismäßig kurzem Zeitraum, in günstiger Jahreszeit, in den Tälern und
unter geringer Waffenwirkung abspielten.

Das Ringen an der Tiroler Grenze im Weltkriege 1915 bis 1918 aber dauerte Jahre, bei Tag und Nacht, im Sommer und Winter, in den Tälern und in
den Regionen des ewigen Schnees und Eises, gegen einen mehrfach überlegenen und weitaus besser ausgerüsteten Gegner, unter Hunger, Kälte und Entbehrungen aller Art[58].

Truppen fast aller Länder der Monarchie schützten Tirols Grenze. An der
Dolomitenfront waren es zu Beginn der Kämpfe im Jahre 1915 Landstürmer,
Tiroler Standschützen, dann von Tirols besten Gebirgstruppen, die die Haupt-
last der feindlichen Angriffe trugen, die vier Tiroler Kaiserjägerregimenter
und das Landesschützen- später Kaiserschützenregiment Innichen III, ferner
Marschbataillone der Infanterieregimenter 14 und 59 u. a. m.

Als es nach den schweren Abwehrkämpfen im Herbst 1915 an der Dolomi-

---

[58] Siehe auch Einleitung zu „Col di Lana".

tenfront ruhiger geworden war, beteiligten sich auch Flachlandtruppen des österreichisch-ungarischen Heeres und der Landwehr an der Verteidigung. Nur die besonders gefährdeten Stellen der Front Col di Lana, Monte Piano und das Cristallo-Gebiet blieb weiterhin den Kaiserjägern und den Hochgebirgskompagnien anvertraut. Auch die allzeit brave Artillerie, die so sehr in der Minderzahl und durch Munitionsmangel gehemmt war, soll nicht vergessen werden. Sie hat gar oft mit hervorragender Wirkung entscheidend in die Verteidigung eingegriffen.

Eine außerordentliche Hilfe und Stütze bildete das divisionsstarke deutsche Alpenkorps, das bis Mitte Oktober 1915 über die Zeit des Mangels an österreichischer Besatzung hinweghalf.

Später traten an der Tiroler Grenze ausschließlich nur eigene Truppen in Verwendung.

Als bei Kriegsende im Herbst 1918 die Monarchie im Hinterlande bereits im Zerfall begriffen war, standen die braven Truppen weit in Feindesland, ohne auch nur eine Schrittbreite des ihnen anvertrauten Bodens verloren zu haben — außer jenen kleinen Gebieten, die schon zu Kriegsbeginn aus strategischen Gründen freiwillig dem Feinde überlassen worden waren.

Ihr Verdienst war es, daß Tirol von der Kriegsfurie verschont geblieben war und es hier nirgends „verbrannte Erde" gab.

Heute ist sich das Volk kaum mehr bewußt, was die Truppen der fast dreihundert Jahre alten, sterbenden Armee damals geleistet haben und daß die heldenhafte Verteidigung der Grenzen während des ersten Weltkrieges die glänzendste Begebenheit der Tiroler Landesgeschichte ist.

Anhang

1. Abkürzungen

GA.   = Grenzabschnitt
GUA.   = Grenzunterabschnitt
2. TJR.   = 2. Regiment der Tiroler Kaiserjäger
Lsch. III   = Landesschützenregiment III
I/2. TJR.   = I. Bataillon des 2. Regiments der Tiroler Kaiserjäger
I/Lsch. III   = I. Bataillon des Landesschützenregiments III
9. Lsch. III = 9. Kompagnie des Landesschützenregiments III
IR.   = Infanterieregiment
I/59   = I. Bataillon des Infanterieregiments 59
Lir.   = Landwehrinfanterieregiment
Lstb. IV/2   = Landsturminfanteriebataillon IV/2
Hgk.   = Hochgebirgskompagnie
Komp.   = Kompagnie
MGA.   = Maschinengewehrabteilung
Stsch.   = Standschützen
Stschb.   = Standschützenbataillon
L.   = Bayerisches Infanterie-Leibregiment
Gbb 6/8   = 6. Batterie des Gebirgsartillerieregiments 8
9 cm Fk.   = 9-cm-Feldkanone
10 cm Gbhb.   = 10-cm-Gebirgshaubitze
30 cm M.   = 30-cm-Mörser

2. Quellen

Operationsakte, Lageberichte und Tagebücher des Subrayons V bzw. der Division Pustertal aus dem Kriegsarchiv.

V. Feurstein, Dolomitenkämpfe, Mil.-wiss. und -techn. Mitteilungen, Wien 1925.

A. v. Mörl, Die Standschützen im Weltkriege, Verlagsanstalt Tyrolia, Innsbruck.

V. Schemfil, Col di Lana, Verlag J. N. Teutsch, Bregenz 1937.

—, Monte Piano, Schlern-Schriften 61, Universitätsverlag Wagner, Innsbruck 1949.

—, Kämpfe im Drei-Zinnen-Gebiet, Schlern-Schriften 129, Universitätsverlag Wagner, Innsbruck 1955.

Dolomitenwacht, Kriegsepisoden aus den Kämpfen der k. u. k. Infanterietruppendivision Pustertal 1915/16.

Regimentsgeschichte des Infanterieregiments 59.

Kriegstagebuch des X/59.

Regimentsgeschichte des Bayerischen Infanterie-Leibregiments.

Pötzleitner, Berge wurden Burgen, Selbstverlag.

Osttirol, Festschrift, Lienz 1925.

Antonio Berti, Guerra in Cadore, Edito 10. Regiment Alpini, Roma 1936.

Meneghetti, Monte Piano, Casa Editrice Alba, Milano 1935.

Die Kämpfe
am Monte Piano
und im Cristallo-Gebiet
1915—1917

Von Viktor Schemfil
Generalmajor d. R.

Universitätsverlag Wagner · Innsbruck

2. Auflage 1984. 228 Seiten mit 27 Skizzen und 41 Fotos auf 28 Bildtafeln.
Schlern-Schriften Band 274. öS 280,—/DM 40,—

Universitätsverlag Wagner • A-6010 Innsbruck • Postfach 165

Schlern-Schriften

Herausgegeben von em. Univ.-Prof. Dr. Dr. hc. Franz Huter

Band

266 Georg Reitter: **Sankt Chrysanthen.** Das alte Wallfahrtsheiligtum in Osttirol und seine europäischen Kultzusammenhänge
1976, 239 Seiten und 14 Bildtafeln, ISBN 3-7030-0030-9, öS 480,–/DM 68,–

267 Josef Weingartner: **Im Dienste der Musen.** Briefwechsel mit Josef Garber mit einer einleitenden Biographie
1978, 289 Seiten und 2 Bildtafeln, ISBN 3-7030-0058-9, öS 380,–/DM 54,–

268 Siegfried Krezdorn: **Burg Klamm in Tirol.** Ihre Geschichte und Lebensbilder bedeutender Burgbesitzer. Mit einem Beitrag von Fritz Steinegger: Die zwei ältesten Güterverzeichnisse von Burg Klamm
1979, 118 Seiten und 12 Farbtafeln, ISBN 3-7030-0071-6, öS 228,–/DM 32,–

269 Margarete Köfler und Silvia Caramelle: **Die beiden Frauen des Erzherzogs Sigmund von Österreich-Tirol.** Eleonore von Schottland (M. Köfler) und Katharina von Sachsen (S. Caramelle)
1982, 252 Seiten und 9 Bildtafeln, ISBN 3-7030-0081-3, öS 380,–/DM 54,–

270 Richard Schober: **Die Tiroler Frage auf die Friedenskonferenz in St. Germain.** Gliederung: I. Die Voraussetzungen des Problems, II. Von der Villa Giusti zur Selbständigkeit Tirols, III. Saint Germain und das Tiroler Problem, und Dokumente auf 151 Seiten, darunter das Tagebuch des Tiroler Delegierten Dr. Franz Schuhmacher
1982, 606 Seiten und 15 Bildtafeln, gebunden ISBN 3-7030-0101-1, öS 760,–/DM 108,–; broschiert ISBN 3-7030-0102-X öS 680,–/DM 97,–

271 Hans Schuladen: **Die Nikolausspiele des Alpenraumes.** Ein Beitrag zur Volksschauspielforschung
1984, 259 Seiten und 14 Bildtafeln, ISBN 3-7030-0120-8, öS 380,–/DM 54,–

272 Hans Hochenegg: **Bruderschaften und ähnliche religiöse Vereinigungen in Deutschtirol bis zum Beginn des 20. Jahrhunderts**
1984, 240 Seiten mit Abbildungen, ISBN 3-7030-0135-6, öS 380,–/DM 54,–

273 Viktor Schemfil: **Die Kämpfe am Monte Piano und im Cristallo-Gebiet (Südtiroler Dolomiten) 1915—1917.** Verfaßt auf Grund österreichischer Kriegsakten, Schilderungen von Mitkämpfern und italienischer kriegsgeschichtlicher Werke
2. Auflage 1984, 228 Seiten mit 27 Kartenskizzen und 41 Fotos auf 28 Bildtafeln, ISBN 3-7030-0145-3, öS 280,–/DM 40,–

274 Viktor Schemfil: **Die Kämpfe im Drei Zinnen-Gebiet und am Kreuzberg bei Sexten 1915—1917.** Verfaßt auf Grund österreichischer Kriegsakten, Schilderungen von Mitkämpfern und italienischer kriegsgeschichtlicher Werke 2. Auflage 1986, 197 Seiten mit 23 Kartenskizzen und 38 Fotos auf 23 Bildtafeln, ISBN 3-7030-0170-4, öS 280,—/DM 40,—

275 Franz Huter: **Hieronymus Leopold Bacchettoni.** Ein Beitrag zur Verselbständigung der Chirurgie als Lehrfach an den Universitäten nördlich der Alpen 1985, 62 Seiten mit 12 Abbildungen, ISBN 3-7030-150-X, öS 184,—/DM 26,—

276 Waldemar Grossmann: **Die Innerebner.** Ein altes Sarnergeschlecht. Zweiter Teil. (Fortführung des Ersten Teiles von Georg Innerebner, 1952, Schlern-Schriften 76) 1984, 226 Seiten mit 24 Abbildungen ISBN 3-7030-0139-9, öS 380,—/DM 54,—

In Vorbereitung:

277 Mercedes Blaas: **Die „Priesterverfolgung" der bayerischen Behörden in Tirol 1806—1809.** Der Churer Bischof Karl Rudolf von Buol-Schauenstein und sein Klerus im Vinschgau, Passeier und Burggrafenamt im Kampf mit den staatlichen Organen. Ein Beitrag zur Geschichte des Jahres 1809 Ca. 400 Seiten und 16 Bildtafeln

278 Brigitte Lutz-Dollinger: **Buchweizenanbau und Buchweizenbauern in Südtirol.** Ein Beitrag zur Agrar- und Sozialgeographie Südtirols. Ca. 160 Seiten.

279 **Tirol im Jahrhundert nach Anno Neun.** Beiträge der fünften Neustifter Tagung des Südtiroler Kulturinstitutes. Hrsg. von Egon Kühebacher. Ca. 350 Seiten.

280 Karl Finsterwalder: **Tiroler Namenkunde.** Sprach- und Kulturgeschichte von Personen-, Familien- und Hofnamen. Mit einem Namenlexikon. 566 Seiten.

281 Karl Finsterwalder: **Tiroler Ortsnamenkunde.** Gesammelte Aufsätze in zwei oder
282 drei Bänden. Gesamt etwa 1200 Seiten.

Werner Köfler: **Land, Landschaft, Landtag. Geschichte der Tiroler Landtage von den Anfängen bis zur Aufhebung der landständischen Verfassung 1808** (= Veröffentlichungen des Tiroler Landesarchivs, Band 3)
1985, 680 Seiten mit 68 Farb- und 97 Schwarzweißabbildungen.
ISBN 3-7030-0161-5, öS 690,—/DM 98,—

Richard Schober: **Geschichte des Tiroler Landtages im 19. und 20. Jahrhundert.** Mit einem Beitrag von Eberhard Lang. (=Veröffentlichungen des Tiroler Landesarchivs, Band 4). Im Anhang Biographien der Landeshauptleute und Landtagspräsidenten und Listen der Abgeordneten 1816—1982
1984, 639 Seiten mit 30 Farb- und 109 Schwarzweißabbildungen,
ISBN 3-7030-0131-3, öS 480,–/DM 69,–

Universitätsverlag Wagner • A-6010 Innsbruck • Postfach 165